대/입/논/술/총/정/리【고득점 논술 입문서】

논술교사
논술 뛰어넘기
문장작성법

국제언어교육연구회

太乙出版社

☐ 책머리에

누구라도 솔직하게 자신의 주장과
감정을 당당하게 나타낼 수 있어야 한다

　문장수사법이라고 한다고 하면 글을 표현하는 기교법을 두고 하는 말이다. 사상과 또 감정을 효과적으로 전달하기 위해 언어를 첫째 명확하게 쓰고, 둘째 느낀 표현을 아름답고 정확하게 그려내는 것을 두고 말한다. 그래서 읽는 이에게 필자와 같은 감동이나 생각을 불러 일으키는데 그 목적이 있다고 할 수가 있을 것이다.

　그러므로 문장은 균형과 통일에서 아름다움을 만드는데 최선을 다해야 하고 때로는 막연한 대상을 구체적으로 혹은 뚜렷한 사상을 만들어 내기도 한다. 그리고 때로는 어떤 사물을 다른 사물에 빗대어 설명을 함으로써 그 생각을 더 명확하게도 할 수가 있다. 그러므로 글을 잘 쓰자면 우선 무엇보다 글을 잘 쓰는 수사법부터 공부를 해야 한다.

　근래 대입시생들에게는 논술이라고 하는 과제가 큰 골치덩이리로 머리를 아프게 하고 있다. 비록 학교공부라 할 국어시간에 충실하게 공부를 하고 외우는 것을 잘 외웠다고 하더라도 이것만으로는 결코 아름다운 글이나 아니면 좋은 논술 글을 쓸 수가 없다.

　빼어난 문장과 자신의 정확한 주장(사상)을 공감있게 쓸 수 있는 공부는 다른 학문과는 달라 너무 크고 넓기 때문인 것이다. 다시 말하면 사람의 감정표현은 무한대한 세계이기도 하기 때문이다. 즉 순전히 필자 자신의 교양과 지식, 그리고 인격에 달려 있기도 하기 때문이다.

흔히 대학을 나와도 '편지 한 장 변변하게 잘 쓸 줄 모른다'라고 하는 말을 자주 듣게 된다. 현대와 같은 과학문명인 통신수단이 발달된 이 시대에 구태여 글을 자주 쓸 필요가 없어지고 있기는 하나, 글을 자주 써보지 않으면 칼에 녹이 슬 듯 잘 써지지 않는다. 하지만 개인주의가 팽대해져서 자신의 주장이 훨씬 더 크게 되었다.

그래서 상대에게 자신의 감정을 이해받고 감동을 주기 위해서는 한편 더욱 필요해졌다고도 할 수가 있을 것이다. 이래서 '좋은 글'을 쓸 수 있는 이는 학자이거나 아니면 일부 전문지식인(작가)에게만 쓸 수 있다는 고정관념의 부류의 것이 아닌 것이다. 이럴 때 일수록 누구라도 솔직하게 자신의 주장과 감정을 당당하게 나타낼 수 있어야 하기 때문이다.

이번에 펴 놓게 된 본문은 문장기법이 무엇인지를 알리고 논술 쓰는 법을 알기 쉽게 설명하는 것을 주안점으로 하고 있다. 지금까지 여러 권의 문장강화나 작법에 관한 책들은 시중에 더러 나와 있기는 하나 주로 글을 써보려고 하는 초보자나 학생들을 위한 논술법을 자세히 적은 책은 보지 못했다.

다시 말하면 기술독본이라 할 책이 없었다. 그래서 누구나 쉽게 글을 쓰는데 접할 수 있도록 문장과 논술에 일일이 예문을 들어 논술이 필요한 사람에게는 알기 쉽게 글을 쓰는데 접할 수 있도록 노력을 아끼지 아니 하였다. 그러나 무엇보다 이 독서 부족의 현실에서는 좋은 글을 쓸 수가 없다.

좋고 훌륭한 글을 쓰자면 첫째 기초가 되는 다른 사람의 글을 많이 읽고 소화시키고, 둘째는 깊이 생각을 하는 버릇을 평소 길러야 하고, 세번째는 평소 글을 많이 써보는 도리 밖에는 별 수가 없다.

여기서 얻어지는 지식이 훌륭한 글을 쓸 수 있는 기틀이 된다.

이런 점에서 문장공부를 하려는 분에게나 아니면 논술을 잘 써보려고 하는 사람에게는 다소 도움이 될 것을 믿어 의심치 않는다.

이 책을 펴내기까지 정성과 노력을 다해 주신 출판사의 사장님 및 편집과 교정에 온 정성을 다해 주신 직원 여러분에게 이 자리를 빌어 충심으로 감사를 드리는 바이다.

10

* 차 례 *

제1장

문장의 작성에 대하여

문장은 그 사람 자신이라고 하는 말이 있다. 바로 이러한 의미로 이해되기 때문이다.

이 글 속에 '나'라고 하는 사람의 인격이 드러나며 이 사람만의 특별한 냄새가 나기 때문이다. 우리가 얼굴을 보고 아무라고 하는 사람을 떠올릴 수 있듯이 그 사람의 문장을 보고 그 사람이 가지고 있는 '영혼'이라고 하는 것을 읽을 수 있는 것이다.

그러므로 나라는 사람을 분명히 하기 위해서도 문장을 그대로 잘 나타내야 한다.

그러나 다시 곰곰이 생각해 보면 글을 쓴다고 하는 것은 그렇게 어려운 것만은 아닌 것 같다. 모든 사람들이 하나같이 명문만을 쓸 수만도 없기 때문이다.

하지만 문학하는 예술가는 되지 못한다고는 하더라도 내 생각과 뜻은 어느 정도 그대로 전달할 수 있어야 한다. 그러므로 여기서 문장을 잘 써야 한다는 뜻이 된다.

1. 왜 글이 잘 써지지 않는가

바쁘게 돌아가는 우리 일상생활, 이것 하나하나가 모두 일종의 문화적 성격을 띠고 있다. 그래서 우리는 이 생활을 보여 주기 위해서도 글자를 이용하여 의사를 표시하는 것이 중요하다.

이것을 다른 말로 표시한다면 '기록적 문화'라고 할 수가 있을 것이다.

그러나 여기서 어렵다고 느껴지는 것은 의식이 되지 않은 다른 문화적 행위와는 달리 표현하고자 하는 사물이나 생각, 즉 감정을 우리가 일상 생활에서 사용하고 있는 이 언어라고 하는 도구를 통해 표현해낸다는 것이 그리 쉽지만은 않는 데에 원인이 있다.

그뿐만 아니라 극히 지적이야 하기 때문이다. 그렇기 때문에 흔히 우리들은 글을 쓴다라고 하는 이 자체가 어렵게 느껴지고 생각되기도 한다.

이러한 어려움 때문에 어느 정도의 노력을 기울여야 좋은 글을 쓸 수가 없는 것이다.

◑ 글을 쓴다고 하는 것

일상생활에 우리가 사용하고 있는 이 말, 즉 언어라고 하는 것은 예술적인 면에서부터 실용적인 면에 이르도록 여러 형태가 있다.

이것은 공시적(共時的)으로는 사회의 규약과 또 통시적(通時的)으로는 현대생활의 조어(造語)에 이르기까지 모든 지식을 총동원해야 하기 때문이다.

그뿐만 아니라 효과적인 표현 기술과 그 변천까지도 머리 안에 담고 글을 써야 하기 때문이다.

그리고 이 글이 나타내는 것은 그 사람의 일체를 대변하는 것이라고 말할 수가 있기 때문에 그 어려움의 깊이는 엄숙하고도 진지하다고 아니할 수가 없다.

글을 쓴다고 하는 일, 이것은 이처럼 진지하고 엄숙하기 때문에 어렵다고 말하게 되는 것이다. 그래서 '글을 쓰지 않으면 살 수 없다'라고 하는 자기 내부의 소리가 들리지 않으면 어려운 것이 글을 쓰는 작업이다.

쓰지 않고는 못 배기겠고다고 하는 감정 없이는 훌륭한 글을 만들 수가 없다. 그러기 위해서는 자신의 순수성도 문제가 될 것이다.

그러나 다시 생각해 보면 그렇게 어려운 것만은·아니다. 모든 사람이 명문 작가가 될 필요는 없고, 어느 사람이고 명문만을 써내야 할 필요는 없기 때문이다.

문장이란 반드시 문학 작품의 표현 수단으로서만 쓰이는 것은 아니다. 오히려 우리 사회생활에 있어서 자기의 의사를 자유로 전달하는 한 방편으로서 더 많이 쓰이는 것이다.

인간은 살아가는 동안 수없이 많은 말을 하고 듣는다. 또 글을 읽고 쓰게 된다. 먼 데 있는 가족이나 친구에게 편지를 쓰고 하루 생활을 일기로 적기도 한다. 직업적인 문필가는 아니라고 하더라도 간혹 가벼운 수필이나 식사문(式辭文) 같은 글도 써야 한다.

그런데 어찌된 일인지 많은 사람들이 펜을 잡기도 전에 한없이 망설이고 있다. 한마디로 어떻게 써야 할지 엄두가 나지 않아서이다. 이는 충분한 공부를 한 사람이나 하지 않은 사람이나 대동소이하다고 할 수가 있다.

가령 어느 회사나 관공서에서 근무하는 대학졸업 출신의 어떤 사람에게 이 직장에서 발행하고 있는 기관지 편집자가 원고지 10매 정도로 수필 한 편을 청탁했을 경우, 대부분의 사람들은 책상 위에 펼쳐진 원고지의 빈 칸을 바라보며 막연한 기분에 사로잡히기가 일쑤다.

그러다 글을 쓴다고 하는 것이 점점 더 어려워져서 초조하다 못해 불안해지기까지 한다. 이렇게 해서 하루, 이틀이 지나고 몇 일만에 몇 장 쓴 것이 끝내 마음이 내키지 않아 구겨 버리고 '나는 글재주가 없어' 하고 포기하고 마는 경우가 많다.

◐ 두려움에서 벗어나야

왜 이같은 증상이 생겨나는 것인가, 무엇 때문일까? 펜을 잡기만 하면 생각이 굳어지고 실마리가 풀어지지 않는 것은 무슨 일 때문일까.

머리 속에는 이러이러한 것을 써야 하겠다고 하면서도 막상 붓을 잡으려면 한없이 막연하고 답답해지기만 한다. 대체 이것은 무슨 까닭에서일까? 한마디로 말을 한다면 '글 쓰는 일에 두려움이 앞서기' 때문일 것이다.

이는 쓰기도 전에 벌써 써야 할 것에 대한 두려움이 앞서기 때문이다. 수영을 못하는 사람이 물만 보아도 두렵다고 하는 생각이 나는 것과 같다고 할 수가 있다. 헤엄을 쳐서 건너 가기는 가야 하겠으나 어디서부터 어떻게 몸을 움직여야 좋을지 엄두가 나지 않는 것과 같은 것이다.

그것은 생전 처음 무대 위에 올라서는 배우와 같은 심정에 비유할 수 있다. 내가 표현하는 이 표현이 다른 사람 눈에 어떻게 비쳐질까 하는 생각부터 머리 속에 윙윙 맴돌기 때문이다.

그렇다면 이 경우, 연극이라고 하는 반대 위치에서 관람석에 있는 사람은 어떠할까? 설혹 이 연극을 처음 보러 온 관객이라고 하더라도 무대 위 배우의 움직임에 대하여는 두려운 공포 같은 생각은 전혀 가지지 않는다.

다시 말하면 아무 부담없이 관람하고 있는 것이다. 그러나 처음 이 무대 위에 올라서는 배우는 갑자기 밝은 조명 아래 서서 자리의 관객을 보면 한마디로 질려 버리기 일쑤다. 그래서 팔다리가 굳어지고 혀가 그만 제대로 돌지 않게 된다. 수많은 관객의 시선을 의식하기 때문이다.

이럴 때 사실 연출자의 기본적인 역할은 배우의 감정을 자유롭고 부드럽게 해주는 것이다. 이럴 때 이 배우는 여러 가지 장면의 모범적인 연기를 평소 깊이 새겨 두어야 한다. 그리고 아무도 없는 거울 달린 방에서 혼자 충분하게 연습을 해야 한다. 관객의 시선을 의식하지 아니하고 자연스럽게 연기할 수 있도록 반복하여 한다.

그러나 이렇게 모범적인 연습을 했다고 해도 이것만으로는 충분하지 않다. 배우는 자기의 체질과 성격에 맞추어 그 역의 인물을 재창조해야 하기 때문이다.

글 쓰는 일과 읽는 일도 이와 유사하다고 할 수가 있다. 다른 사람의 글을 읽을 때에는 정신적으로 큰 부담이나 긴장없이 자유스럽게 감상할 수가 있다. 그러나 일단 펜을 잡고 원고지를 대하

22

게 되면, 무대 위에서 밝은 조명을 받는 입장에 처하게 된다. 그러므로 자기 글을 읽어 주는 수많은 독자를 의식하게 되는 것이다.

마치 서툰 배우가 무대에 올라 가기도 전에 관객의 시선에 압도당하는 것과 같은 이치이다. 글을 쓰기도 전에 벌써 읽는 사람의 비판의 눈초리에 질려 버리는 것과 같다. 게다가 글 쓰는 일에는 연출자라고 하는 것이 따로 없다.

연극에서는 연출자가 있어서 서툰 배우의 태도나 감정을 풀어 주지만, 글 쓰는 일은 쓰는 사람 자신이 전적으로 감당해내야 한다. 그래서 글 쓰는 일은 자기 자신이 '글 쓰는 일에 대한 두려움' 이것을 순전히 혼자 해결해 나가야 한다.

◐ 많이 읽고 많이 쓰는 습관을 기르자

글을 쓰기 위해 가장 먼저 필요한 것은 두려움을 없애는 일이다.

독자의 시선이나 관객의 시선 같은 것은 아랑곳하지 아니하는 일이다.

평소대로 가슴을 떡 벌리고 아랫배에 힘을 주는 일이다. 그리고 잘 쓰든지 못 쓰든지 상관없이 내 생각대로 그대로 써야겠다는 생각을 단단히 가져야 한다. 좋은 글이 쓰여지든가 아니든가 그것은 후에 다 써놓고 볼 일이다.

그러니 미리부터 불안해 할 일은 조금도 없다. 배우가 관객을 압도하고 필자가 독자를 압도해야지 미리부터 겁을 먹고 글을 쓰지 못한다면 좋은 글이 나올 수가 없다.

이것을 대비하기 위해서는 우선, 남의 글을 많이 읽어야 한다. 앞에서 비유했다시피 선배의 모범적인 글을 머리 속에 새겨 두어야 하는 것이 좋다.

글 쓰는 사람도 훌륭한 작가의 좋은 문장을 평소에 많이 읽어

두지 않으면 안 된다. 글을 읽는데는 두려움이 따르지는 않는다. 자기가 노출되지 않기 때문이다. 그러므로 어떤 의미에서는 독자란 연극관람에 있어서는 관객과 같다. 더우기 평소 좋은 글을 많이 읽어 두면 자신도 모르는 사이에 논리적이고 체계적인 언어 감각이 자연스레 나타나게 된다.

두 번째는 두 말할 것 없이 많이 써 볼 일이다. 아무도 없는 빈 방에서 혼자서 연습을 하는 배우와 같은 심정으로 자기 혼자 읽어 볼 글이라도 마음 내키는 대로 써 보는 것이 좋다.

우선 독자의 시선을 의식할 필요가 없는 자기 자신의 글을 써 보고, 스스로 비판하는 사이에 글 쓰는 솜씨는 향상되는 것이다. 그런 의미에서 자기만이 읽는 일기(日記) 같은 것은 대단히 좋다.

글을 쓰는 일도 하나의 기술인 이상, 한 노동자가 날마다 꾸준하게 일을 하듯이 꾸준하게 글을 써 보아야 한다. 여기에는 인내가 필요하고 끈기가 필요할 것이다. 일류 문필가라고 하는 이도 이것은 하루 아침에 이루어진 것은 아니다.

많은 작가들이 글을 쓴다는 일에 대해 뼈를 깎는 고통에 비유하는 것을 보면 짐작할 수가 있을 것이다. 한 에피소드로 예를 들어보자. 하루는 멍멍이(개)에게 야옹(고양이)이가 피곤한 얼굴로 찾아 왔다.

"요새 난 큰일 났어. 통 글이 써지지 않아."

하고 죽을 상을 하고서 걱정을 하자 멍멍이가,

"아, 좋은 수가 있지."

라고 대답을 했다.

"좋은 수라니 그 비결을 말해 주게나."

"쥐 사냥 그만하고 두 시간이든지 세 시간이든지 양달에 앉아 매일같이 글 쓰는 규칙을 세우란 말이야."

"여보게, 그래도 글이 전혀 나오지 않는데 어떻게 양달에만 있으란 말인가."

24

멍멍이는 이 소리를 듣고 다시 말했다.

"그때는 원고지에 이렇게 쓰게. '오늘은 아무 것도 쓰지 못했다. 오늘은 아무 것도 쓰지 못했다.' 이것만 계속해서 써 보게."

무엇이고 자꾸 연습함으로써 능숙해진다고 하는 사실을 알아야 한다. 지금까지는 '글 쓰는 일에 두려움'을 이야기해 왔다.

두려움, 이것은 무지에서부터 오고, 불안은 또한 미지의 것에서 온다. 자신이 없기 때문에 생겨난다고 할 수가 있다. 이것은 두말할 것 없이 충분한 연습으로 자신감을 기르는 외에 다른 방법은 없다.

많이 읽고 많이 써 본 사람은 자기의 문장력에 대하여 자신을 갖게 된다. 글 쓰는 일에 두려움을 느끼지 않게 되며 원고지 앞에서 무조건 망설이지 않게 된다.

2. 생각(着想)하는 일에 있어서

생각하는 일이란 착상이라고도 하겠는데 출발점이며 입구(入口)라고도 할 수가 있다. 또한 들어갈 수 있는 열쇠라고 할 수도 있다.

꼭 같은 내용을 표현한다고 하더라도 그 이야기를 시작하는 실마리가 잘 잡히지 않으면, 글을 쓰는 사람의 고통은 물론, 독자를 매혹시켜 강한 전달을 하기가 어렵다.

주제적 제목에 접근할 수 있는 길은 수없이 많다. 그러나 나의 풍부한 기억 창고에 쌓여 있는 체험의 영상 중에서 무엇을 어떻게 열어서 꺼내야 할 것인가, 하는 문제는 그리 쉬운 것만은 아니다. 무조건 기발한 아이디어를 찾아 내려고 애쓴다고 해서 결코 좋은 글이 나오는 것은 아니다. 물론 진부한 데서 출발을 해서도 안 된다. 여기에 착상의 중요함과 어려움이 있기 마련이다.

◗ 자신이 갖고 있는 개성적 태도

훌륭하다고 할 수 있는 작가나 시인, 또는 비평가들은 누구나 확고한 나름대로의 사상과 인생관이 뚜렷하게 확립이 되어 있다. 이 분들의 글이 많은 사람들에게 효과적인 전달력을 갖고 있는 것은 각자의 사상에서 우러나오는 까닭인 것이다.

'글은 곧 사람이다'라고 하는 말이 있듯이 글 속에는 의식적이건 무의식적이건 한 개인의 인격과 인생의 소중한 가치관이 표현되기 마련이다. 그러므로 인생의 풍부한 체험을 바탕으로 사물에 대한 예리한 관찰로부터 시작되는 문장이 바로 '좋은 글'이라고 불리워지게 되는 것이다.

사물에 대한 예리한 관찰이란 곧 사물에 접근하는 자기 나름의 안목을 가리킨다. 평범한 것, 이것을 평범하게 보지 않고 그 속에서 다른 사람이 발견해 내지 못하는 새로운 일을 찾아 내는 일과 일상적 평범한 사건에서 깊은 가치를 찾아 낸다고 하는 것이 중요하다.

그러므로 자신이 가진 개성적인 태도 이것으로 우리 주변에 널려 있는 사물을 소홀히 보아 넘겼던 이것들이 표현의 대상이 되는 것이다. 개인의 독특한 안목으로 일상 사물을 예리하게 관찰한다면 무엇이나 나름의 글 소재를 만들어낼 수가 있을 것이다.

◑ 소재와 착상에 대해서

글을 쓰는 경우를 두 가지 일로 집약하여 생각해 보자.

첫째, 순전히 창조적 집필 경우가 있다.

주로 여기에는 문학적인 문장이 여기에 해당이 된다. 다시 말하면 작자의 자유로운 발상에 의하여 주재와 소재를 잡아서 자기가 원하는 형식으로 써 나가는 경우가 있다.

이 경우는 처음부터 끝까지 작자의 안목과 가치관이 요구된다고 할 수가 있다.

가령 책을 보다가 혹은 자기가 처한 심각한 현실에서 또는 명

상이나 사색의 결과 중에 홀연 어떤 테마가 떠올라 쓰는 소설이
나 시, 혹은 수필과 같은 글을 말하게 된다.

이러한 창조적인 집필의 경우 많은 사람들은 무엇보다도 기발
하고 또 독특하며 그리고 신기한 이야기를 찾으려는 태도를 갖게
된다. 글에 서투른 사람일수록 심한 경향을 띠게 된다.

한 예를 든다면 처음 소설을 쓰는 경우, 대부분 비현실적인 실
감없는 사건들을 다루는 것을 볼 수가 있다. 이것은 이 저자가 너
무 독특한 것을 찾으려고 하기 때문에 이같은 결과가 나온다고
할 수가 있겠다.

이럴 때 독특해야 하는 것은 소재나 대상이 아니고 저자가 보
는 눈이어야 하는 것은 두말할 여지가 없다.

두 번째, 주어진 제목이나 소재 혹은 형식적인 글을 쓰는 경우
이다. 가령 어떤 기념식에서 행하는 연설문, 결혼식의 주례사, 그
리고 신문의 논설문 또 광고문과 같이 정해진 격식에 맞추어 쓰
는 문장이 있는가 하면 제목이나 내용을 정해서 청탁하는 원고도
있을 수가 있다.

이때는 대개 기한과 원고 매수가 정해져 있다. 이같은 글은 제
한된 틀에 짜 넣는 식의 태도가 일반적이 된다. 그래서 개성 같은
것은 아랑곳 없이 흔히 천편일률적인 글이 되기가 일쑤다. 그래
서 '진부함을 주지 않도록 써야 하는 글'을 언제나 쓰도록 노력해
야 한다.

그러므로 이런 글을 쓰자면 항상 같은 내용이라고 하더라도
'어떻게 표현해야 효과를 더 얻을 수가 있을까' 하는 생각을 하면
서 글을 써야 한다.

◗ 효과적이라 할 수 있는 생각의 방법
　(직접적인 주제로 들어가는 것이 좋다)

다음 글은 이가원(李家源) 씨가 쓴 '사모애(思慕愛)'라고 하는

수필 중 한 구절을 소개할까 한다.

누구든지 어머니가 없는 이는 없을 것이다. 그러나 제각기 환경에 따라서 정리(情理)가 같지 않을 수도 없지 않으리라 생각이 된다.

나는 얼마전에 어머니의 대상을 지냈다. 어머니를 여읜 그 슬픔은 날이 갈수록 부풀어 오르는 듯싶다. 어머니는 72세의 향수를 하셨고, 또 슬하에 자손이 그다지 적은 편도 아니다. 남이 보아서 복덕이 좋은 어른이라고 일컫기도 하였다. 그러나 불초 나로서는 오히려 유감스러운 일이 많음을 느낀다. 내가 겨우 네 살 때에 왕고(王考)께서,

"사내는 내간에서 자라나는 것이 좋지 못해."

하시고는 당신 슬하로 옮겨 주흥사(周興嗣)의 천자문을 가르치셨다. 그리하여 실은 어려서 어머니의 사랑이란 무언 줄을 잘 모르는 채 지난 셈이었고, 또 열 살 이후에는 사방으로 운유(雲遊)하여 따뜻한 가정의 보금자리에 머무른 시간이 가위 근소하였음이 사실이다. 광복 이후에 비로소 고장을 떠나 무릇 다섯 차례의 이사를 하였으나 반드시 어머님을 모시고 다니기로 하였다. 그러나 나는 일복이 어떻게 많았다고나 할까? 한 가족이 한 장소에서 단란하게 식사를 해본 일이 극히 드물다. 그러노라니 어머님께 혼정신선(昏定晨省)은 커녕 한 잔 술과 한 숟갈 밥을 따사로운 얼굴빛으로 조용히 손수 드려본 일이 적었다. 때로는 서재 아랫목에 목석같이 누워서, 어머니가 문을 열고 들어오셔도 어린 아이처럼 쳐다보기만 하고 일어나지 않은 적도 없지 않았다. 밤이 깊어 온 집안이 물 끼얹은 듯 고요하고 외로운 등불 밑에 글을 읽거나 원고를 정리하노라면 어머님께서 문을 두드리시면서,

"지나친 각고도 건강을 해치는 일이야."

하시고는 들어오셔서 수중에 지녔던 과실을 내린다. 이는 당신이 자시다가 가장 커다란 놈을 아껴 두셨던 것이다. 옛날 육적(陸績)이란 효자가 귤을 품어 어머님께 드린 아름다운 일이 있었음에 비하여 우리는 거꾸로 된 느낌이기도 하다. 6남 3녀를 두었고, 나이가 쉰이 가까운 아들이었으나, 당신이 보시기에는 하나의 젖줄을 갓 놓은 영아였고, 나도 어

머니의 건강을 보아서 백세의 향수를 믿었던 것이다. 중국산 구하전(九霞箋) 열 두 폭을 준비하여 어머님 친필로 도산십이곡(陶山十二曲)을 써서 병풍을 만들어 전세의물을 삼으려 하였으나 이루지 못하였다. 나는 그 종이를 펴볼 때마다 저절로 눈물이 방울진다. 이제 천애고아의 슬픔은 이루어 다 형용할 수 없어라. 옛날 고어(皐魚)는 풍수(風樹)를 슬퍼하였고, 왕부는 〈육아장〉에 눈물겨웠으며, 또 고려시대의 〈사모곡〉이 새삼 나의 머리에 떠 오른다.

이 글을 보면 독자의 주의를 끌기 위하여 기발한 발상을 노린 흔적 같은 것은 없다. 처음부터 끝까지 어머님에 대한 필자의 사모의 정이 넘쳐나고 있다. 작자의 전 인격과 교양과 생활의 모습을 우리는 이 글에서 한눈에 엿볼 수가 있다. 우리 생활주변에서 얼마든지 얻을 수 있는 소재로서 감명 깊은 문장을 엮어 내었다고 할 수가 있을 것이다.

이 글을 보면 직선적이고 직접적인 태도로 주제에 접근하고 있다고 할 수가 있다. 즉 이 글은 정공법(正攻法)을 쓴 것이라고 할 수가 있을 것이다.

다시 말하면 A라는 주제를 표현하기 위해서 A에 속해 있는 사건들만 활용하는 방법이다. 이 방법은 독자의 주의력을 산만하게 하지 않고 집중시키는 효과를 가지고 있다.

작자의 진심이 직접적으로 표현이 되며, 가식이 있을 수가 없다. 그러나 자칫하면 지루하거나 따분하여 독자의 흥미를 놓치는 경우가 있으므로 유의하지 않으면 안 된다.

◑ 의미의 확대라고 하는 것

가령 A라는 사물에서 출발을 해서 그 의미를 A라고 하는 관념으로 확대를 하는 방법이다. 관념이라고 하면 좀 이해하기 어려울지 몰라도 생각하는 견해를 두고 하는 말인데 이 A를 이야기하기 위해서 그보다도 전달력이 강하다고 할 수가 있는 A를 생활주변에서 찾아 오는 수도 있고, 반대로 이 A의 말미에 A라고 하는 중요한 관념을 발견해 내는 수도 있다. 또 한 예를 들어 보자.

다섯 살 된 딸이 사기그릇조각, 유리조각 병 깨어진 것, 전구 깨진 것, 양철 조각을 앞치마에 가득 넣어가지고 들어와서 방바닥 머리맡에 우수수 쏟아 놓았다. 아버지는 간이 서늘해졌다.

"원 이게 다 무어야! 다 내다 버려라. 전부가 큰일 날 거야. 하나라도 밟았다가는 발이 비어질 거야! 하필 저런 것만 가지고 놀까? 또 어디서 저렇게 모아 왔을까!"

아버지는 고이고이 모아서 밖에 내다 버렸다. 딸은 불이나 붙은 것 같이 울며 그치지 않았다.

"내 소꿉! 내 소꿉!"

아버지가 아무리 야단을 해도 그치지 않고 아무리 달래도 듣지 않았다. 업어주고 과자 사주고 재워 주었다. 밤중에 딸의 잠꼬대 소리에 깨어서 아버지는 눈이 둥그래지고 겁이 더럭 났다.

"내 소꿉이야! 내 소꿉 주어. 싫여 싫여! 내 소꿉이야!"

소름이 끼쳤다. 새벽이 되자 아버지는 내다버린 사기조각, 양철조각 중에서 날카롭지 않은 것으로 골라서 도로 가지고 들어와서 딸의 머리맡에 놓아주고 일어나기를 기다렸다.

저녁 때 집에 돌아온 아버지는 문간에서 딸이 동네 여러 아이들과 소꿉장난 하고 있는 것을 보았다. 딸은 아버지를 보자 동무에게 이렇게 말했다.

"여보오! 손님이 오셨어요. 밥을 드릴까요? 술상을 차릴까요?"

한참 후에 딸은 아버지에게 무엇을 고이고이 가지고 왔다. 조그만 나무판에 사기 조각, 유리조각이 놓여 있고, 그 위에 풀도 있고 모래도 있고 진흙도 있고 과자 부스러기도 있었다.

"잡수셔요."

하고 풀을 집어서 입까지 가지고 왔다. 그리고 낮은 소리로 말했다.

"냠냠하면 돼."

"냠냠 이게 무어냐?"

"나물이지 뭐야."

유리조각을 유리 대접으로, 사기조각을 밥 그릇으로, 양철조각을 칼로 생각하는 5~6세의 어린이는 꿈과 현실의 구별이 없다. 그리고 아버지 어머니, 동네 사람들이 하는 짓을 본 대로 재현하는 것은 물론, 아버지, 어머니들이 이렇게 해주었으면 하는 희망까지도 표현한다. 이것이 공상이요, 창의요, 발전이다.

어린이 세계에서 풍부한 상상력과 비약하는 공상력을 복돋아주는 동화의 세계를 제거하고는 과학의 발달과 진보는 기대하기 어려운 것이다. 꿈을 현실화하려는 데서부터 과학은 시작이 된다.

이 글의 경우는 하찮은 생활주변의 일상을 다반사로 보아 넘기기 쉬운 어린 아이들의 소꿉장난(A)에서 출발한 작자는 그 의미를 인간의 본성적인 꿈의 실현, 나아가 과학의 출발(A)까지 비약시키고 있다. 이러한 착상은 결코 무리하지 않으면서도 일상적인 소재에서 찾을 수 있는 근본적 의미의 발견이 중요하다. 또한 그 착상은 반드시 주제 같은 속성의 것에 한정되어야 할 것이다.

◑ 유추적인 사유

가령 A를 말하기 위해서 그와 다른 B에서 출발하는 방법이 있다. 이같은 착상은 풍부한 지식과 교양을 바탕으로 한 작자의 논리적인 사고 방법이 선행되어야 그 효과를 거둘 수가 있다. 이것은 상당한 기교적 방법이라고 할 수가 있으며, 그만큼 계획적이고 비유적인 태도가 필요하다.

지금까지도 고전음악에서 수준 높은 취미가 남아 있는 것은 2차대전 중이나 6.25를 통해 사람들이 모두 집 속에 갇혀 라디오를 한때 들었기 때문이라고 하는 말을 어느 음악평론가 글에서 보았다.

다시 말하면 문화적 발전이라고 하는 것은 꽃이 활짝 피었다 곧 낙화

되는 것같이 사라지는 것은 아니다. 이것은 습성이 길러지는 것이기 때문에 그렇게 쉽사리 사라지는 것은 아닌 것이다. 그러나 20세기에 다다른 현대화의 과학이나 그 기계화 속의 오토메이션이 그 여가를 얻을 만큼 대중들조차 도락이 되는가를 아직도 결정짓지 못하는 느낌이 든다.

그래서 겹쳐 휩쓸린 전파 미디어의 물결과 더불어 자못 원려(遠慮)의 뜻은 표해 두지 않을 수가 없다. 이달 본지는 보다 가까이 생활의 현실 속으로 다가 들어가기로 노력함으로써 약간의 변모를 시도하였다. 읽는다는 일, 그 자체가 생활의 정보원(情報源)으로서 습성화되지 않는 우리들과 또 어떻게 집필되어야 하는 것인가에 주저하게 되는 필자들과 더불어 재미의 기준에서 방황했다.

그리하여 인습적으로 우리들이 들어내는 지켜온 '들추어 내는 일'에 대한 저항과 이 사회가 가지고 내려온 '이야기 꺼리의 궁핍' 속에서, 그러나 재미있게 그것이 현실 속에 전달되기를 바랐다. 우리는 '인습적 지혜'에서 벗어나 새로운 지혜를 이 문화로 첨부하고, 그리하여 풍성한 사회를 위한 진실로 새로운 기회를 위해 그 모든 힘을 저축할 수 있기를 독자 여러분과 같이 기다려보기로 하자.

위의 예문의 경우 '문화적 발전이 습성으로 길러져간다'는 사실 (A)을 말하기 위해 지금까지도 고전음악에서 수준 높은 취미가 남아 있는 것은 2차대전 중이나 6.25를 통해 사람들이 모두 집 속에 갇혀 있어서 라디오를 통해 질 높은 음악을 들었기 때문(B)이라고 하는 다른 사실을 끌어들여 왔다. 이 글의 첫 머리에서 독자는 작자의 유추적인 사유방식에 빠져 들게 되어, 읽어 가면서 쉽사리 공감과 호기심을 얻게 된다.

◗ 반대의사(反對意思)의 발상법

가령 A, 글 하나를 두드러지게 보이기 위하여 오히려 그와 반대가 되는 반 A를 끌어들여 오는 경우가 있다.

이 경우는 작가의 친밀한 계산이 바탕이 되어야 하는 것은 물론이다. 그러니 그 주제가 누구에게나 공통되는 호소력을 지닐 수가 있어야 한다.

미국에서 돌아온 한 여의사의 말이다. 그곳 노인들은 대개 아파트에서 혼자 죽거나 병원에서도 남의 손에서 임종을 하더라고. 아파트에서 혼자 살다가 가는 사람은 우유배달이나 신문배달부가 발견하고 자녀에게 알린다는 얘기이다. 어차피 혼자 왔다가 홀로 가는 인생이라고는 하지만 참 서글픈 얘기가 아닐 수 없다.

우리나라에도 핵가족 바람이 불어와서 장남도 분가시키는 경우를 흔히 본다. 설사 같이 산다 하더라도 옛날식 시집살이는 차차 없어지고, 노인들이 오히려 '며느리 시집살이' 신경을 쓰는 것을 볼 수가 있다. 홀시어머니의 며느리가 된 친구가 단란한 고부관계를 유지하는 것을 보고 칭찬을 했더니, 그 친구 말이 '한 부엌에 치마가 둘 있는 것보다 하나 있는 것이 낫다'는 의미 깊은 대답을 해준다.

역시 시부모와 며느리가 같은 집에서 사는 데에 부정할 수 없는 문제들이 있다는 말이리라. 우리 학교의 사회학자 한 분은 앞으로의 우리 가족제도도 달라질 것이라 내다보며 아마 이상적인 것은 아들보다 출가한 딸이 친정부모를 모시는 것이 좋을 것이라고 하는 말을 하고 있다. 그 점도 수긍이 가기는 한다. 아닌 게 아니라, 요새는 노인들이 모여 앉아 이런 얘기를 많이 한다고 들었다. 늘그막에 부모 사정을 이해해 주는 것은 역시 딸이라고.

그렇다고 해서 선뜻 아들 집을 나와 딸과 여생을 같이 보내기는 이들의 자존심과 체면이 허락치 않는다. 노인일수록 전통에 집착하기 때문이다.

어떤 노인이 딸이 해드린 좋은 옷을 입고 모임에 나갔다. 모두 옷이 좋다고 칭찬을 하며 누가 해드린 것이냐고 물었다. 얼른 답이 안 나온다. 다른 노인이 곧 알아맞혔다. '아, 따님이 해드린 게로군.' 어떻게 알았느냐는 반문에 답이 걸작이었다. 자부가 해드린 옷이라면 얼른 대답을 하셨을 게 아니냐고. 딸에게서 받는 효보다는 자부에게서 받는 것이

더 떳떳하고 자랑스럽고 또한 희귀까지 한다는 해석이다. 딸이 친정부
모를 모시는 제도가 쉽게 받아들여지지 않을 것이라는 생각이 들었다.

그렇다면 이 분들이 눈치밥 먹지 않고 떳떳하게 살 수 있는 길이 무엇
인가 생각해 본다. 미국에서 자리잡은 자녀가 노인을 모셔 가는 예를 많
이 본다. 효심도 있겠지만 노인네들이 가서 살림을 해주고 아이를 보아
주면 며느리가 직장을 갈 수가 있다. 그뿐만 아니라, 부양가족의 수가
늘면 소득세가 줄어든다. 따져 보면 노인을 모셔가는 게 여러모로 이롭
다. 게다가 덤으로 효자 소리를 들을 수가 있다. 앞으로 우리나라에서도
이런 제도가 생겼으면 한다.

아들이건 딸이건 노부모를 모시면 세금면에서 해택을 받게 하는 일이
다. 그렇지 않으면 사회복지제도를 강화해서 수용소가 아닌 의젓한 양
로원이 많이 생긴다거나 해야 할 것이다. 그러나 뭐니뭐니 해도 역시 자
녀된 사람의 마음가짐이 중요하다. 자기들도 멀지 않아 그런 입장이 될
것을 생각한다면 생활능력이 없는 노부모에게 어찌 '시집살이'를 시킨단
말인가.

—김세영의 〈이 땅의 노인들〉.

위 예문의 경우 필자는 말하고자 하는 바, 자녀된 사람의 마음
가짐(경로사상)을 효과적으로 부각시키기 위해서 오히려 그와 반
대되는 미국의 노인생활의 비극적인 면(아파트에서 혼자 남의 손에
서 임종의 슬픔을 겪어야 하는 것)을 앞에 인용하였다.

이 글의 첫머리에 대하여는 저항감을 느끼고 비판적인 태도를
갖게 된다. 작가가 노리는 것은 바로 이같은 저항적인 태도이며,
읽어 가는 동안 독자와 작가 사이의 비판적 가치관은 오히려 강
하게 밀착된다.

3. 글 구상(構想)에 대하여

우리 속담에 '구슬이 서말이라도 꿰어야 한다'고 하는 말이 있

34

다. 문학작품 창작과정에 있어서 이 말처럼 그 과녁을 뚫은 말은 없을 것이다.

가령 책을 읽든가, 어떤 심각한 현실에 부딪쳤다든가, 또는 사색의 실마리에서 혹은 길을 걷다가 문득 머리 속에 어떤 감탄할 만한 제목 하나가 떠 올랐다고 하자.

이런 것은 소설이 되겠는데 하는 영감적인 충동을 받았다고 하자. 이같은 일은 한마디로 바로 한 작품이 이루어지려는 가장 귀중한 '모티브'요, '시발계기'라고 할 수가 있다. 그러므로 이러한 계기가 경우에 따라서는 작품 진행에 있어서 이미 반 이상을 이루었다고 하여도 지나친 말은 아니다. 그러나 대개는 이러한 일이 단순히 찰나적인 것만으로 끝나 버리는 때가 왕왕 있다.

그러나 제목이 먼저 떠올랐을 때는 여기에 알맞는 구상을 해야 한다. 또 주제가 구미에 당길 때는 사람 같으면 뼈에다 살 붙여야 하고, 좋은 제재라고 느꼈을 때는 이 속에 담아질 굳고 튼튼하다고 말할 골격을 만들어야 한다.

다시 말해서 모텔의 충동을 받았을 때 실화나 야담 아닌 픽션의 구성을 다시 마련해야 한다. 그러므로 충동이라고 하는 사실은 '모멘트'이면서 작품을 만드는 데에 원동력이 된다.

착상이라고 하는 것은 확실히 귀중한 것임에는 틀림이 없다. 그러기에 외국에서는 이때 이 '아이디어'를 중개하는 '뱅크(bank)'까지 있다고 하니 착상이라고 하는 것이 얼마나 소중한가를 짐작하고도 남음이 있다.

글을 쓰기 위해서는 몇십 장 아닌 몇백, 몇천 장까지 경우에 따라서는 노력의 힘이 따라야 한다. 그러므로 인내가 필요하다고 할 수가 있다. 그러므로 이 글의 결실을 맺기 위해서는 경의적인 착상이라야 한다. 그러니 한갓 꿰기 이전의 구슬은 흩어지면 아무 소용이 없게 되는 것이다.

이렇게 '착상'이라고 하는 것은 그 자체로서는 하나의 계기, 여기에 불과하다. 허나 작품을 만들자면 그에 뒤따르는 골격을 구상시켜야 한다. 그래서 글쓰기 이전에 떠올린 어떤 소중한 착상을 잊어버리든지 혹은 잘 정리를 하지 못한 어설픈 상태에서 글을 써야겠다고 달려들어서는 실패하기가 쉽다. 다시 말해서 어설픈 상태라고 하는 것은 앞뒤가 맞지 아니하는 비논리적 글을 두고 하는 말이다.

그래서 이럴 때는 머리 속에 사전에 구상을 끝내고서야 붓을 들 수가 있다.

가령 착상이 하나의 출발점이라고 한다고 하면 구상의 단계는 하나의 설계다. 쉽게 말하자면 청사진을 뜨는 것이라고 할 수가 있다.

예를 든다면 착상의 단계에서 한 그루의 전나무를 만약 머리 속에 떠올렸다면 무성한 전나무 숲과 그 나무 속의 오솔길 산장, 그리고 여기에 와 있는 사람을 그려 놓아야만 한다. 말하자면 붓을 잡고 쓰기 이전 상태에서 유기체로서 전체를 상상해내야 한다.

앞에서도 '구슬이 서말이라도 꿰어야 보배다'라고 하였다. 많은 구슬을 어떻게 아름다운 모양으로 꿰 맞추어야 할 것인가 하는 것을 미리 머리 속에 계획, 정리하지 않고는 덤빌 수가 없을 것이다. 따라서 구상(構想)을 한다고 하는 것은 한 부분의 완성이 아니라 논리적이고 통일적인 전체를 조립하는 일이 된다고 하겠다.

이렇게 글을 쓰기 전에 머리 속에서 그 전체를 조직해내는 일은 비단 논설과 같은 것을 제외하고라도 문학작품을 쓰는 작가에게만 국한되는 것은 아니다. 어떤 글이라도 이 글을 쓰기 전에는 충분하게 계획하지 않고는 좋은 글을 쓸 수가 없다고 할 수가 있다.

또한 그러므로 구상이라고 하는 것은 모호하고도 불투명한 사고(생각)의 원형에서 출발하여 명백하고 뚜렷하며 질서 있는 언어형상을 만드는 하나의 기교라고 할 것이니, 이렇게 만든 구상력은 하나의 건축물을 완성시키게 되는 것이다.

4. 말(言語)과 문장

사람이 마음 속에 품고 있는 생각이나 느낌을 남에게 전하고 알리는 데는 여러 방법이 있을 것이다. 예를 들면, 슬픔을 호소하는 데는 슬픈 표정을 지어 보이기만 해도 된다. 무엇을 먹고 싶을 때는 손짓으로 먹는 시늉을 해 보이면 될 것이고, 이 밖에도 운다든가, 끙끙 신음소리를 낸다든가, 고래고래 소리를 지른다든가, 노려본다든가, 한숨을 쉰다든가, 때린다든가 하는 등등의 수단도 있다.

급하고 격한 감정을 단번에 표현하는 데는 이상과 같은 원시적인 방법이 더 효과적일 수도 있다. 그러나 세밀한 생각을 명확하게 전달하려고 할 때는 뭐니뭐니 해도 언어를 이용하는 수밖에 없는 것이다. 만약 언어가 없다고 한다면 얼마나 우리 생활이 불편할 것인가는 한국말이 통하지 않는 외국을 여행해 본 사람이면 누구나 다 알 것이다.

그러나 또 한편으로 보면 말은 남과 대화할 뿐 아니라, 혼자 무엇을 생각할 때도 필요하다. 머리 속에서 '저건 저렇게 하고, 이건 이렇게 하고……' 하는 식으로 혼자 중얼거리며 자기에게 타일러가며 생각을 한다.

이렇게 하지 않으면 자기 생각하는 점이 똑똑해지지 않고 정리도 잘 되지 않는 법이다. 산술이나 기하문제를 생각할 때도 반드시 머리 속에서 언어를 사용한다. 또 어떤 이는 고독을 잊기 위해서 자기가 자기에게 말을 걸어보는 습관이 있다. 억지로 생각은 않는다고 해도, 혼자 외로이 앉아 있을 때 자기 안에 있는 또 하나의 자기가 속삭이며 걸어오는 경우가 있다.

그리고는 또 남과 얘기할 때도 자기가 말 하려는 것을 한번 마음 속에서 외어 보고 난 다음에 입으로 내는 일도 있다.

보통 우리들이 영어로 말할 때는 우선 우리 말로 생각을 해보고, 이것을 다시 머릿속에서 영어로 번역을 하여 지껄이는 수가 많다. 자기 나라 말로 얘기할 때에도, 복잡하고 어려운 내용을 발표할 때는 때로 이러한 식으로 할 필요를 느낀다.

그러므로 언어는 사상을 전달하는 기관인 동시에 사상에다 하나의 형태를 가져다 주고 아물려 주는 구실을 하는 것이라 하겠다. 이 같은 뜻에서 언어는 대단히 편리하다.

그러나 사람이 마음 속에 품은 생각이나 느낌을 무엇이나 모조리 언어로 표현할 수는 없다. 언어를 가지고 표현하지 못하는 점은 하나도 없다고 해서는 큰 잘못이다. 앞에서도 말한 바와 같이 울거나 웃거나 부르짖는 쪽이 도리어 그때의 기분에 썩 잘 어울릴 수가 있다. 잠자코 눈물만 뚝뚝 떨어뜨리고 있는 편이 여러 만 가지 웅변을 사용하는 편보다 더 절실한 느낌을 전할 수가 있다.

간단한 예를 들어 말하면 행여 잉어를 먹어 보지 못한 사람에게 잉어맛을 알도록 설명해 보라고 한다고 하면 어떤 말을 택할 수 있을 것인가. 잉어를 알 수 있게 하는 말은 그리 쉽사리 발견할 수 없을 것이다. 아니 불가능하다고 해도 과언은 아닐 것이다. 이렇게 어떤 한 가지 물건의 맛도 전할 수 없는 것을 보면, 언어란 의외로 부자유한 것이기도 하다고 아니할 수 없다.

그뿐만 아니라 어떤 사상을 정리하여 아물리는 구실이 있는 한편으로 사상을 일정한 형태 속에 집어 넣는 결점도 있다. 예를 들어 보면 붉은 꽃을 본다고 해도 모든 사람이 그것을 동일한 색깔로 느끼느냐 그렇지 않느냐 하는 점이 의문인 것이다.

눈의 감각이 예민한 사람은 그 색깔 속에서 우리 보통사람이 느끼지 못하는 복잡한 아름다움을 볼지도 모른다. 그 사람 눈에 비친 색깔은 보통 붉다는 빛깔과는 틀릴지 모르는 일이다. 그러나 그러한 경우에 그것을 언어로 표현하려고 한다면 하여튼 '붉다'에 제일 가까운 고로, 역시 그 사람은 붉다고 말할 것이다. 즉 붉다는 말이 있으므로 해서 그 사람의 진짜 감각과는 동떨어진 표현이 되는 것이다.

언어가 없다고 하면 표현할 수 없을 뿐이지만, 그러나 언어가 있기 때문에 이런 손해를 보는 것이다. 하여튼 언어는 만능한 것이 아니라고 하는 점, 그 언어의 구실은 부자유하며 때로는 유해하기도 하다는 점을 잊어서는 안 될 것이다.

또 언어를 입으로 얘기하는 대신 문자로 써 놓은 것이 문장이다. 몇몇 사람을 상대로 할 때는 입으로 말해도 불편함이 없지만, 많은 사람을 상대할 때는 일일이 말할 수 없을 것이다. 또 입으로 말하는 언어는 당장에 사라져 없어지므로 오래 전할 수가 없다. 그래서 언어를 문장의 형태로 고쳐서 많은 사람들이 읽도록 만들고, 동시에 후세에까지 남길 필요가 생긴 것이다.

그러므로 언어와 문장은 원래가 동일한 것이며 언어 속에는 문장을 포함하고 있다고 할 수가 있다. 엄밀하게 말한다면 '입으로 말하는 언어'와 '글자로 쓰여지는 언어'라고 하는 식으로 구별해 보는 게 더 좋을지 모른다.

허나 같은 언어라도 이미 문자로 쓰여진 이상은 입으로 말하는 언어와는 당연히 달라지지 않으면 안 된다. 사람에 따라서는 문장은 말하듯 쓰면 된다고 주장하는 이도 있다. 그러나 설령 얘기하듯, 말하듯 썼다고 하더라도 문자로 써 놓은 것을 눈으로 보는 것도 그것을 입으로 말하고 듣는 것과는 그 느낌의 차이가 있을 것이다.

입으로 얘기하는 경우에는 그 사람의 목소리, 즉 말과 말의 간격, 눈짓, 표정 등등이 섞이지만, 문장에는 그러한 요소가 섞여들지 않는 대신에 문자 사용법이나 그 밖에 여러가지 방법이 그것을 보충할 수 있는 장점이 있다.

그뿐만 아니라 입으로 얘기할 때는 그 자리에서 감동시켜야 하는 것이 목적이 되지만 문장은 되도록 감명이 오래 기억에 남도록 쓰는 것이다. 따라서 입으로 얘기하는 기술과 각각 처지를 달리하는 재능에 속함으로 말재주가 있다고 해서 반드시 문장이 능하다고 할 수만은 없을 것이다.

5. 문법에 구애받지 말라

문법적으로 정확하다고 할 수 있는 글이 명문(名文)이라고 할 수만는 없다. 그러므로 문법에 대하여 너무 구애될 필요는 없다. 원래가 우리말에는 서양말에서 보는 바와 같은 그런 어려운 문법 같은 것은 없다. 맞춤법이라든지, 어미의 활용이라든지, 띄어 쓰기라든지, 여러 가지 우리말 특유의 규칙이 없는 것은 아니나 전문적 문법가가 아닌 이상 틀림없는 문장을 쓰고 있는 사람은 없을 것이다. 게다가 틀려도 실제로는 별지장 없이 통용되고 있는 것이다.

"문 닫고 나가!"

이런 말 같은 것은, 문법적으로 해석하면 여간 이상하지 않다. 그러나 실제로는 버젓이 통용되고 있는 것이다. 그리고 또 우리말 쎈텐스에는 반드시 주격(主格)이 있어야만 할 필요는 없다.

'매우 덥습니다, 춥습니다, 안녕하십니까?'

이 같은 말을 할 때 일일이 '오늘 일기는'이라든가, '당신은'이라든가 하는 식으로 구별하는 사람은 한 사람도 없다.

덥다, 춥다, 슬프다고 하는 말로도 훌륭한 하나의 쎈텐스가 될 수가 있다. 즉 우리말에는 영문법에 있어서의 쎈텐스의 구성과 같은 것이 존재하지 않는다.

어떠한 구(句)든, 오직 하나의 단어든, 수시로 독립된 쎈텐스가 될 수가 있으므로 따로 생각할 필요는 없다. 이렇게 말하면 다소 극단적인 말이 될 수가 있겠으나 우리말 문법이라고 하는 것은 맞춤법이라든가, 동사의 활용, 조사의 규칙 같은 것을 제외한

40

다면 그 대부분이 서양의 모양이어서 배운다고 한다 하더라도 별로 소용이 닿지 않는다. 또 자연 알 수도 있다.

이런 까닭으로 우리말에는 명확한 문법이 없다. 이것을 배우는 데에 매우 곤란을 느끼는 것이다. 일반적으로 외국사람들은 우리말같이 배우기 쉬운 국어가 없다고 한다. 서양의 국어 중에서는 영어가 제일 배우기 어렵고, 독일어가 제일 쉽다고 한다. 그것은 왜 그러는가 하면 독일어에는 자세한 규칙이 있어서 최초에 그것을 대충 배워두면 그 다음부터는 일일이 그 규칙을 빌려다 붙이면 되기 때문이다. 그런데 그와는 반대로 영어는 독일어만큼 규칙이 면밀하지 못하고 규칙대로 안 가는 예외가 많다. 예를 들면 발음 하나만 치더라도 독일어 쪽은 정연한 규칙이 있어 그 규칙에 따르기만 하면 모르는 글자라도 읽는 것만은 할 수가 있다. 영어는 a자 하나에도 여러가지 발음이 있다.

외국사람들이 가장 곤란을 느끼는 것은 주격을 나타내는 토에 있어서 '은'과 '이'의 구별이라 하는데 아닌 게 아니라, '꽃은 진다'라고 하는 것과 '꽃이 진다'라고 하면 분명히 그 용도가 달라서 우리들은 그 경우에 쫓아 별로 혼동하는 일은 없지만 막상 그것을 일반적으로 해당되는 규칙으로서 추상적으로 설명해 보라고 하면 설명할 길이 없다.

문법학자들은 이러쿵 저러쿵 설명을 붙여서 일단 체면치레를 하겠지만 그 같은 설명은 실제 아무 용도가 없는 것이다. 그렇다고 문법의 필요성을 전연 부정하는 것은 아니다. 초심자에게 있어서는 일단 우리말을 서양식으로 구성하는 편이 배우기 쉽다고 한다면 그것도 일시적인 편법으로는 하는 수 없는 것이다.

하지만 그러한 식으로라도 어쨌든 문장을 쓸 정도가 되었다면 이번에는 그다지 문법에 관해서는 생각하지 말고, 우리말이 가진 간소한 형식에 환원하도록 노력하는 것이 명문을 쓰는 비결의 하나라 하겠다.

6. 글을 잘 쓰려면 감각을 길러라

글을 잘 쓰려고 한다면 어떤 것이 명문장이며, 어떤 것이 악문장인가 하는 것을 먼저 분별할 줄 알아야 한다. 그러나 문장의 우열은 표현하기 힘든 것으로 그것은 이론을 초월한 것이다. 그러므로 독자 자신이 감별하는 도리밖에 없는 것이다. 가령 여기서 명문장이란 어떤 것이냐 하고 물어서 대답하라고 한다면,

① 오래 기억에 남을 만큼 깊은 인상을 주는 글이며,

② 몇 번이고 되풀이해 읽어도 맛이 나는 글

이라고 우선 말할 수가 있다. 실상은 이 대답은 대답으로서는 명확하다고 하기는 어렵다.

'깊은 인상을 주는 글', '맛이 나는 글'이라고 하지만 그 인상이나 맛을 감득할 감각이 없는 사람으로서는 좀체 명문장의 정체를 쉽사리 알아 깨칠 수가 없기 때문이다.

요컨대, 문장의 오묘한 것은 예도(藝道)의 묘미, 즉 식물의 맛과 같은 것으로서 이것을 감상하는 데는 학문이나 이론은 별로 상관이 되지 아니한다고 할 수가 있다.

예를 들어 본다고 하면 무대에 있는 배우의 연기를 보고 그 교졸(巧拙)을 분별할 줄 아는 사람은 학자에 한하지 않는다는 것이다. 여기에는 역시 연예에 관한 감각이 날카로울 필요가 있는 것이다. 백 가지 미학이나 연극을 연구하는 것보다는 이 방면의 '센스'가 제일 중요하다고 할 수가 있겠다.

또한 여기서 만약 '잉어'라고 하는 고기를 과학적으로 분석해야 한다고 하면 웃을 것이 아닌가? 사실상 미각(味覺)이라고 하는 것은 어질거나 아니면 어리석은 사람, 늙고 젊은 사람, 학자, 문학자 가릴 필요가 없는 것이다.

또한 이 문장 역시 그 묘미를 느끼는 데에 있어서는 오로지 감각에만 의존할 수밖에 없는 것이다. 그런데 이 감각이라고 하는 것은 천성으로 날카로운 사람과 둔한 사람이 있기 마련이다. 미

각이나 청각은 특히 타고난 천성이 유별하여, 음악의 천재 같은 사람은 누구에게 배우지 않았다고 하더라도 한 가지 음을 듣고도 음색과 음정을 식별하기 마련이다.

또 미각이 발단된 사람은 아주 원형을 없애 버린 가공한 식품을 맛보고도 어떤 재료를 사용하였다고 하는 사실을 알아 맞춘다. 이 외에도 냄새에 대한 감각이 날카로운 사람은 유별나게 냄새로 식품을 잘 알아 맞추게 된다.

문법이나 수사학을 모른다고 하더라도 자연히 그 묘미를 체득하기 마련이다. 학생들 중에는 다른 학과는 그다지 성적이 좋지 않은데 소설이나 시의 강의를 시켜 보면 선생도 따르지 못할 정도로 통찰력이 보이는 학생이 있다. 또 글을 가르치고 문장을 외우게 하면 비상한 기억력을 보이는 학생이 있다.

대개 이런 학생이 문장 감각이 뛰어나다고 할 수가 있는 것이다. 그러나 이것은 타고난 능력이다. 그러나 다른 학생은 그같은 감각을 만들 수 없느냐고 하면 그렇지는 않다. 수련 여하에 따라서 천성으로 둔한 감각도 날카롭게 닦을 수가 있는 것이다. 그래서 노력을 하면 안 되는 것이 없다고 하는 말이 여기에 적용된다.

그래서 노력으로 닦으면 닦을수록 감각을 날카롭게 닦을 수가 있다. 그러면 여기서 감각을 닦으려면 어떻게 하면 됩니까? 하고 묻는다면 다음과 같은 대답을 해줄 수 있을 것이다.

① 되도록 많은 것을 되풀이해 읽을 것.
② 실제로 자기 스스로 지어볼 것.

이 두 가지이다. 첫번째 조건은 비단 문장에만 한하는 것이 아니다. 모든 감각은 몇 번이고 되풀이해서 느끼는 가운데에서 점차 예민하게 되어 가는 것이다.

예를 들면 바이올린을 켜는데 있어서는 줄 넷을 잘 조화있게 잡아야 한다. 첫줄이나 둘째 줄은 물론 셋째, 넷째줄의 음이 조화있게 되도록 줄을 잡을 필요가 있는데 천성으로 청각이 날카로운 사람은 줄을 잘 잡지만 대개 둔한 사람은 이것이 서툴기만 하다.

즉 조화가 잘 잡혔는지 아니 잡혔는가를 잘 모르기 때문이다. 그러나 차츰 바이올린에 익숙해지면 음의 고저나 조화같은 것을 깨치게 된다. 한 1년쯤 지나면 조화있게 켤 수가 있다. 옆에서 이론만 자꾸 가르친다고 해도 소용이 없다. 도리어 혼동만 일으키기 때문이다.

흔히 바이올린은 어려서부터 배우는 것이 좋다고 한다. 어른들은 어린이처럼 순수할 수 없으므로 모든 일에 이론을 캐고 순수하게 처음부터 연습을 하려고 하지 아니하기 때문이다.

이렇게 본다면 문장을 닦는 감각은 옛날 서당에서 훈장에게 배우는 교수법이 가장 적합하다고 할 수가 있다. 몇 번이고 되풀이 외우게 하는 낭독말이다. 그러므로 문장 공부를 위해서는 명문장이라고 하는 것을 되도록 많이 읽어야 하는 것이 좋다. 가끔 뜻을 모르는 곳이 있어도 구애받지를 말고 막연히 아는 정도로 그냥 읽는 것이 좋다.

이렇게 자꾸 하는 동안 차츰 감각이 닦아져서 명문장의 묘미를 체득하게 된다. 그러나 이 감각을 예민하게 하는 것이 남이 쓴 문장을 많이 읽는 한편 위에서 말한 것같이 때때로 자기도 써 보는 것이다.

문필로서 직업을 삼으려는 사람은 반드시 많이 읽음과 동시에 많이 쓰는 습관을 들여야 한다. 여기서 말 하려고 하는 것은 감상자 측에서 서 있는 사람이라고 하더라도 감상안(鑑賞眼)을 더 확실히 하기 위해 많이 습작을 해보는 것이 좋다는 것이다.

그러나 모든 감각은 주관적(主觀的)이라고 할 수가 있으므로 A의 느낌과 B의 느낌이 일치하지는 않는다. 좋아하고 싫어하는 것은 어느 누구에게나 다 있기 마련이다. A는 담백한 맛을 좋아하고 B는 짙은 맛을 좋아하여 그 맛을 달리한다. 가령 A와 B가 동시에 맛이 있다고 느낀다고 하더라도 과연 그 맛은 동일한 것이냐 하는 것은 증명할 수가 없다.

그러나 만약 문장을 감상하는데 감각을 가지고 한다면 결국 악문장도, 악문(惡文)도 개인의 주관을 떠나서는 존재하지 않는 것 아니냐 하는 이런 의문이 생기는 것이다.

사실 이런 의문을 갖는 것이 당연하다고 생각을 하는데 이러한 의문을 갖는 사람에게는 다음과 같은 예를 들어 답변을 하고자 한다.

전국의 각지에서 양조되는 술을 품평하는 장소에 가보면 전문가들이 몇 십 종이나 되는 많은 술을 맛 보고 우수한 술을 투표로 선정하게 된다. 그 투표의 결과는 의견의 차이가 없이 일치한다는 것이다. 이 같은 사실은 무엇을 의미하느냐 하면 감각이 닦아져 있지 않는 사람들 사이에서야 차이가 생기는 것이 예사이겠으나 닦아진 사람들에게는 그 차이가 없다는 것이다. 즉 감각이라고 하는 것은 일정한 단련을 거친 후에는 대부분 동일하다는 것이다.

이같은 까닭에 감각을 닦을 필요가 있다고 할 수가 있다. 그러나 문장은 술이나 요리와 같이 그 내용이 그 내용이라서 단순한 것이 아니기 때문에 사람에 따라 기호를 달리할 수도 있다.

어떤 유명한 문학가는 A의 문장을 매우 탄복하는데 비하여 다른 문학자는 그 A의 문장을 감복하지 않는 경우가 있다. 이러한 말은 술에 있어서도 막걸리를 좋아하는 사람이 있고, 소주 같은 독한 술을 좋아하는 사람도 있듯이 사람의 기호에 따라 차이가 생기는 것이다.

이렇게 말은 하지만 감수성만은 되도록 넓게, 공평하게 가질 필요가 있으며 일부러 편협된 감각을 키워서는 안 된다. 그러므로 많이 읽고 써 보는 것이 무엇보다도 소중하다고 할 수가 있다.

7. 글감(題材)에 대하여

붓을 들기는 쉽다. 대부분 사람들은 무엇을 쓰나? 하고 말하면

서 막연해진다. 어느 문학가는 '무엇을 쓸까' 하는 제목에서 '쓸
것이 아무것도 없으면 꿈꾼 것이라도 써라'라고 하였다. 지난 밤
에 꾼 꿈이나 며칠전에 꾼 것이든지 여하간 자신의 기억 속에 남
아 있는 것들을 생각하면서 적어 보는 것이다. 꿈은 아무리 똑똑
한 것이라고 한다고 하더라도 현실에 비하면 흐릿하기가 일쑤다.

기억만이 흐린 것이 아니라 사건도 대체로 허황하다. 이것을
선후를 잘 가려서 알아 보도록 적는 것은 현실 체험보다 훨씬 더
어렵다고 할 수가 있을 것이다. 그러나 '무슨 이야기를 써야 하느
냐?' 하고 막연해 할 때는 분명코 도움이 될 것이다.

'꿈을 적어라'라고 하는 말을 그대로 생각하고 적는 것보다는 흐
리멍덩한 꿈속 일을 쓰려고 애쓰다 보면 필경 기억이 똑똑한 일이
얼마든지 있는데 하필 생각이 잘 나지 않는 '꿈 이야기라니요'라는
생각이 나서 현실로 돌아오게 된다. 말하자면 꿈 이야기보다는 현
실적 이야기가 더 쓰기 쉬워지는 것이다. 그래서 쓸 이야기가 없으
면 꿈 이야기를 쓰라고 한 문학자의 말이 이해가 된다.

다시 말하면 글이 될만 한 이야기는 꿈에 비한다면 현실에서는
얼마든지 널려 있다. 쓸 이야기가 없다는 말은 자기를 찾아내지
못한 때문이다.

현실과 인생…… 그리고 자연, 이것들은 쓸려고만 한다면 얼마
든지 그 소재가 널려 있다.

이것은 '나'라는 자신의 태도 문제이다. 이 세상을 염세적인 우
울한 눈으로 바라보고 사는 사람에게는 암담한 이야기가 있을 것
이고 이와는 반대로 몽상적이고 낙천적인 생각을 가진 사람에게
는 명랑한 글 이야기가 나올 것이다.

어째서 글감이 없다는 말인가? 그러니 자기의 철학적 기반이
확고하고 자기의 인생관이나 자연관이 확실히 생긴 사람이라면
얼마든지 글감과 제목은 있게 마련이다. 밝고 어두운 면을 적는
것도 글이 될 것이다.

글감이라고 하는 것은 구태여 진기해야만 좋은 것만은 아니다. 신문의 뉴스나 잡지 기사와는 다르다. 아무리 평범한 데서라도 자기의 감각을 아름답게 찾아내기에 따라 달리 보일 수 있다.

다시 말하면 글감이 되는 이야기가 재미 있어야 그 글이 재미가 있고, 제재가 슬퍼야만 그 글이 슬픈 것은 아니다. 만약 그렇다면 이것은 신문기사의 글에 불과하다. 잘된 글은 결코 신문의 문장이 아니라 반드시 감정을 표현하는 글이 되어야 한다.

문장의 글줄기가 반드시 슬퍼야 슬퍼지는 것이고 기쁜 이야기라야 우스운 이야기가 되는 것은 아닌 것이다. 아무리 사소하고 평범한 것이라도 얼마든지 훌륭한 글이 된다. 문제는 자기가 관찰하고 느끼기에 달려 있는 것이다.

그러니까 요점은 자기 자신이 넉넉히 느껴낼 만한, 그리고 요리해낼 만한 능력을 그대로 드러낼 수 있는 글이라면 된다. 그러므로 자기 자신이 얼마나 아름다운가 하는 데에 달려 있다.

8. 첫머리(書頭)가 잘 써지지 않는다

옛날 사람이기는 하나 김황원이라고 하는 시인 한 분이 있었다.

긴 성 한편으로 냇물이 유유히 흐르고
큰 들판 동쪽에는 산이 뜸뜸이 있는데

라고 글을 짓고는 다음 구절이 생각이 나지 않아 글이 꽉 막혀 다음 구절을 쓰지를 못했다고 한다.

이 시는 첫 한 귀절에서 그만 할 말을 다해 버렸기 때문이다. 이 분은 이렇게 장관인 모습을 보고는 무엇이 떠오르기는 떠올랐으나 앞줄에 눈 앞에 펼쳐지는 모습만 먼저 그렸다.

사실은 이것을 보고 마음에 느끼는 감동이 있었을 것인데 감동을 적기보다 드러난 모습만 먼저 적고 싶었으니 다음 글이 나올 턱이 없다.

특히 산문에서는 첫머리 몇 줄, 아니 몇 줄이라기보다 처음 한 줄이라 할 1행의 글, 다시 말해서 첫줄이 아니라 첫마디, 그것을 잘 놓고 못 놓는 것이 이 글의 순역(順逆)을 결정하게 된다. 그래서 이 글이 잘 써지느냐 못 써지느냐의 길흉을 좌우하기까지 하는 것이다.

그러므로 글을 쓰기 위해서는 너무 덤비지 말아야 할 것이다. 그리고 긴장해서도 안 된다. 그리고 기(奇)이한 글을 쓰겠다 생각 말고 그저 평범한 생각에서만 붓을 들면 된다. 하지만 종이 위에 쓰려는 것이 확실하게 깃들기 전에는 붓을 들어서는 안 된다.

또 쓰려는 요령만 눈에 보인다고 덥석 시작하기 시작하면 중요한 부분이 첫 몇 줄에서 다 없어져 버리기 마련이다. 용두사미(龍頭蛇尾)격이 되고 만다고 할 수가 있을 것이다. 능히 글 제목부터 써놓을 수 있도록 글의 전체를 빈 종이 위에 한 번 써본 후에야 비로소 첫머리를 시작해야 한다.

마음 속에 그 글의 전체를 느끼기도 전에 붓을 들면 글머리가 나오지 아니하고 중간부터 불거져 나오기 마련이다. 대부분 소설 이외의 글은 흔히 일인칭이다. 그러므로 무슨 소감이든 논설이든 주인공은 나 자신이다.

일인칭 명사, '나'를 첫말로 쓰는 것도 평이한 서두법이 되리라고 생각을 한다. 실례를 보더라도 '나'에서 시작한 글이 상당히 많고, 또 말이 순탄하게 풀려 가기 마련이다. 그리고 문장에 자신이 적을수록 귀절은 얼른 짧게 끊는 것이 좋다. 대개 첫 귀절을 길게 끌어서 내려오다가는 헝클어뜨려 놓는 것이 첫솜씨의 통폐가 되기 때문이다.

9. 마무리(結辭)를 어떻게 해야 할까

글의 최후 한 줄, 이 줄은 무대를 닫는 막과 같다고 할 수가 있다. 막을 내리는 그 순간 관람객은 보아온 연극에 대하여 마지막

감상이 다가올 것이다.

　가령 지금 막 다본 연극에서 제목의 뜻이 아직 충분히 다 드러나기 전에 끝났다고 한다면 이것처럼 싱거운 일은 없을 것이다.

　글도 이와 같아서 결코 할 이야기를 충분히 독자에게 알리기 전에 끝을 맺는다면 이것처럼 싱거운 일은 없을 것이다. 다시 말하면 종점에 닿지 못하고 이리저리 방황하다가 끝을 내는 글은 결코 독자에게 감명을 줄 수가 없다. 연극은 다했는데 막은 닫히지 아니하는 상태와 같다. 글의 끝마무리를 제대로 못하는 몇 가지 원인을 보면 다음과 같다.

　첫째, 제목에 분명한 인식과 통일성이 부족한 점을 들 수 있다. 다시 말하면 부산까지 갈 것을 분명히 작정하고 나섰으면 어김없이 목적지인 부산역까지 갈 차표를 사야 하는 것이다. 부산행을 샀으면 부산이 종점이 될 것은 당연한 이치이다.

　서울에서~부산까지, 때로는 대구에서~부산까지…… 우선 이렇게 끝이 뚝 떨어져야 할 것이다.

　글을 쓸 때 분명히 제목의 뜻을 인식해서 머리 안에 언제나 그리면서 하고 싶은 이야기를 다 끝내야 하는 것이다. 이것이 안 되었을 때에 끝마무리가 어려워지는 것이다.

　둘째, 과분한 표현을 하려는 욕심에서 탈선하기 때문이다. 글의 형용과 기상에 끌리다가 그만 주맥(主脈)에서 떨어져 나가버리면 이 글은 글의 멈출 자리를 잃어 버리고 말게 된다.

　셋째, 이제 글을 끝내겠다고 하는 종결감(終結感)이 너무 클 때도 이러할 수가 있다. 끝을 맺는다고 해서 연단에서 연사가 주먹을 치듯 치려고 해서는 안 되겠다고 하는 말이다. 다시 말하면 마무리 박수갈채를 기대하는 욕심에서 무리한 끝맺음을 해서는 안 되겠다는 것이다.

　넷째, 그러면서도 종결감이 지나치게 강하거나 반대로 약한 때문도 원인이 될 수가 있다. 이런 것을 가지고 글 끝이 지나치게 허하다고 할 수가 있다. 아무튼 글의 끝마무리는 다소의 점청(點睛)이 있기는 있어야 할 것이다.

그래서 한편의 글을 형식적으로 끝마무리 해서는 안 되고 내용으로 완성해서 끝을 맺는 마무리라야 하겠다. 다시 말하면 번쩍! 하고 그 글 전체에 생기를 끼얹는 이채로운 신운(神韻) 같은 느낌을 주어야 한다. 그래야 묘를 얻는 마무리글이라고 할 수가 있겠다.

10. 글의 알맹이(內容)는 문장을 능가한다

글을 잘 쓰기 위해서는 감각을 닦으라고 하였다. 글을 쓰자고 붓을 쥐면 우선 써야 할 내용이 닦아져야 한다. 제재를 떠올리면 내용은 절로 생겨나기 마련인 것이다. 가령 '가을'이라는 제재가 주어졌다고 하자. 그러면 내용은 가능한 이 내용을 이탈해서는 안 된다. 가령 가을을 먼저 떠올리다 보면 지난날 내가 가장 기억 속에 남는 가을이 있을 것이다. 즉 이야기꺼리로 쓰고 싶은 것이 있을 것이다. 이것을 거짓없이 마음이 하고 싶은 그대로 잔잔하게 엮어가면 되는 것이다.

가령 산문 아닌 논설문 같은 내용이라고 하면 내가 주장하고 싶은 이야기를 조리 정연하고 담담하게 엮어가면 될 것이다. 그 주장하고 싶은 알맹이(내용)는 누가 보아도 이해가 가고 고개가 끄덕여져야 한다.

알맹이가 가득차 있어야 한다는 말이다. 알맹이란 내용물이므로 이것이 충실하게 담겨 있을수록 글은 돋보이게 된다. 어차피 글은 내용이 중요한 것이므로 다소 문장은 서툴어도 내용은 반드시 충실해야 한다.

그렇다고 여기에 지나치게 신경을 쓰다 보면 위에서 말한 주맥(主脈)에서 탈선할 수가 있다. 따라서 평소 생각하고 있는 그대로 진실하게 담담히 적으면 된다. 알맹이 없는 글은 속물없는 빈 껍데기에 불과하기 때문이다. 문장을 써 나가면서 알맹이를 잃어서는 안 된다.

11. 글 제목은 내용과 일치해야 한다

제목이 없다고 '실제(失題)'니 혹은 '무제(無題)'니 하는 제목을 붙이는 일을 종종 볼 수가 있다. 그러나 자세하게 생각해 보면 이 것도 글 전체를 대신한 것이니 제목이라고 할 수밖에 없을 것이다.

다시 말하면 제목은 그 글의 이름이다. 사람의 이름은 왕왕 항열자에 의지하지만, 글의 이름은 그 글 자체의 내용을 떠나서는 아무런 표준도 없을 것이다. 제목은 그 글의 내용을 완전히 음미하여 가지고 가장 요령있는 짧은 글로 대표시키는 것이다. 우리가 제목을 정하는데는 적어도 다음과 같은 몇 가지의 용의가 필요하다.

첫째, 동떨어진 제목을 붙여서는 안 된다. 그러므로 어디까지나 본문 내용에만 솔직해야 할 것이다.

둘째, 매력이 있어야 한다. 본문보다는 좀더 큰 글자로 씌어지는 제목과 같이 눈에 띄는 제목이 독자의 마음을 사로 잡아야 한다.

셋째, 새 것일 것이니 새로운 맛이 있는 제목을 다는 것이 좋다. '영자니, 숙자니, 복동'이니 하면 이미 널리 사용되는 이름이다. 자주 사용되고 알려져 있는 이름이기 때문에 구태의연하다. 글에서도 그럴 것이다. 될 수 있는 대로 남이 이미 붙여 놓은 이름은 피하고 새 것을 지어서 새로운 맛이 나게 해야 한다.

넷째, 어떤 시사성을 암시하는 것도 좋을 것이다. 즉 내용 시사 말이다. 왜 이런 제목일까?를 생각케 하는 제목이면 더 좋겠다. 즉 다시 말하자면 내용 암시성을 주는 함축성 있는 제목이 좋다고 할 수가 있다.

처음에는 대부분 제목에 과욕을 부리게 된다. 좀 과대한 제목 말이다. 예를 들면 '인생'이니 '가을'이니 하는 투로 온 세상 글은 혼자 써낼 듯이 덤비게 된다. 그러나 제목은 내용과 조화미를 가져야 하고 또 겸손을 잃지 말아야 한다.

제2장

잘못된 문장이 쓰이는 까닭

1. 구조적으로 생기는 모호성(模糊性)

쉽게 예부터 들어서 설명해 보기로 하자. 예를 들면 '그는 좋아하는 사람이 있다'라고 하는 문장 하나가 있다고 가정을 하면 이 문장은 언뜻 보면 그저 수월한 문장으로 보아 넘기기 쉽다. 그러나 여기서는 두 가지 뜻으로 해석할 수 있는 소지가 있는 것이다.

즉, 좋아하다의 주체가 '그'인지, 아니면 어떤 다른 사람인지 판가름하기가 매우 어렵다. 우선 좋아한다의 주체가 '그'일 경우, 위 문장은 '사람이 있다'에 '그는 그 사람을 좋아한다'란 문장이 들어 있는 것으로 설명이 된다.

그러나 이 좋아한다의 주체가 어떤 다른 '사람'일 경우는 '사람이 있다'에 '그 사람은 그를 좋아한다'란 문장이 들어 있어 '그를 좋아하는 사람이 있다'란 문장이 되고, 여기서 다시 '그'가 '은 / 는'의 주제가 됨으로써 '그는 좋아하는 사람이 있다'와 같은 문장이 된 것으로 설명이 된다.

이같이 표면적으로는 하나의 문장으로 보고 있는 것이 그 심층(深層)에 몇 가지 다른 뜻으로 해석할 수 있는 소지를 가지고 있는 경우를 모호성(摸糊性) 또는 애매성이라고도 한다.

이같은 모호성은 단문(單文)에도 지적되나, 특히 둘 이상의 문장이 복합된 복문(複文)이나 병렬문(並列文)에서 많이 지적이 된다.

'물이 얼음이 된다'와 같은 문장은 단문이다. 아주 자연스러운 문장으로 하나의 뜻으로만 해석되는 것처럼 보인다. 그러나 잘 보라.

'나무가 책상이 된다', '밀가루는 빵이 된다'라는 문장과 '싹이 이파리가 된다'나 '아이가 어른이 된다'라는 문장이 서로 다르듯이 '물이 얼음이 된다'에는 두 가지 다른 뜻이 포함되어 있다.

우리는 앞의 문장을 '나무로 책상이 된다'나 '밀가루로 빵이 된다'와 같이 고칠 수 있으나, '싹으로 이파리가 된다'나 '아이로 어른이 된다'와 같이 고칠 수는 없다.

앞의 문장은 결국 '밀가루로 빵을 만든다'나 '나무로 책상을 만든다'와 같은 동적인 표현이 '되다'란 동사에 의해 정적인 표현으로 유도된 것이며, 이것이 다시 '이'나 '가'에 의해 주제화된 것이다.

그러나 마술적인 세계에서가 아니라면 '싹으로 이파리를 만든다'나 '아이로 어른을 만든다'와 같은 표현은 쓰지 않는다.

이와 같이 '물이 얼음이 된다'란 문장도 온도가 내려가 자연적인 변화로서 결빙이 이루어지는 경우와 '얼음'을 인공적인 생산물로서 만들어내는 경우의 두 가지 뜻을 갖게 된다.

인공적인 생산과정을 문제 삼는 문장은 앞의 예와 같이 '물로 얼음이 된다'의 '물로'가 '이'나 '가'의 주제화가 된 것으로 설명이 된다. 같은 단문의 예로 '불행하게도, 영수의 어머니가 오늘 돌아가셨다'란 문장을 들어 보자.

'불행하게도'는 문장의 독립성분이나 그 의미가 어디에 걸리느냐에 따라 사뭇 다른 뉘앙스를 갖게 된다 그것이 '영수'에 걸리는 경우 '불행'한 것은 '어머니를 잃은 영수'가 되며, '어머니에게' 걸리는 경우 '불행'한 것은 '오늘 세상을 떠난 영수의 어머니'가 된다.

그리고 '오늘'에 걸리는 경우 다른 날 돌아가시지 않고, 하필이며, '오늘' 돌아가신 것이 '불행'한 것이 된다. 특히 앞에 오는 수식어를 받는 체언이 둘 이상인 경우에 왕왕 구조적인 모호성이 야기된다. '키가 큰 형의 친구'라고 할 때 형이 키가 큰 것인지, 친구가 키가 큰 것인지 모르게 된다. '의'가 계속되면 될수록 모호성은 점점더 확대가 된다. '키가 큰 형의 친구의 동생'이라고 할 때 문제는 또한 심각해진다.

더구나 몇 개의 체언(體言)이 '와'나 '과'에 의해 병렬(並列)되는 경우 구조적인 모호성이 생겨나게 된다. '재산이 많은 형과 동생'이라고 할 때 정말 '재산'이 많은 것이 형인지 동생인지 분명치 않으며, 아니면 형과 동생이 모두 '재산'이 많은지 알 수가 없다.

또 '창수와 철수와 상수와 영수가 싸웠다'라고 할 때에는 아주 복잡한 모호성을 야기시킨다.

'창수'가 '철수, 상수, 영수' 세 사람과 싸웠는지, '창수와 철수'가 한 패가 되었고, '상수, 영수'가 한 패가 되어 두 패가 싸웠는지, 또는 창수, 철수, 상수, 세 사람이 영수, 한 사람과 싸웠는지 또는 이 네 사람이 한 패가 되어 다른 쪽의 사람과 싸웠는지 모르게 된다.

그리고 '명철과 재호는 부산으로 떠났다'라고 할 때에도 모호성이 추출된다. 즉 '명철과 재호'가 함께 떠났는지, 아니면 따로따로 부산을 떠났는지 모르게 된다.

그러나 이상하게도 이 문장을 '재호는 명철과 부산으로 떠났다'고 말할 때에는 모호성이 야기되지 않는다. 왜냐하면 뒤의 문장은 반드시 재호와 명철이 함께 또는 같이 떠난 경우만을 뜻하게 되기 때문이다.

'나는 꽃과 모자를 샀다'라고 할 때에는 또 다르다. 물론 꽃과 모자를 함께 샀는지 따로따로 샀는지 모르는 것은 위의 경우와 마찬가지이다. 그러나 '나는 꽃과 샀다'라고는 말하지는 않는다. 이때는 흔히 '함께'를 써서 '나는 모자를 꽃과 함께 샀다'고 말한다. 여기서 우리는 주의를 앞의 예에다 돌려 보기로 하자.

아무래도 '재호는 명철과 부산으로 떠났다'라고 할 때 왜 그것이 동반성이나 동시성의 의미를 띠게 되는지 이해할 수가 없는 것이다. 우리는 이 문장이 '나는 모자를 꽃과 함께 샀다'와 마찬가지 구조를 가진 것으로 설명하고자 한다.

즉 그것은 기원적으로 재호는 '명철과 함께 부산으로 떠났다'란 형태로서 '함께'란 성분을 내부에 가지고 있었던 것으로 설명할 수 있을 것이다.

이양하(李敭河)의 '프루우스트의 산문'의 한 귀절을 보기로 하자.

ⓐ 밤 새도 쉬지 아니하고 우리의 불안한 생활에 안면(安眠)을 허락하고, 모든 것이 소멸되지 않을 것을 약속해 주는 것의 매력을 바다는 가지고 있다. 바다는 ⓑ 불이 켜 있으면 고독을 알지 못하는 어린애의 양등(洋燈)과도 흡사하다. 바다도 땅과 같이 하늘에서는 분리 되지는 아니하였다. 바다와 하늘 사이에는 항상 색채의 조화가 있어 하늘의 색조의 미묘한 변화는 그냥 그대로 바다에 비친다. 낮에 태양아래 반짝이던 바다는 저녁 때가 되면 태양과 한가지로 죽는 것같이 보인다. 해가 지면 땅은 일시에 어두어지나 바다는 언제까지든지 애연하여 햇볕의 기억을 지니고 있다.

ⓐ 부분은 아주 모호하다. 우선 '밤 새도'가 '밤이 새어도' 란 부사절(副詞節)인지 '밤 사이도' 란 단어인지 불분명하고, ⓐ 부분 전체가 '안면을 허락하고'에 걸리는지, '소멸되지 않을'에 걸리는지, '약속해 주는'에 걸리는지, '바다는 가지고 있다'에 걸리는지 불분명하다.

ⓐ는 이 모든 서술에 걸릴 수 있는 가능성을 가지고 있기 때문이다. 문맥으로 보아 ⓐ는 '안면을 허락하고'에 걸리는 듯이 보인다.

ⓑ의 '불이 켜 있으면'은 '바다에는 불이 켜져 있다'에서부터 올 수도 있고, 그것이 아니고 '어린애 곁에서 불이 켜져 있다'에서부터 올 수도 있다. 여기에서는 후자에 속한다.

문장이 가진 이러한 구조적인 모호성은 단문의 경우에는 휴식부(休息符)의 사용에 의해서, 혹은 어순을 바꾸어 놓음으로써 얼마간 그것을 제거할 수가 있다.

'키가 큰 형의 친구'의 경우 같으면, '형의 키가 큰 친구'로 어순을 바꾸어 놓음으로써 키가 큰 것이 '친구'임을 명백히 할 수가 있다.

'재산이 많은 형과 동생'이라 함으로써 재산이 많은 것이 '형'임을 밝힐 수 있다. 또 '바다는, 불이 켜 있으면 고독을 알지 못하는 어린애의 양등과도 흡사하다'고 함으로써 '바다에는 불이 켜 있는 것'이 아님을 명백히 할 수가 있다.

일반적으로 문맥적 의미에 의하여 이러한 모호성은 대부분 제거된다. 그러니까 문장의 구조적인 모호성이 문제되는 것은 어떠한 문장을 고립시켰을 때의 일임을 알 수 있게 된다.

글 전체의 유기적인 의미의 맥락 속에서 모호성이 야기되는 일은 드물며, 가령 그러한 문장이 있다고 한다면 그 글들은 좋은 글이 아니라고 할 것이다.

2. 문장이 이상해지는 이유

글을 자주 써 보지 않는 사람에게는, 이 글 쓰기의 어려움에 대해서 예로부터 많은 사람들이 이야기해 오고 있다. 좋은 글을 짓기 위해서는 무엇보다도 첫째 많이 읽고, 많이 생각하고, 많이 글을 써 보아야 한다고 말하고 있다.

한 줄의 좋은 시를 쓰기 위해서 일생을 고뇌 속에서 신음한 사람도 있다고 한다. 이처럼 글이란 우리와는 아주 가까우면서 실로 멀다고 할 수가 있다.

가령 백 권의 책을 읽고 나서 무엇인가를 쓰고자 붓을 들어보라. 읽는 것과 쓰는 것이 얼마나 다른 세계의 일인가를 뼈저리게 느끼게 될 것이다. 더욱이 완전하고 좋은 문장을 쓰려고 노력해보라. 그러한 노력을 하면 할수록 점점더 자신의 힘과 능력에 대해서 희의를 느끼게 될 것이다.

완전한 문장, 그것을 위한 제 일차적인 조건은 문법적인 문장이어야 한다고 하는 것은 두말할 여지가 없다. 그것이 하나의 좋은 문장이 되느냐 마느냐 하는 것은 그 후의 문제이며, 우선의 선결조건은 그것이 문법에 맞아야 한다고 하는 것이다.

다시 말한다면 이것이 문장의 기초적 공사인 것이다. '글을 짓는다'고 하는 것은 땅의 기초 위에 집을 짓는다는 것과 같은 것이다. 물론 좋은 설계, 좋은 자재가 문제가 될 것이지만, 뭐니뭐니 해도 집의 구조가 통일성을 가져야 한다.

복도의 한가운데 방이 가로막고 있다고 하든지, 층계가 있을 곳에 없다든지, 문이 있어야 할 곳에 없다든지 하면 큰 낭패가 될 것이다. 문장에 있어서도 이와 같은 이치는 마찬가지이다. 글 전체가 유기적(有機的)인 관련을 맺고 있어야 함은 물론이고, 한 문장 한 문장이 전체와의 관련 속에서 통일을 이룩해야 한다.

이러한 관점에서 우리는 이상한 문장을 찾아 보고, 무엇 때문에 문장이 이상해졌는가를 여기서 한번 생각해 보기로 하자.

낮에는 아직도 90 몇 도의 더위가, 가만히 앉아 있는 사람의 숨을 턱턱 막는다. 그런데 어느 틈엔지, 제 1선에 나선 가을의 전령사(傳令使)가 전등빛을 따라와서, 그 서늘한 목소리로, 노염(老炎)에 단 심신을 식혀 주고 있다. 그들은 여치요, 베짱이요, 그리고 귀뚜라미들이다.

물론 이 전령사들의 전초역을 맡아 가지고, 훨씬 먼저 온 것으로 매미, 쓰르라미가 있지마는, ⓐ 그들은 소란한 대낮에, 우거진 녹음 속에서 폭양을 항거하면서 부르는 외침이다. 듣는 사람에게 '가을이다' 하는 기분을 부어 주기에는 아직 부족한 무엇이 있다.

그렇더니, 이 저녁에 들리는 정밀(靜謐) 속에 전진하여 오는 소리야말로 '이젠 확실한 가을이구나!' 하는 ⓑ 영추송(迎秋送)이 나도 모른 사이에 입술을 들치고 튀어 나오게 된다.

—이희승의 〈청추수제〉에서.

윗 문장글의 ⓐ에서 '그들은'이란 성분은 '매미'와 '쓰르라미'를 받는다. 그런데 '그들은'과 연결되는 성분은 '외침이라' 하는 것과 '아직 부족한 무엇이 있었다'가 된다. 여기서 '그들은'을 '매미와 쓰르라미'로 바꾸면 '매미와 쓰르라미는 외침이라, 아직 부족한

58

무엇이 있었다'가 된다.

물론 작자는 '그들은'으로써 매미와 쓰르라미의 '소리'를 문제 삼으려 했던 것이라고 해석해 볼 수가 있다. 그러나 '그들은 외침 이라' 하는 연결은 이상한 것이다. 또 '아직 부족한 무엇이 있었다' 는 '어디에'란 성분이 필요로 한 말이다.

그런데 이 '어디에'란 성분에 해당하는 요소로 우리가 찾을 수 있는 말은 역시 '그들은' 이라는 말이다. 이렇게 볼 때 '그들은'이 란 요소는 a에서 너무 과도한 부담을 지고 있는 것이 아닌가 한 다. 이를 정확히 표현하려고 한다면 아무래도 '그들의 소리는 외 침이라, 거기에는 아직도 부족한 무엇이 있었다' 라고 해야 하지 않을까 생각한다.

ⓑ 문장은 문법적으로 보아서는 조금도 결함이 없는 문장이다. 그러나 누구든 한 번 읽어 보면 그것이 이상하다는 느낌을 금할 수 없을 것이다. '영추송이 나도 모르는 사이에 입술을 들치고 나 온다'라고 하는 말도 이상한데 거기에 '나오게 한다'가 있으니 '나 오면서' 동시에 '나오게 하는' 어떤 대상을 상상하기 쉽게 된다. 실제로 나오게 하는 것은 '소리야말로'인데도 말이다. 주어와 비 슷한 성분이 여러번 되풀이 되어 나타날 때에 서술어가 먼 곳에 있는 주어를 받도록 해서 문장이 이상해진 예이다. 이런 문장이 고쳐지지 않고는 좋은 문장이 될 수가 없는 것이다. 또 한 예를 들어 보자.

형도 알다시피 ⓐ 나의 고향은 조그마한 어촌으로서 대한해안, 한 곳 에 누워서 별로 변동을 모르고 지내던 곳이다. 그러나 어떻습니까? 참말 놀랠 것이외다. 해수욕장이 생기고 통조림 공장에서 석탄연기가 나오고 새로 닦아 놓은 신작로에는 자동차 소리가 밤낮으로 끊일새 없습니다. 그리고, ⓑ 낯설은 양철지붕이 어울리지 않는 이 마을에 군데군데 놓여 있습니다.

ⓐ 문장의 줄기는 '고향은 별로 모르고 지내던 곳이외다'이다. 이 문장이 이상해진 것은 '지내다'와 같이 주어가 '사람'일 것을 요구하는 동시에 '고향'이라는 주어가 연결되었다는 점이다. 거기에다 앞의 '누워서'란 성분까지 그러한 의미를 강화시키고 있는 점이다.

ⓑ에서는 '양철지붕이'가 쉽게 '어울리지 않는'과 어울려 주어+서술어의 관계를 구성하게 된다. 그러나 그 윗글은 그것이 다시 '놓였습니다'의 주어가 될 것을 요구하고 있다고 할 것이다. 그러나 '양철지붕이'가 '어울리지 않는'과 함께 종속절을 이루는 것으로 생각을 한다면 '놓였습니다'의 주어는 없게 된다. '어울리지 않는'을 '어울리지 않게'로 바꾸어 놓으면 그러한 난점은 없어질 것이다.

글을 쓸 때는, 이미 한 행위나 상념은 지나가 버리고, 책상 앞에 때를 달리하여 있게 된다.

윗 글에서는 줄 친 '한'이 문제가 된다. 그것은 '하다'의 관형사로서 '행위'에 걸릴 뿐이다. '상념'에도 걸린다. 그런데 그것이 이상해진 이유는 '행위를 한다'라고 하는 말을 쓰나 '상념을 한다'라는 말을 쓰지 않기 때문이다. 그 부분을 올바로 고치기 위해서는 아마도 '어떤 행위나 상념의 순간은 지나가 버리고'라고 해야 하지 않을까 생각된다.

'이 소설은' 전쟁터에서 그가 겪은 체험을 기록한 전쟁문학으로서 다음에 발췌한 예문을 통해서라도 이 작가가 얼마나 심각하게 생명에 대한 경건과 그것을 깊이 체험한 사실을 짐작할 수 있으리라 믿습니다.

윗 문장은 통사론적인 구조가 전혀 다른 두 문장을 병렬시켰기 때문에 이상해진 문장이다. '경건'이란 말 뒤에 올 말을 찾아 보기로 하자.

60

아마도 '이 작가가 얼마나 심각하게 생명에 대한 경건을 깊이 체험한 사실'이란 말이 될 것이다.

그러나 그것은 결코 올바른 문장이라고 할 수는 없다. 이를 올바로 표현하려면 다음과 같이 고쳐야 한다. 즉 '이 작가가 얼마나 생명에 대해 경건하였으며, 그것을 얼마나 깊이 체험했던가 하는 사실을 직잠할 수 있으리라 믿습니다'라고 해야 할 것이다.

우리나라는 사각모자가 생기면서부터 농촌봉사라는 학생운동이 전개되어 왔다. 그리고 물론 이런 학생들의 활동은 여러가지 방면으로 우리 사회에 많은 공헌을 했음도 사실이다. 에로(ero)문화를 전달하여 나쁜 영향도 또한 끼쳤다.

어떤 학생들에 대한 문장으로, 줄 친 부분의 '잘못'이란 한정어가 용언에서 너무 멀리 떨어지게 됨으로써 문장이 이상하게 된 예이다. '잘못'은 '전달하여' 앞에 와야 할 것이다.

이것은 약소국이 민족독립투쟁을 벌이는 것이 얼마나 힘들며 고난의 길인가를 보여 주는 것이며, 더구나 이후 식민지 지배를 착실히 구축해 감에 따라 직접적인 당장의 승리가 어렵다는 것을 확인해 주는 것이다.

어떤 학생의 문장으로서 줄친 부분에서 '얼마나'가 '힘들며'와 '고난의 길인가'에 동시에 걸리고 있는데, 이 둘의 문형이 서로 다르기 때문에 문장이 어색해진 것이다. '힘들며'는 동사인데 '고난의 길인가'는 명사문(名詞文)인 것이다.

옛날 하느님이 동물들에게 수명을 정해주기 위하여 모든 동물들을 ⓐ 불렀다. 처음에 말이 왔다. 하느님은 그에게 30년의 수명을 주겠노라고 하였더니, 말은 자기는 사는데 고생이 많으니 빨리 죽게 해달라고 애원했다. 그래서 하느님은 18년으로 면제해 ⓑ 주셨다. 다음이 개의 차례였는데 하느님은 그에게도 30년을 주었으나 개의 애원으로 12년으로 줄어 ⓒ 주었다. 이제 원숭이의 차례가 왔을 때, 너는 남을 웃기며 사는 생이니 설마 줄여 달라고는 하지 않겠지 하고 자신있게 30년을 ⓓ 주셨다. 원숭이는 눈물을 뚝뚝 흘리며 호소를 했다. '저는 항상 즐거운 표정의 노나니 인생이지만, 마음 속은 그 못지 않게 슬픕니다'라고 그래서 하느님은 그에게 30년에서 10년으로 면해 ⓔ 주셨단다.

서술의 통일이라고 하는 점에서 문제가 된다. '하느님'이 한 일에 대해서 어떤 때에는 '시'를 붙이고, 어떤 때에는 이를 붙이지 않고 하여 경어의 사용이 들쭉날쭉하게 된 것이다. 경칭으로 하려면 ⓐ, ⓒ에도 '시'를 붙여야 할 것이며, 평칭(平稱)으로 하려면 ⓑ, ⓓ, ⓔ에서 '시'를 빼야 할 것이다. 또 ⓒ 앞의 '줄어'는 '줄여'로 고쳐야 할 것이다.

그 젊은 이해조(李海朝)도 최찬식(崔瓚植)도 마찬가지이나, 그들은 신소설의 체재로선 정치, 교육 등의 여러가지 개화사조를 다루었으나 작품적인 구성으로선 언제나 기구한 스토리에 멜로드라마로 귀결을 시켜서 부녀자들이 읽고 재미있도록 만들어진 것이다.

-백철 〈현대소설 50년〉에서.

위의 문장은 길어지면, 길어질수록, 어색한 문장이 될 가능성이 많다는 것을 보여 주는 전형적인 예이다. 인용문 전체의 주어는 '그들은'으로서 그것은 '다루었으나'에 걸릴 뿐 아니라, '만들어진 것이다'에도 걸린다. 그러나 앞의 것은 능동형인데, 뒤의 것이 피동형으로 됨으로써 비문법적인 문장이 된 것이다.

같은 주어를 같은 문장에서 하나는 능동으로, 다른 하나는 피동으로 받을 수 없는 것이다. 문장이 길어짐에 따라 작자는 뒤의 서술어가 어떤 주어를 받아야 하는지를 잊어버리게 된 것이라고 할 수 있다.

졸속으로 지은 건물, 이것은 어딘가에 결함을 갖고 있듯이 급하게 쓴 글에는 어떤 형태로든 어색한 문장이 포함되기 마련이다. 오래 두고 고치면 누구나 좋은 문장을 쓸 수 있게 되는 것이다.

3. 좋은 글의 요건이란 무엇인가

두말할 것 없이 글을 쓴다고 하는 동기는 생각과 느낌을 표현하고 독자에게 충분한 의사를 전달함에 그 목적이 있다. 그러므로 좋은 글이란 한마디로 말하자면 필자의 생각과 느낌이 효과적으로 표현이 되고 바로 확실하게 상대에게 전달됨을 의미하는 것이다. 그렇다면 바로 어떤 것이 좋은 글이라고 할 수 있는 것인가? 이 요건이 되는 몇 가지를 추려서 생각해 보자-.

◗ 내용이 충실한 글이라야 좋은 글이다

충실한 내용이라고 하여 반드시 필요연구 결과나 그 무슨 새로운 진리 같은 것이 반드시 들어 있어야만 하는 것만은 아니다.

다시 말하자면, 어떤 의견이나 정보 혹은 지식, 또는 느낌이나 생각 등등 무엇이고 간에 '말할 것' 이것이 곧 글의 내용이 된다. 흔히 우리가 말할 때 '충실한 내용'이란 말을 한다. 바로 이 충실이 들어있는 글, '말의 가치'가 잘 나타나 있어야 좋은 글이라고 할 수가 있는 것이다.

쓸 내용이 별로 없는데 억지로 글을 쓰거나 아니면, 표현 기교(技巧)에 지나치게 생각을 빼앗길 경우 자연 내용이 충실해지지 못한다고 할 수가 있다. 그러므로 문장에는 반드시 '생활과 생활' '감정과 자신의 정당한 목소리'를 담아야 한다.

이 말의 의미는 글 속에 글 쓴 사람의 모습이 드러나고, 필자 나름대로의 감동이나 감정, 사고(思考) 같은 것이 뚜렷하게 나타나 독자로 하여금 이것을 읽을 수 있도록 해야 한다는 것이다. 그래서 문장 즉 글이란 자기 자신이 직접 체험하고, 감동하고, 느끼고 생각한 일, 이것을 바탕으로 써야 한다고 하지 않던가.

흔히 하는 말로 좋은 글이란 '좋은 사람이 되기 위한 공부'라고 하기도 하는데 이 말은 다시 말하면 필자가 직접 겪고, 보고, 들은 것을 글로 써봄으로써 자기 생활을 반성하는 계기가 되고, 자신의 생각을 올바른 방향으로 키워 나갈 수가 있다.

실제로 겪어 보고, 체험한 것이 어떤 것이든, 이 사실을 바탕으로 하여 쓰여진 글에는 지은이의 생활 모습이 담기게 마련이고, 마음의 움직임이 잘 나타나서 싱싱한 느낌을 준다.

그 반면에 그저 마음 속으로 상상해서 어림짐작으로 쓴 글이나, 없었던 일을 사실처럼 꾸며서 쓴 글, 그럴 듯하게 꿰맞춰서 쓴 글은 아무리 공을 들여봤자 좋은 글이 될 수가 없는 것이다. 그러므로 좋은 글이란 진실이 바탕이 되어야 하고 그대로 솔직하게 잘 표현되어야 한다.

◑ 개성적이고 독창성이 있는 글이라야 한다

사람은 누구나 이 세상에 올 때부터 제각기 나름대로 독특한 성질(개성)을 가지고 태어나기 마련이다. 따라서 자연적으로 필자의 독특한 개성이 들어있기 마련인 것이다.

알기 쉽게 설명을 하면 글이란 남의 생활이 아닌, 자기 생활, 남의 말이 아닌 자기 말, 즉 남의 사고나 느낌이 아니고 '자기 생각과 느낌'을 담아 써야 한다는 것이다.

그러므로 글을 쓸 때에는 솔직해야 한다고 하는 것이다. 다음으로 글은 '독창적'이어야 한다고 하겠다. 독창적인 글이란 쓴 사람의 개성적인 창의력이 발휘되어야 한다는 것이다.

문장에 있어서는 크게 나누면 두 가지를 나눌 수가 있게 되는데 첫째는 주제(主題)이고, 둘째는 표현방법(表現方法)이다.

그래서 다른 사람이 말한 것을 그대로 옮기거나 모방해서는 안 된다. 누구나 빤히 알고 있는 사실을 진부하게 적어도 이것은 독창성이 없는 글이 된다. 허나 이와는 반대로 자기 힘으로 처음 발견해낸 새로운 글감으로 쓴 글은 표현도 새롭거니와 생각도 새롭고, 느낌도 새로워서 읽는 이로 하여금 자연 참신한 감동을 안겨 주게 되는 것이다.

이와 같이 개성적이고 독창성 있는 글을 쓰자면 먼저 자신의 생활을 다듬고, 그 생활을 새로운 방향으로 키워 나가야 한다.

◗ 정성이 담겨 있는 글이라야 좋은 글이 된다

진실한 내용을 성실하게 쓴 글이라야 좋은 글이라고 할 수가 있다.

어떤 이는 '글은 마음의 거울'이라고 하였다. 글은 솜씨나 글재주, 이것만으로 결코 쓰여지는 것은 아니라는 말이다. 필자의 온 정신, 온 마음이 역력하게 나타나 있어야 하는 것이 좋은 글이라고 할 수가 있다.

참되고 진실한 자세, 그리고 글감을 모아 가장 알맞고 공감이 가는 표현을 하기 위한 정신을 집중해야 한다. 글의 생명은 한마디로 '진실성'에 있다고 하겠다. 진실을 외면하면 거짓이 되는데 이 글은 읽는 이로 하여금 감동을 안겨 줄 수가 없게 된다.

◗ 뚜렷하고 확실한 내용이라야 좋은 글이다

무슨 말을 했는지 일목요연하게 드러나는 글이 좋은 글이라고 할 수가 있다. 글은 반드시 바르고 확실하게 전달해야 하기 때문에 읽는 이가 쉽게 이해할 수 있도록 내용이 뚜렷하고 분명하게 드러나야 한다. 이 내용이 뚜렷하고 분명한 글을 쓰자면 마음을 가다듬고 차근히 조리 있게 쓰면 되는 것이다.

조리 있게 쓴다고 하는 것은 글의 주제가 되는 요점의 줄거리를 잡아 그 차례에 따라 차분하게 이야기가 되도록 자세하게 쓰는 것을 말한다.

이 경우 주의해야 할 것은 글의 가장 중요한 요점이 되는 알맹이를 빠뜨리거나 희미하게 적어서는 안 된다는 것이다. 그리고 그때그때 상황에 따라서 자기의 느낌, 사상, 견해(의견이나 해석) 따위를 중점적으로 써야 한다.

글이란 것은 내용물의 알맹이가 빠지면 아무 것도 안 된다. 글의 '중심이 되는 생각', 이것이 곧 글의 주제(主題)가 되는 것이다. 주제가 빠지거나 흐려진 글은 무엇을 썼는지 요점을 알 수가 없어 좋은 글이라고 할 수가 없다.

◗ 잘 다듬어진 글이라야 좋은 글이 된다
문장, 즉 좋은 글이 되려면 잘 다듬어야 좋은 글이 되는 것이다. 다듬지 아니하는 글은 뜻이 잘 통하지 않을 뿐만 아니라, 세수를 한 뒤에 헝클어진 머리를 빗지 않는 것과 같이 흉한 꼴이 된다.

그래서 글은 어떤 사실에 근거를 둔 이야기를 쓰는 것이고, 그 이야기는 자신의 깊은 사상과 느낌을 나타낸 귀중한 것이 된다.

바꾸어 말하면, 자기 자신의 생활을 기록하는 것이기 때문에, 이것은 곧 자신의 사람됨을 쓰는 것이 되고, 결국 독자에게 자신의 인품을 보여 주게 되는 것이다.

그러므로 글의 잘된 점과 잘못된 점을 구분해 생각해 보고 판단하는 습관을 몸에 붙여야 한다. 공들여 어렵게 쓴 글을 다듬기를 소홀히 함으로써 바라던 목적을 달성하지 못하면 참으로 안타까운 일이다. 그러므로 반드시 추고가 이루어져야 한다.

✻ 가장 좋은 문체(文體)란 ✻

가발을 쓴 사람 같지도 않고 은퇴한 배우 같지도 않은, 수수한 옷차림을 한 유복한 사람이 어느날 나에게 이런 말을 했다.

'좋은 옷차림이란 어떤 사람이 객실에서 나간 직후에 지금 나간 그 사람이 무슨 옷을 입고 있었는지 알 수 없는 거와 같은 경우이다.'

사람의 생김새에 대하여도 똑같이 말할 수가 있다. 이것을 굳이 돌려서 말한다면 문체에 대해서도 같은 말을 할 수가 있다. 좋은 문체란 사람들에게서 잊혀지는 문체, 그것이 표현하고 있는 사상을 가장 똑똑하게 독자의 눈에 비추어 주는 문체이다.

사상, 이것은 어리석은 자들을 괴롭힌다. 그들은 이것을 어떻게 하든지 이해하려고 하지만, 아무리 해도 이해하지 못한다. 문학서적을 읽을 때에도 문체의 외관에만 감탄하는 것이 어리석은 자들이 으레 하는 짓이다.

속 모르는 시골뜨기는 뚜렷한 사상이 단순한 문체로 서술되어 있는 책은 으레 보잘 것 없는 책이라고 말한다.

반면, 과장된 미사여구를 늘어놓은 책은 덮어 놓고 대환영이다. 마르상지, 사르방디, 샤토브리앙 등은 이런 사람들에게는 문장(文章)의 신(神)이 된다.

신어(新語), 이것은 식후의 각성제이며 이를테면 이런 사람들은 '내 마음 속에 겨울이 있다 —나의 영혼 속에 눈이 내린다'라는 이런 종류의 문장에 감탄하는 것이다.

—스탕달의 '한 여행자의 각서(覺書)'에서.

제3장

문체(文體)에 관하여

1. 문체란 과연 무엇인가

문체란 어떤·것인가?

한마디로 말하면 문장의 양식(樣式)이라고 할 수가 있다. 즉 글쓰는 이의 개성이나 사상이 나타나 있다고 할 수가 있는 특색이나 특징을 두고 하는 말이다. 그러나 이 문체에 대한 해석을 학자나 작가에 따라 여러가지 견해를 두고 말하고 있으니 한번 들어 보기로 하자.

문체란 주어진 하나의 사상에 그 사상이 나타낼 모든 효과를 나타내기 위하여 적절한 모든 사상을 부가하는 일이다.　　　　　　　－스탕달.

문체란 저자 특유의 감정, 사고 또는 이러한 체계를 정확하게 전하는 말(언어)의 한 특유의 감정, 사고 또는 그러한 체계를 전하는 언어의 한 특질이다.　　　　　　　　　　　　　　　－미들턴 먼리.

한 작가의 개인적인 그으한 신화라고도 할 수가 있는 파롤(Parole)의 육체 아래만 숨어 있는 만족 즉 자족감 같은 것이다. 여기에 말과 사물과의 결합이 생겨서 그 실제에 대한 말에 의한 주제가 꼭 한번 있게 되는 것이다. …… 문체란 원래 솟아나는 새싹과 같은 현상으로서 이것은 수액(樹液)과 같은 변용이다.　　　　　　　　　　　－바르테스.

이상 세 사람의 견해에서 볼 수 있는 바와 같이 '개인의 사고하는 방법, 느낌의 차이' 이것을 고유한 언어로 표현하는 것이라고 하는 것을 알 수가 있다. 한마디로 말하면 문체란 문장의 '스타일'이라고 하겠다.

문장이라고 하는 것은 이 문장을 구성하는 단어들의 '뜻'이 전부라고 할 수가 없다. 이것을 구성하는 '스타일', 이것 자체라고 할 수 있는 것도 표현인 것이다.

그러므로 문장의 구성 여하는 문장의 스타일이며, 스타일 여하는 문장의 표현도 되는 것이다. 그래서 문장이란 사회 속에 존재하는 언어를 사용하여 자기의 생각을 말하는 것이지만 이것이 바로 스타일이 되느냐 하면 그렇지는 않다.

어느 누구나 다 말할 수가 있고, 또 흔히 사용하는 말투로 씌어진 문장으로서는 개인이 표현되지는 아니한다. 다시 말하면 개성적인 언어표현을 통해서 개인이 드러날 때 비로소 자기 스타일을 가졌다고 할 수가 있겠다. 그러고 보면 '스타일'이라고 하는 것은 개성적이다. 이 개성이라고 하는 것은 인격적 특성(人格的 特性)이라고 해서 스타일이라고 하는 의미도 되는 것이다.

요즘 젊은 여성들이 배꼽을 내놓은 것이나 떨어진 청바지에 무릎을 내놓고 다니는 것들은 자신의 개성인 동시에 특성이라고 할수가 있다. 보편적인 여성은 그렇게 내놓고 다니라고 하면 질겁을 할 사람도 있을 것이다. 이것이 자기 특성이요, 스타일이라고 할 수가 있겠다.

반대로 젊은 학생들은 모자를 쓰면서 창을 앞으로 해서 쓰지 않고 뒤로 해서 쓴다. 또 안경은 앞으로 쓰게 되어 있는데 이것을 뒤로 돌려 걸치고 다니는 학생도 있다. 어느 젊은이는 할 수 없는데 어떤 이는 당당히 하고 다니고 있다. 이것이 그 사람의 개성인 동시에 스타일이라고 하겠다.

'글은 곧 사람이고, 스타일은 바로 그 사람이다.'

이 말이 금언같이 통용되고 있는 것은 이 때문이다. 그래서 한 작가의 문체, 이것을 논하게 될 때는 이 분의 전 인간적인 것까지 밝힐 수 있어야 한다. 즉, 정신이나 성격은 물론 그의 숨결에서부터 체취에 이르기까지 개성적이고 창조적인 언어 표현의 주인공을 찾아내야 하는 것이다.

어느 학자의 말을 빌면 '문체의 연구는 그 중간에 소재하는 미차(微差)까지도 보다 세세하고 보다 특이한 특징까지도 그것을 개인의 정신적 면모에서부터 끌어내기에 노력해야 한다'라는 말을 '언어 미학'에서 밝히고 있다. 과연 이 말과 같이 문체의 궁극

70

적 도달점은 정확한 개인상을 추출하는 데 달려 있다.

그는 다시 '자신을 인격으로서 느끼고 있는 까닭에 자기의 언어를, 개인적 문체를 갖고자 한다'라고 말하고 있다.

우리는 누구나 자기대로의 언어, 자기만의 문체를 열망하며 그것이 독창성을 생명으로 하는 작가의 표현수단으로 나갈 때는 타인을 추종하거나 그대로 있을 수는 도저히 없는 것이다.

따라서 문체라고 하는 것은 보편적 문장유형이 아니라 개인적 문체를 가리키는 원리라고도 할 수가 있겠다.

2. 문체의 종류는 몇 가지 있을까

문체의 종류는 수십종을 헤아린다고 할 수가 있겠으나 이 중 기본적인 문체는 크게 2가지 유형으로 나누게 된다. 하나는 간결체(簡潔體)이고 또 하나는 만연체(蔓延體)이다. 모든 문장은 모름지기 이 두 가지 분류로서 어느 한편에 속한다고 할 수가 있다.

하지만 현대 문장의 다양성을 고려하면 여러 종류가 있다. 이외에도 강건체(剛健體) 혹은 우유체(優柔體), 건조체(乾燥體), 화려체(華麗體) 등으로 나누어 볼 수가 있다.

◑ 간결체(簡潔體)는 어떤 것인가

간결체는 글자 그대로 되도록 문장을 간단하게 요약한 문체를 두고 하는 말이다. 이 문체의 특징은 어구가 근소(勤少)하고, 의미가 충실하며 여운이 많은데 있지만, 극단에 이르면 뜻을 모르게 된다. 따라서 간결한 문장은 자칫하면 개념적인 문장이 되기 쉽다. 전체를 한꺼번에 말해 버리니까 그렇게 되는 것도 당연하다고 할 수 있을 것이다.

열흘이 지났다. 복석의 병은 완쾌되었다. 아무리 낯설은 수토라 할지라도 철석 같은 복석이의 건강은 당할 수가 없었다. 그는 동지사의 뒤를 따르려 하였다. 그때 마침 같은 길을 가는 그곳 토민과 만났다. 그들은 사흘을 동행하였다. 그리고 사흘째 되는 저녁, 그들은 어떤 호능의 집에서 하루를 묵게 되었다.

밤이 되었다. 복석이가 용녀의 일을 생각하며 혼자 기뻐할 때였다. 갑자기 문이 열리며 호인(胡人) 서넛이 들어서면서 복석의 따귀를 떨어져라 하고 때렸다. 영문도 모르지만 복석이는 반항하였다. 그러나 사람의 수효로 복석이는 도저히 당할 수가 없었다. 그밤, 그는 결박을 당하여 움에 갇혔다. 밝은 날 그는 벌에 끌려 나갔다. 하루종일을 농사, 추수에 종사하였다. 밤에는 또 결박하여 움에 가두었다. 낮에는 또 일을 시켰다. 이십여 일이 지났다. 그동안 그는 손짓으로 눈짓으로 겨우 자기가 십년 기한을 종으로 이 집에 팔렸다는 것을 알았다. 그때 그는 열아홉 살이었다. 그는 이를 갈았다. 그러나 어찌할 수가 없었다. 밤낮을 파수가 그를 지켰다. 끝없이 긴 하루가 지나면 또한 끝없이 긴 새날이 이르렀다. 긴 새날이 이를 때마다 그는 용녀를 생각하고 십년을 어찌 지내나 하였다. 일년이 지났다. 아아, 일년이란 날짜가 얼마나 길었을까? 그러자 지나고 보니 꿈결 같은 1년이었다. 어느 틈에 지나갔나 생각되는 1년이었다. 그것은 만기의 십분의 일이었다. 이렇게 열 번, 참고 지나자 지나자, 그는 결심하였다.

구절들이 짧고 간략(簡略)하기 이를 데 없다. 군소리가 없다. 비유(比喩)의 형용이나 수식은 거의 찾아볼 수가 없다. 말을 더 보탤 수도 뺄 수도 없는 깔끔한 문장이다.

◑ 만연체(蔓延體)는 어떤 것인가

한마디로 말하면 어구를 절약하지 않고 생각나는 것은 쓸 수 있는 데까지 써가는 문체를 만연체라고 한다. 이 문체는 뜻은 잘 통하지만 그 대신에 자칫 하다가는 만담(漫談)에 빠질 위험성이 있기 마련이다. 대체로 이 만연체가 적합하기는 시대적으로 계몽기이며, 또한 인간에 있어서도 계몽적인 사람에게 있어서는 만연체의 문장이 적합하다고 할 수가 있다.

나오기는 나왔으나, 갈 곳이 없는 아다다는 마당귀를 돌아서신 밭길을 더 내놓지 못하고 우뚝 섰다. 시집으로 간다고는 하였으나, 아무리 생각해도 남편의 매는 어머니의 그것보다 무섭다. 그러면 다시 집으로 들어가나?

이번에는 외상없는 매가 떨어질 것 같다. 어디로 가야 하나? 갈 곳 없는 갈 곳을 짜보니 눈물이 주는 위로밖에 쓸데 없는 오년 전 그 시집이 참을 수 없이 그립다.

추울세라, 더울세라, 힘이들까, 고단할까, 알뜰살뜰히 어루만져 주던 시부모, 밤이면 품 속에 꼭 껴안아 피로를 풀어 주던 남편, 아! 얼마나 시집에서는 자기를 위하여 정성을 다하던 것인고?

참으로 아다다가 처음 시집을 가서의 오년 동안은 온 집안의 사랑을 한 몸에 받아 왔던 것이 사실이다. 벙어리라는 조건이 귀에 들어 맞는 것은 아니었으나, 돈으로 아내를 사지 아니하고는 얻어볼 수 없는 처지에서 스물 여덟살에 아직 장가를 못 들고 있는 신세로 목구멍조차 치기 어려운 형세이었으므로 아내를 얻게 되기의 여유를 기다리기까지에는 너무도 막연한 앞날이었다.

벙어리이나 일생을 먹여 줄 것까지 가지고 온다는 데 귀가 번쩍 띄어 그 자리를 앗기울까 두렵게 혼사를 지었던 것이니, 그로 의해서 먹고 살게 되는 시집에서는 아다다를 아니 위할 수가 없었던 것이다. 그러한 가운데 또한 아다다는 못하는 일이 없이 일 잘하고, 고분고분 말 잘 듣고 조금도 말썽을 부리는 법이 없었다.

그래서 생활고가 주는 역겨움이 쓸데없이 서로 눈독을 짓게 하여 불쾌한 말만으로 큰 소리가 끊일새 없이 오고 가던 가족은 일시에 봄비를 맞은 동산같이 화락의 웃음에 꽃이 피었다.

원래, 바른 사람이 못되는 아다다에게는 실수가 없는 것은 아니었으나, 그로 인해서 밥을 먹게 된 시집에서는 조금도 역겹게 안 여겼고, 되려 위로를 하고 허물을 감추기에 서로 힘을 썼다.

여기에 아다다가 비로소 인생의 행복을 느끼며 시집 가기 전 지난날 어머니, 아버지가 쓸데없는 자식이라는 구실 밑에 아니, 되려 가문을 더럽히는 악화자식이라고 사람으로서의 푼수에도 넣어 주지 않고 박대하던 일을 생각하여 어머니, 아버지를 원망하고 나머지 명절목이나 제향 때이면 시집에서는 그렇게도 가보라는 친정이었건만 이를 악물고 가지 않고 행복 속에 묻혀 살던 지나간 그날이 아니 그리울 수가 없을 게다.

−계용묵의 〈백치 아다다〉에서.

이상의 글은 대체로 구절이 길다고 할 수가 있다. 주인의 변이 장황하다. 그리고 여러가지 사항이 한 '센텐스' 속에서 연면히 이어져 있다. 끈적끈적한 것이 만연체(蔓延體)의 특징이자 매력이라고 할 수 있을 것이다.

◐ 강건체(剛健體)는 어떤 것인가

강건체는 심중하고 강직한 품격을 지닌 문체로서 탄력성 있고도 엄숙한 기분을 나타낸다. 독자의 마음을 사로잡는 충동적인 데가 있기는 하나, 독단에 흐르기가 쉽고 개념적인 데가 있다.

항간에 흔히 떠도는 문단의 부진 상태를 우리는 그저 묵살해 버리고만 있을 것인가? 일단 귀를 기울여 그 진부를 검토해 보기 전에 이런 말이 떠돌게 된 동기라도 캐어볼 필요가 있다고 생각을 한다. 왜 문단이 부진상태를 논의하게 되는가?

작품의 생산량이 전해 비해 월등하게 적어진 데 기인됨인가, 혹은 걸작이 없다고 하는 뜻인가? 물론 발표기관인 신문 스페이스나 잡지의 수가 부족한 탓도 있겠고, 또는 독자에게 만족감을 줄 만한 걸작이 없는 탓도 있으리라.

그러나 내가 보기에는 그것보다 착실한 독자들의 입에서 이런 말이 나오게 된 근본 원인은 좀더 다른 면에 있는 듯하다. 창작을 한다고 해서 총괄적으로 작가라는 영예의 대명사를 주는 것이 아니라, 슬기로운

74

독자들은 적어도 한 편의 작품을 엮는데 있어, 문장이 자기 문장이 되어 있고, 사건을 갖다 맞추는 구성의 능력이 어느 정도에 도달되어 있는 사람을 상대해서 하는 말이다.

그렇다면 자연히 부진상태를 논위하는 독자들의 신금에는 문장에나 구성면에나 테크닉에 대한 불평, 불만보다도 그 중요 관심점은 작품 속에 흐르는 내용에 있다고 보아야 옳을 것이다. 내용이란 문학정신의 총체를 말하는 것으로서 작품 속에 전류를 이루고 있는 사상면이라든지, 인물의 성격분석이라든지, 인생과 사회를 관조하는 면이라든지 혹은 역사적인 현실의 시대상을 해부하는 것이라든지, 이런 면에서 내용이 형성된다고 보면, 오늘날 생산되는 뭇작품의 내용을 독자들의 정신상태와 연결시켜서 고찰해 보아야 할 것이라고 나는 생각한다.

작품을 읽는 일반대중은 자기들의 마음 속에 쌓이고 쌓인 수다한, 하고 싶은 말을 작품 속에서 듣고자 한다. 마음 속에 서리어 있는 천갈래 만갈래의 정서를 자기의 재주와 기술로는 표현할 길이 없어, 그 누구가 대변해 주기를 기다리는 심리 상태인 것이다.

자기가 늘 마음 속에 품고 있던 것을, 그러면서도 어느 누구한테도 호소해 보지 못하던 것을 작품 속에서 읽을 수 있을 때, 그는 눈물이 나도록 고맙게 생각하며, 정신적으로 그 작품의 포로가 되어 버리는 것이다.

그러면 독자 대중은 지금 어떤 말을 하고 싶어 하는가? 그 심중에 사무치게 느끼고 굽이굽이 서리어 있는 것이란 도대체 무엇이란 말인가?

이것은 현실의 압력으로 오는 육체와 정신의 피로에 대한 호소이며, 전란으로 말미암아 빚어지는 공포감, 초조감, 불안감이며 또한 여기에 부수되는 육친의 정이요, 그러면서도 늘 마음 속에 가시지 않는 것은 비록 유약한 성격에 용감한 투쟁은 직접 못해 볼지언정, 언제나 막연한 영웅심리 속에서 벼르고 별러 오는 적에 대한 증오감인 것이다.

그러면 이런 등등의 사실을 작가들은 전연 망각하고 있었다는 말인가? 일부로 눈을 돌려 보지 않으려 하였다는 말인가? 이것은 우익의 소치도, 의식적 회피도 아닌 것이다. 피난민의 신세타령이나 넋두리는 히

스테리를 일으킬 정도로 있어 왔고, 전란의 여파로 빚어지는 비극은 작품마다 눈에 띈다. 그러나 독자의 안목에는 소재 취급이 되어 있지 않다는 것이다.

－〈문학정신의 확립〉에서.

이상과 같은 문체 이것은 서문, 권두언, 사설, 평문, 격문, 취지서 같은데 적당하며, 감각적이기 보다 개념적으로 써야 할 글에 취해지고 있다. 이 같은 글을 강건체라고 할 수가 있다.

◑ 우유체(優柔體)는 어떤 것인가

한마디로 말하면 강건체(剛健體)와 반대의 입장을 취하는 문체라고 할 수가 있다. 이 글은 청초하고 온화하며 겸허한 데가 있다. 누구에게나 부드럽고 다정스러운 문체이다. 다만 의지적인 것을 담기에는 연약한 것이 흠이라면 흠이다.

살아 있다고 하는 것은 즉 움직이고 있다는 것이 아닐까, 생동(生動)이란 말도 있지만 사실 움직인다는 것을 실감으로 느끼게 된다는 것은 역시 봄이다.

거뭇거뭇한 나무가지에 뾰루지 같은 싹들이 푸르게 혹은 불그스름하게 돋아나는 것을 보면 신비하기까지 하다. 다 죽은 줄만 알았던 나뭇가지에서 어떻게 저런 아름다운 것들이 돋아날 수 있는 것일까. 꽝꽝 얼어서 다시는 풀릴 것 같지 않던 겨울도 봄 볕에는 맥없이 그 굳은 외투를 벗어버리고 산뜻한 봄 치장을 하고 싶은 것이다. 그래서인지 거리에는 사람이 부쩍 늘었고 예쁘게 치장한 여성들이 또 한결 아름답다.

구공탄 가루를 쓰고 얼굴이 못됐던 꼴을 벗어 버린 것이다. 겨울의 무겁고 튼튼하고 육중하고 검었던 것을 벗기고 나면 우리 한국의 여성들은 저렇게 아름다운 것이라고 나는 혼자서 머리를 끄덕거려 본다. 가슴이 공연히 들먹인다.

아름다운 것 앞에서는 흔들리는 것이 가슴이다. 꽃을 보면 그 아름다

76

음 앞에서 우리는 굳은 그대로일 수는 없다. 꺾어 가지고 싶은 충동도 일고, 얼굴을 들이대고 꽃 향기를 가슴 가득히 담아보고 싶은 것(중략).

길가에는 어느 꽃팔이 아가씨들이 화분꽃을 벌려 놓고 있다. 장미는 온실에서 키웠을까, 꽃망울이 다닥다닥 달려 있다. 선인장의 싱싱한 푸르름, 또 저건 무슨 이름의 꽃일까, 푸른 잎 위에 붉은 꽃 같기도 하고, 붉은 잎 같기도 한 꽃나무가 놓여 있다.

지나는 손들이 그 앞에 몇 명씩 늘어서서 한가롭게 꽃구경에 눈을 팔고 있다. 나도 그틈에 끼어 꽃구경을 한다.

"저 장미꽃 얼마죠?"

"칠백환인데 육백환만 내고 들여 가세요."

꽃보다 꽃팔이 소녀가 먼저 웃음을 보내 준다. 그 야들야들한 베고니아 같은 소녀의 웃음이 꽃만치나 예쁘다.

"뿌리는 성할까?"

"아무렴요."

억울하다는 듯이 소녀는 화분 흙을 몇 번이고 매만지는 것이었다.

　　　　　　　　　　　　　　－박남수의 〈봄거리를 거닐면서〉에서.

담담하게 실제를 묘사해 주고 있다. 속단이나 과장 같은 것은 이 문장에서 전혀 찾을래야 찾아볼 수가 없다. 어느 한 구절에 역점을 두지 않은 만큼, 어느 한 구절 허한데도 없다. 정적이면서도 분위기가 잘 드러나 있다.

◗ 건조체(乾燥體)는 어떤 것인가

건조체라고 한다면 미사여구(美辭麗句)라 할 수사(修辭) 같은 것과는 전혀 상관없이 의사를 전달하는데 치중하는 문체이다. 그래서 쉽게 말하면 학술, 기사, 공문서, 규정 같은 문체라고 할 수가 있다. 이 건조체는 아무래도 딱딱하여 문예문장으로는 적합하지가 않다.

유교의 도는 왕생을 소고(溯考)치 않으며, 또 내생도 연구치 않고 오직 현생만에 주중한다. 현생만을 중요시하기 때문에 도(道)의 진행을 시간과 처지를 엄수하는데 준거하여 사람의 일상생활에 실용화 시키려는 것이다.

그러므로 이 교를 가리켜 세간교(世間教) 또는 실천도덕이라고 하는 것이다. 세간교라는 것은 비세간교에 대한 말이오, 실천도덕이란 것은 비실천주의에 대한 말이다. 그 비세간 비실천이란 사지가 일생 생활과 관련이 절실하다는 것을 의미한다 할 것이다.

이것은 우리의 독단적 논단이 아니라 그 교학상 문전에 표재한 것과 그 교의 독특한 방가(方街)인 정교일치(政敎一致)의 효율에 비추어 명백하게 알 수 있는 것이다.

공자는 계로(季路)의 문사(問死)에 대하여, '未知生, 爲和死'라고 대답하였으니, 이는 계로의 엽등(獵等) 하려는 심의를 경계하려는 교육의 입법이다. 말하자면 '네가 생(生)하는 이치도 모르면서 왜 사(死)하는 이치를 알려고 하느냐?' 하는 꾸지람이다.

그러나 우리는 이것을 계로 한 사람에 대한 경계로만 보지 말고 동시에 그 포부경륜상, 전정(全鼎)의 일련(一臠)으로 보는 것이 타당하다고 생각한다.

'인의 명과 성(性)은 무엇이냐?' 하는 노원공(魯遠公)의 물음에 대하여 공자는 '도에서 분(分)한 것이 명(命)이요, 일(一 ; 완성한 계성) 형한 것은 성(性)이라 하고 음양(원소)에서 화하여 상형(象形)된 것을 생이라 하여 화, 궁하고 수(數) 진(盡)함을 사랑하니, 고로 명은 성의 시(始)요, 사는 생의 종이라' 하였으니, 이로써 보건대 생사초월을 암시하는 의식이 있음에도 불구하고 그 교육에 있어서는 엄숙하게도 엽등의 폐를 방두하려고 한 것이다.

'사는 덕의 귀(歸)라 하며 〈大哉라 死여 君子息 小人伏〉이라는 등 무책임한 영세주의자와 생사기무변(生死己無變) 이어든 하물며 이해의 단(端)이겠느냐?' 하는 등의 치무주의(馳鶩主義 ; 부산하게 일을 벌리는 주

78

의)들과는 그 출발부터 현수한 차이가 있다.

—설태희의 〈儒教 死生觀〉에서.

◑ 화려체(華麗體)는 어떤 것인가

화려체란 어떤 것인가? 건조체가 이지적인데 반해 감정적인 문체이다. 한마디로 한 귀절에 회화적(繪畫的) 색감과 음악적(音樂的)인 운율을 갖기가 일쑤다. 이 문체는 되도록 화장을 한 문체로서 글로서는 아기자기한 맛이 있다. 그러나 자칫 잘못하면 화장이 지나친 여인의 얼굴처럼 저속해질 위험성이 다분히 있는 글이다.

나는 그믐달을 몹시 사랑한다.

그믐달은 요염하여, 감히 손을 댈 수도 없고 말을 붙일 수도 없이 깜찍하게 예쁜 계집같은 달인 동시에, 가슴이 저리고 쓰리도록 가련한 달이다.

서산 위에 잠깐 나타났다 숨어버리는 초생달은 세상을 후려 삼키는 독부가 아니면 철모르는 처녀같은 달이지만은, 그믐달은 세상의 갖은 풍상을 다 겪고, 나중에는 그 무슨 원한을 품고서 애처롭게 스러지는 원부와 같이 애절하고 애절한 맛이 있다.

보름에 둥근 달은 모든 영화와 끝없는 숭배를 받는 여왕과 같은 달이지만은, 그믐달은 애인을 잃고 쫓겨남을 당한 공주와 같은 달이다. 초생달과 보름달을 보는 이가 많지만, 그믐달은 보는 이가 적어 그만큼 외로운 달이다. 객창한등에 정든님 그리워 잠못들어 하는 분이나, 못견디게 쓰린 가슴을 움켜잡은 무슨 한 있는 사람이 아니면 그 달을 보아 주는 이가 별로 없을 것이다.

그는 고요한 꿈나라에서 평화롭게 잠들은 세상을 저주하며, 홀로 머리를 풀어 뜨리고 우는 청상과 같은 달이다. 내 눈에는 초생달 빛은 따뜻한 황금 빛에 날카로운 쇠소리가 나는 듯하고, 보름달은 치어다 보면 하얀 얼굴이 언제든지 웃는듯 하지만은, 그믐달은 공중에서 번듯하는 날카로운 비수와 같이 푸른 빛이 있어 보인다.

내가 있는 사람이 되어서 그러한지는 모르지만은 내가 그 달을 많이 보고 또 보길 원하지만 그 달은 한 있는 사람만 보아 주는 것이 아니라 늦게 돌아가는 술주정꾼과 노름하다 오줌누러 나온 사람도 보고 어떤 때는 도둑놈들도 보는 것이다.

어떻든지 그믐달은 가장 정 있는 사람이 보는 중에 또는 가장 한 있는 사람이 보아 주고, 또 가장 무정한 사람이 보는 동시에, 가장 무서운 사람이 많이 보여준다. 내가 만일 여자로 태어날 수 있다면, 그믐달 같은 여자로 태어나고 싶다.

—나도향의 〈그믐달〉에서.

이 글에는 수식을 위한 형용사가 많이 등장하고 있다. 그림을 그리듯 형용을 하자니 자연, '……듯이, ……같이, ……처럼' 등이 많이 나오게 되는데, 이 글에서는 형용과 운율에 좀 얽매인 느낌마저 든다.

3. 신문(新聞) 글의 문체란 어떤 것인가

현대를 대표하는 문장은 무엇일까. 이것은 한마디로 꼬집어 대답하기는 어렵겠으나 옛날에는 소설, 시 그리고 연설 같은 문장이 대표적 문장이라고 꼽을 수가 있었다.

그런데 최근에 와서는 시나리오, 포스터문, 광고문 등이 새로 등장하여 사정이 뚜렷하게 달라졌다고 할 수가 있다. 특히 일반 가정에 아침, 저녁으로 배달되는 신문기사의 문장은 독자가 광범위하기 때문에 실로 미치는 영향이 크다고 할 수가 있다.

이같은 점으로 미루어 보아 신문 문장은 당대를 대표하는 문체가 되었다고 할 수가 있다. 이 신문을 매일 같이 보고 있으면 곧 알 수가 있다. 신문의 문장은 극도로 능률적이어야 하며 더욱이 최소한의 글자 수로서 최대의 사실을 담고 있다.

그러면서도 독자에게는 어느 정도 감명을 주지 아니하면 안 된다. 한마디로 신문 문장은 급히 씌어지는 것, 그러면서도 독자에게 쉽게 알 수 있도록 해야 한다.

또한 이 글을 읽는 이는 책상 위에서 몇 번이나 되풀이 읽는 것이 아니라 혼잡한 전철 속에서도 잠시 읽는다. 그러면서도 내용이 쉽사리 파악되지 않으면 안 된다.

이와 같은 여러 조건 밑에서 씌어진 신문 문장은 대체로 어떤 특징을 가지고 있는 것인지 살펴볼 필요가 있다. 그래서 우선 신문의 문장은 익명으로 씌어져 있으므로 그 특징이 있다. 따라서 신문의 문체는 개성이 없다고 할 수가 있다.

소설가에서 볼 수 있는 것과 같은 개개의 특징은 없어지기 마련이다. 이를 테면 최대 공약수적 문장에 가깝다고 할 수가 있다. 될 수 있는 대로 알기 쉬운 문장, 보통의 문장, 이런 것이 이상적이라고 할 수가 있다. 뿐더러 이런 보통의 문장을 갖고 보통 아닌 것을 다루기 위하여 적어야 한다.

일상범사(日常凡事)는 취급하지 않고 이상한 사건만을 다루어야만 한다. 이 이상한 사건을 극히 평범한 문장으로 기술하는 데에 이 신문의 특징이 있다라고 할 수가 있다. 그러자면 우선 제목부터 효과적인 문장이 사용되어야 한다.

29명 살았다!　　　－1997. 8. 7 한국일보 1단 제목기사, 괌 KAL기 사고.
부도은행 —기업사전 협의　　　－1997. 7. 26 매일경제.
美, 인재만은 아니다 翻覆　　　－1997. 8. 10 매일경제 1단 제목기사.
최대의(은행 쇼크) 고위층 불신이 배경, 공신력에 먹칠

센세이셔널한 사건일수록 그 제목은 충격을 안고 있다. 2행도 3행도 부제로 충격을 안겨 줄 수가 있고, 그것으로 사건의 이상성을 강하게 느끼게 하고 있다.

그렇다면 신문의 제목은 어떤 면에서 다른 것인가. 먼저 눈에 띄는 것은 명사적 표현이라 할 수가 있다. 명사로 끝나든가, 명사

로 끝나지 않는 것이라고 하더라도 동사 '하다'를 생략하여 명사
형으로 만든다.

가령 '변화는 바라지 말고 규정지키는 것이 급선무'라고 하는
제2 부제가 있다고 하자.

이에서 '변화(變化)'의 다음에는 '를'이, '규정' 다음에는 '을'이
생략되어 있는 것을 알 수가 있다.

이와 같은 문체 표현상의 주의 밑에 씌어진 신문 문장의 제목
은 대체로 표시성(表示性), 압축성(壓縮性), 심미성(審美性), 품위
(品位), 감동성(感動性)의 역할을 하게 된다.

물론 신문 문장은 다분히 내용을 집약시킨 글이므로 완전하다
고는 할 수가 없다. 숱한 기자들이 훌륭한 문장을 쓰기 위해 얼마
나 문체에 고심하고 있는지 짐작할 수가 있을 것이다. 새로운 이
시대에 아주 적합하고 진실을 표현할 수 있는 신문체의 창조는
커다란 과제라고 아니할 수가 없다.

4. 방송문체는 어떤 것인가

방송어의 문체에는 여러 문제가 있다. 라디오의 방송을 듣고
있자면 아나운서의 목소리가 많은 사람에게 이야기를 하듯이 들
려오게 된다. 마치 커다란 연설장에서 지껄이는 것과 같은 것이
다. 그러나 원래 '라디오'는 그렇게 한자리에서 많은 사람이 모여
서 듣는 것은 아니다.

이 라디오의 청취자는 많아도, 현실적으로 라디오를 듣는 사람
은 극소수에 불과하다. 개별적 혹은 가정이나 직장에서 듣고 있
는 것이 고작이라고 할 수가 있다. 그래서 미국과 같은 나라에서
는 아나운서가 '강연'조로 지껄이는 것을 싫어하고 있다. 두세 사
람 아니면 몇 사람이 모여서 차라도 마시면서 좌담하듯 듣는 방
송이 제일 효과적이라고 한다.

라디오 방송이 회화체나 좌담식으로 진행이 되면 강연장에 있

는 느낌은 들지 않지만 대부분의 방송들이 강연이나 연설조임으로 거기에 젖어 있다. 그래서 방송문체는 그런 것이려니 하고 알고 있다.

그런 탓인지는 몰라도 아무튼 현재의 소위 강연방송은 문장으로서는 별로 재미가 없다. 차라리 책을 읽는 편이 낫다고 할 수가 있다. 책으로 몇 분이면 읽을 수 있는 것을 몇 십분씩 남의 이야기를 듣는 데는 보람이 있어야 할 것이다.

남의 입을 통해서 비로소 재미있는 이야기를 청취자는 듣자고 한다. 남의 입으로 통해서 재미를 느낄 수 있는 이야기란 뭐니뭐니 해도 좌담이다.

이와 같은 관점에서 본다고 하면 우리는 한발 앞섰다고 할 수가 있다. 운동 중계방송 가운데 우리들의 흥미를 지금 자아내고 있는 것은 야구와 축구이다.

누가 속구를 맞추어 홈런을 날리는가, 누가 안타를 날려 도루를 밟아 나가는가 하는 것이 흥미일 것이며, 축구에 있어서는 누가 태클을 했는가, 공은 어디까지 나갔는가 등등 같은 것이 청취자의 마음에 떠오르도록 방송해야 한다.

그러나 문장상으로 흥미있는 것은 방송자의 센텐스 사용법이라고 할 수가 있다. 이때 방송자는 되도록 현재형을 사용하고 있다. 보고 있는 앞에서는 플레이가 끝났다고 하더라도 방송에서는 그것이 현재 진행되고 있는 것과 같이 이야기하는 편이 좋다. 야구 방송에서는 명사로 끝나는 문장이 많다.

예를 들면 '쳤습니다, 파울', '던졌습니다, 볼⋯⋯'

이것은 야구경기 광경을 가장 단적으로 청취자의 마음에 새겨 놓는 방법으로 유효한 표현 수단이 되고 있다. 대체로 방송에 있어서의 문장은 짧아야 한다. 우리 말에는 동음이의(同音異義)가 많기 때문에 아나운서는 여기에 신경을 써야 한다. 문장은 짧고 중요한 것을 먼저 말해 버려야 한다.

여기에 방송문체의 특성이 있다. 흔히 대화에서는 같은 말을 몇 번이고 되풀이해서 말해도 좋고, 또 상대방을 붙들고 이야기를 끝까지 들어 주도록 부탁할 수도 있지만, 방송에서는 싫으면 스위치를 꺼버리면 그만이다.

결론은 중요한 사항을 먼저 이야기해야 한다고 하는 것이다. 다시 말한다면 주문(主文)을 말해 놓고 다음 부속문(附屬文)을 천천히 말하도록 유의해야 한다.

5. 현대시(現代時)의 문체는 어떤 것인가

상징주의(象徵主義), 이후에 세계 제1차 세계대전을 전후하여서 시의 모더니즘 운동이 벌어져 시의 난해성을 초래하게 되었다.

솔직히 말해서 '엘리어트'나 '에즈라' 같은 이의 시는 보통 사람들이 읽어도 그 뜻을 알 수가 없다. 대체 어떻게 해서 이같은 시가 나오게 되었을까.

아무리 현대시라고 하더라도 이것이 언어의 모체(謀體)로서 씌어진 이상 모를 리가 없다. 또 납득이 가도록 써주면 된다. 그러나 글을 쓰는 시인이 굳이 그같은 조사(措辭)를 하는 이상 거기에는 무슨 필연적인 이유가 있을 것으로 생각이 된다. 그렇다면 그 이유란 무엇일까?

이 사정에 대하여 조지 시이즈는 '리쳐드' 풍의 비평적 입장에서 '현대시의 문제 구조의 심리학적 의미'에 대해 다음과 같이 말하고 있다.

현대시의 문체적 특징은 한마디로 말해서 통사적(統辭的 : Syntactics)이 아니고 해사적(解辭的 : Paratactic)이라고 할 수 있는데 있다. 그것은 말을 모아서 마무리 짓는 것이 아니라, 개개의 단어를 산만하게 늘어 놓고 있다.

보통은 문법형태가 존재하지 않고 있어도 문장을 쓸 때는 최소한으로 하는 말의 응집 형태가 되어 있다. 우리들이 이야기를 할 때에는 흔히 말을 단지 나열하는 것에 그치지만, 일단 문장으로 쓰면 그것을 하나하나 마무리 지어 말하지 않아도 알고 있는 말 따위를 시멘트처럼 쓸어 넣어서 문장을 만든다.

그러나 현대시(現代時)에는 이와 같은 노력이 없다. 시형상(詩形上)에 이것이 명백하게 나타나 있지 않는 경우에도 시를 생각하는 그 생각의 흐름은 역설적이다. 그러므로 말과 말의 연관, 문(文)과 문의 연관은 고려되지 않고 중요한 말이 생략된다.

논리적 연계(論理的 聯繫)나 생각의 방향을 나타내게 하는 접촉사(그러나, 그리하여 등)는 극히 적다. 문과 문을 존속관계에 두지 않고 다만 병치하고 연접(連接)시켜 놓았기 때문에 전체가 하나로 마무리되어 있다는 느낌이 약하다.

시이즈의 이 말은 특히 모드니즘 시의 자동기술성(自動記述性), 초현실성(初現實性), 영상성(映像性), 표현성(表現性), 즉물성(卽物性) 등 기존의 문장작법을 파괴하거나 무시해 버린 기법을 두고 한 말인데, 도그마도 있긴 하지만 현대시의 문체적 특징을 규명했다고 할 수가 있다.

차원은 다르다고 할 수 있겠으나 이와 유사한 언어 현상은 어린이의 말 속에서 찾아 볼 수가 있다. 어린이의 말에는 논리적 연계가 적고 단순한 단어의 나열이라고 할 수 있으므로 그때그때의 사정을 들어보지 않고는 이해할 수가 없다.

그리고 그것은 우리들 꿈 속에서 일어난 일과 같다. 꿈 속에서는 갑자기 아무런 연관도 없이 사건이 변화해 버리는 수가 있지만, 그 관계를 그대로 언어로 나타내면 다다(DaDa)나 쉬르레알리즘의 시와 비슷한 문장이 될 것이다.

그러면 어린이의 말이나 꿈 속에서의 사고 발달이 어찌하여 이와 같은 해사적인 성격을 띠게 되는 것인지, 생각해 보면 그것은,

통신전달을 목적으로 삼고 있지 않기 때문이다.

어린의 말은 사회성이 완전히 발달되지 않아, 남에게 전달하고 싶은 의지가 있어도 이러한 능력이 충분하지 못한데서 해사적이 되어 버리는 것이다.

또한 꿈 속의 사고는 사람의 마음이 사생활에서 해방되어 프로이드 식으로 말하면 쾌락 원리에 통제되어 있다는 사실로 해서 해사적이 된다.

언어가 통신으로 목적하면 반드시 그것이 통사적(統辭的)이 되지만 어린이의 말이나 꿈 속의 사고는 사회생활과 상관없이 떠 있으므로 통사성이 극히 희박하다. 시이즈의 지론대로 하면 현대시가 통사적이 못 되고 해사적인 것은 시인 역시 통신을 중요시하지 않는데 관계가 있을 것이다.

그렇다고 해서 시인은 첫마디부터 끝마디까지 모르는 말을 하고 있을 리는 만무하다. 엘리어트의 시만해도 한 줄씩 따져 들면 알 만하다. 그러면 어디를 모르느냐 하면 그 한줄이나 전체가 어떤 의도로써 이루어졌는가 하는 점이다.

왜 이런 말을 끄집어냈는지를 알 수 없는 것이다. 이런 일이 왜 생기는가 하면 시인들은 말로써 전달하는 것을 목적으로 하지 않고, 그 말에 의해서 촉발되는 '감정표현'을 목적으로 삼고 있기 때문이다. 말에 의미가 있을 뿐만 아니라 일정한 감정이 있다.

과학상의 술어 따위는 의미일 뿐이고 감정이 없지만, 시인은 감정표현을 위해 말을 사용한다. 시인이 시로써 나타내고 싶은 것은 의미보다도 감정이다.

좀 어려운 표현으로 말하면 사상의 정서적등가물(情緖的等價物)을 시 속에서 노리고 있다고 하겠다.

그러므로 현대시에 있어서는 명사나 고유명사만으로 되어 있는 시도 있다. 이것은 명사에 의해서 작가가 과거의 경험을 불러 일으켜, 그 경험의 총체를 표현하고자 한 의도일 것이다.

　이렇게 되면 그것은 전달성을 아주 희박하게 하여 시인의 주관
의 그림자 같은 것이 되고 만다. 무릇 감정을 말로써 나타내는 데
는 세 가지 방법이 있다.

　첫째는 외침의 소리 같은 것으로서 단지 '오오'라 하더라도 어
떤 '오오'인지 글로 표기하는 것으로는 알 수가 없으므로 시인에
게는 별로 쓸모가 없다.

　둘째로 기쁘다든가 슬프다는 것으로서 이것 역시 어떻게 슬프
고 기쁜지가 설명되지 않으면 안 된다.

　셋째는 감정이 일어난 환경을 설명하고, 간접적으로 감정을 표
현하는 것으로서 종래의 시에 사용된 방법은 대개 이것이다.

　하지만 현대시에서는 이러한 환경의 설명을 극명하게 규명하
지 않고, 단지 단어를 나열하여 그것으로써 환경을 암시하고 그
것에 이해의 감정을 나타내려고 한다.

　그러고 보면 현대시는 전달성을 희생하여 감정의 표현성에 치
중했다고 볼 수가 있다. 이와 같은 현대시의 어법은 언어 기능의
발달 과정에서 볼 때 문장작법의 정도를 벗어난 느낌마저 없지
않으나 언어의 전달성, 이것보다는 창조적 기능을 더 중요시하는
현대시로서는 당연한 트레이닝 과정일지도 모른다.

문장의 미학과 감상의 방법

1. 좋은 글의 심리(心理)란 무엇인가

좋은 글이란 오래 잊혀지지 않고 마음 속에 남아 있는 글, 이렇게 말한다고 하면 어떨까? 그러나 '좋은 글'이라고 못을 박는다면 즉 인류의 공통적 관심사가 승화되어 있어서 사람마다 읽는 이로 하여금 감명을 받는 글이라고 말할 수 있을 것이다.

신문은 우리의 생활에서 하루도 빼놓을 수 없는 것이 되고 말았다. 이 활자 미디어가 일요일이 되어서 신문이 거르게 되는 날은 무엇인가 빠진 듯 느껴지는 것은 신문을 읽는 독자들의 공통된 심리라고 할 수가 있을 것이다.

이렇게 신문 내용은 어느새 우리 사회에 모든 정보를 가장 용이하게, 그리고 명확하게 이해될 수 있도록 문장구조를 갖추고 있다. 이것은 남녀노소 할 것 없이 글을 읽을 수 있는 사람들을 위해 만들어져 있기 때문이다.

만약에 신문이 난해하여 현상을 왜곡시켜서 기술했노라고 하였다면 그릇된 문장으로 해서 독자 모두가 잘못 판단할 수밖에 없는 사태도 일어날 수가 있을 것이다.

대한한공기 추락사고 원인을 조사 중인 미국 연방교통안전위원회(NTSB)는 '사고원인'이 가지는 폭발력 때문에 요즘 지뢰밭을 통과하는 심정으로 조사에 임하고 있다. 사고원인은 곧바로 항공사, 제작사, 괌공항, 미연방항공국(FAA) 등 사고 당사자들의 책임문제로 연결되는 민감한 사안이기 때문이다. 실제로 NTSB는 지난 8일 브리핑에서 '조종사와 관제사간 교신내용 중 긴급사항이 없었던 점을 미뤄 기체 이상보다는 착륙과정과 관련 있는 사람들의 잘못인 것 같다'고 말했다가 대한항공은 물론 우리 정부로부터 거센 항의를 받았다. NTSB는 다음날 브리핑에서는 '아직까지는 한 사람에 의한 실수가 있었다는 증거가 발견된 것은 아니다'고 한발 후퇴하는 모습을 보였다. 사고 원인과 바로 연결시킬 수 있어 괜한 잡음만 날 수 있는 부분은 브리핑에서 빼버리면 곤란을 겪지 않을 텐데 NTSB가 일을 어렵게 처리하는구나 하는 생각이 들었던 것은 당연한 일이었다. 그런데도 NTSB는 굴하지 않았다. 10일 기자 회견에서는 이날 조사 과정에서 관제시스템 중 경보체계가 작동하지 않았다는 점이 새로 밝혀졌다며 도표까지 준비, 자세히 설명했다. 물론 경보체계 미작동부분도 사고원인을 규명하기 위해 벌인 정보수집단계에서 나온 수많은 사실 중의 일부였지만 경보시스템을 관활하고 있는 FAA로서는 상당히 아픈 부분이었다. 그런데도 NTSB는 정보공개의 원칙에 따라 당장은 다소 곤란해지는 것을 감수하면서 진실을 밝히는데 도움이 되는 자료들을 매일매일 공개하고 있는 것이다. 대형사고가 발생하거나 대형수사를 할 때마다 조사 혹은 수사상 편의라는 이름으로 쉽게 거짓말도 하고 사실을 은폐하기도 하는 '국내관행'에 익숙해 있는 한국기자들에게 이점은 '신선한 충격'이다.

—동아일보(1997. 8. 12. 2면), 너무 솔직한 NTSB 기사.

이 기사는 지난 1997년 8월 6일 우리 KAL✱801 여객기가 괌 상공에서 추락하여 미국과 한국 간의 시비를 논하고 있는 기사이다. 이 사건에 관하여 미국과 한국 간의 대립이 이루어지고 있다. 또 이 사건으로 인하여 조종사의 실수 쪽으로 몰아가려는 의도가 분명하다는 속이 보인다.

그러나 한국측과 KAL측의 강한 항의를 받고는 다시 조종사의 실수는 발견할 수가 없다고 얼버무렸다. 그러면서도 NTSB는 경보체계의 잘못이 드러났다고 솔직하게 시인을 하였다.

이것은 이례적인 발표로서 미국에게 먼 훗날까지 타격을 줄 수 있는 점을 솔직하게 발표를 한 것이다. 한 단체가 자기 나라 정부에 대하여 잘못은 잘못이 있다고 시인하라는 압력과 같은 것이다.

이런 사건이 났을 때 흔히 조사 혹은 수사를 앞세워 은폐하기 일쑤인 때 이렇게 타격이 될 발표를 하는 것은 불리해도 이만저만이 아니다. 그럼에도 이같이 불리한 입장을 들어내준 것은 신선한 충격이라고 하는 내용이다.

이 글에서 볼 수 있는 것과 같이 당위성(當爲性)과 시간적 진실성을 나타낸다고 하는 사실은 중요한 것이다. 이같은 내용의 글은 독자들의 마음을 움직일 것이 틀림없다.

육신이 흐느적흐느적 하도록 피로했을 때만 정신이 은화(銀貨)처럼 맑소.
                                        —李箱의 〈날개〉에서.

위의 글에는 '은화(銀貨)'가 주는 느낌과 기질과 관련지어져 있고, 기계문명의 과도한 발달이 인간의 모든 것을 앗아가 버린 시대에서는 더욱 빛을 보일 수 있는 것이다. 또한 이것이 먼 훗날에 있어서도 이상과 같은 의미를 상실치 않을 경우에는 비로소 인상을 남길 수 있는 글이 되어질 것이다.

결국 명문은 우여곡절한 철학적 의미를 문장에 담는 것도 아니고, 미사여구(美辭麗句)에 의한 장식도 아니다. 명문은 보편성과 진실성이 시간과 공간의 좌표 위에 정확히 담겨질 수 있는 내용을 올바른 문장 형식을 통해 기술하는 데에서 이루어지는 것이다. 그러므로 확고한 신념으로 자기의 논리를 건축하여야 한다.

나는 간절히 원하노니, 형제들이여, 언제나 대지에 충실하라. 너희들에게 초지상적(超地上的)인 희망을 말하는 사람들을 믿지 말라. 그들은 자각하든 못하든 독을 붓는 자들이다. 그들이야 말로 생명의 경멸자(輕蔑者)이다. 그들은 빈사자(瀕死者)요, 스스로 독에 물든 사람들이다. 대지는 이런 사람들에게 싫증이 났다. 그들을 물러가게 하라. 옛날에는 신에 대한 모독이 최대의 죄였다. 그러나 신은 죽었다. 그와 더불어 그들 모독자들도 죽었다. 이제는 대지를 모독하는 것, 탐구할 수 없는 자의 내장(內臟)을 대지의 의의 이상으로 존중하는 것이 가장 무서운 것이다.
                                        —니체의 〈짜라투스트라〉에서.

20세기의 서막이 오르자 19세기의 합리주의적 가치관을 거부하고 실존적인 자아의 참다운 가치를 발견하고자 한 니체의 시대적인 서문이다. 한 세기의 분수령을 가름하는, '신은 죽었다'는 명언을 남기게 한 것은 니체의 선견이다. 이 선견은 확고한 신념과 철저한 철학적 탐색의 노력에서 우러나오는 것이라 하지 않을 수가 없다.

2. 명문(名文)의 표면적인 성격

어떤 글이 명문(名文)이고 혹은 악문(惡文)인가 하는 분류의 기초가 되는 것은 무엇보다도 그 글이 지닌 내용의 보편성과 진실성, 그리고 필자의 선견적 신념이 반영된 형상에서 찾아질 것이다. 그러나 이와 같은 내용에 있어서의 탁월한 점을 담을 그릇, 즉 문장 구조의 형식을 잊어서는 안 된다.

진하게 일렁거리는 바다에 자신이 헤엄쳐 가는 꿈이라도 꾸고 싶다. 그러면 가슴 속에서 한번씩 쏘아대던 분함이 수용성 물체처럼 녹아내리고 나는 가벼운 몸짓이 되겠다. 옆문이 덜거덕 소리를 낸다. 난로 위에선 김으로 주전자가 분기에 찬 모양으로 소리를 내고 있었다. 바다는 더욱 음산한 바람으로 미친 듯 출렁거리고, 나는 또 그들이 와 줄 것을 기다리기라도 하는지 그냥 앉아만 있었다. 가슴이 펑퍼짐한 계집아이는 새로운 음악을 위해 움직이고 있었다. 레코드는 찌찌거리며 온몸을 긁어 주고 있었고, 바람은 작은 집을 에워싸고 마구 뒤흔들었다. 나는 낭하 함께 분함을 깨뜨리며 엉켜줄 흰 빵떡모자와 캉캉과 곰보를 기다려 주고 있었다. 아니다. 글이 아닐 수도 있다. 바람만 자꾸 기웃거리는 창 밖으로 텅빈 겨울바다가 어두어지고 있음을 알았다.

—배미숙 〈분한 사람들〉에서.

위의 글은 바닷가에 있는 집에서, 친구들을 기다리며 여러가지 상념들과 파도소리의 하모니를 표현하고 있다. 그런데 표현에 있어 문제점이 있다. 첫째 이 글에 있어서의 주어(主語)의 위치 문제이다.

'그러면 가슴 속에서 한번씩 쏘아대던 분함이 수용성 물체처럼 녹아 내리고, 나는 가벼운 몸짓이 되겠다.'

여기서 '분함이, 나는' 등은 문장의 주어가 된다. 그러나 이 주어의 위치는 수식어의 연결이 복잡하기 때문에 한 센텐스 속에서도 선명히 나타나지 못하고 있다. 둘째는 주어를 생략한 경우에 있어서 그 효과가 어떠냐 하는 문제이다.

'바람만 자꾸 기웃거리는 창 밖으로 텅빈 겨울바다가 어두어지고 있음을 알았다'

위의 문장에서 주어는 '나'이나 생략되어 있다. 겨울바다를 면한 창가에 있는 자기의 위치를, 배경 묘사를 통해 보여 주고 있다. 이러한 경우 주어의 생략은 생동하는 환경의 변화를 보다 리얼리하게 표현해 주는 것이다. 셋째는 문장의 조직 문제이다.

위의 인용문에서 보다시피 너무나도 우회적인 표현과 시점(視點)의 혼동과 과다하게 미려하고 감각적 어휘의 사용은 초점을 흐리게 하는 경우가 많다. 따라서 문장의 골격은 언어의 기능에 있어서 첫째로 전달의 정확성을 갖추는 일이 중요하다.

그뿐만 아니라 정확한 전달을 통해서 효과적인 표현기술을 연마해야 할 것이다. 또한 효과적 표현 기술에 있어 사용되는 어휘의 정선(精選)과 더불어 분명한 효과에 대한 필자의 인식이 뒤따라야 할 것도 잊어서는 안 된다.

3. 명문의 내면적 승화(昇華)란 무엇인가

도대체 잊혀지지 아니하고 영원히 남아 있는 글은 대체로 어떤 내용을 담고 있는 것일까. 그것은 말할 것도 없이 한 가지 공통적인 면을 가지고 있노라고 할 수 있을 것이다.

즉 인류의 공통적인 관심사가 승화(昇華)되어 있어 인류 누구에게나 감명을 불러일으킨다고 하는 것이다. 이같은 인류의 공통적 관심사는 그 선택이 일반적 현상과는 달리 포괄적이며 광활한 것이라고 할 수가 있다.

따라서 포괄적이면서 광활한 영역은 어떤 것을 선택할 것인가 하는 망설임은 당연한 것이나, 그것으로 인한 걱정은 필요가 없는 일이다. 선택의 요령은 간단하다고 할 수가 있다.

1. 인생의 변화란 정말 빠른 것이다. 이 반년 동안 나는 거지(乞人)나 다름이 없었소. 아니 사실 거지였다라고 해도 괜찮지. 하지만 나에게는 해야 할 일이 있었소. 그렇기 때문에 거지 같은 신세도 대수롭게 여기지 않았고, 굶기도 하였고, 추위에 떨기도 했소. 괴로움을 참았고, 외로움도 견디었소. 하지만 멸망이란 것은 달게 받지 않았소. 나에게 좀더 살기를 희망해 준 힘이란 것은 이렇게 큰 것이었소. 그러나 이제 와서는 그것마저 없어져 버렸소. 동시에 나 자신이 살아갈 만한 자격이 없다고 느꼈소. 다른 사람은 어떨까? 그도 역시 마찬가지겠지. 그러나 동시에 나는 내가 살기를 희망하지 않는 사람을 위해서도 나 자신 살아가야 하겠다고 생각을 했소. 다행히 내가 살아 나가기를 희망해 준 사람이 이미 없어졌으니 누구의 마음을 아프게 하지 않아도 될 일이지. 그런 사람들의 마음을 아프게 하기를 원치 않으니까. 이제 와서는 그런 사람도 이미 없어졌소. 아주 마음이 가벼워지고 유쾌해졌소. 나는 옛적에 나 자신이 미워하고 반대했던 일체의 행동을 실천하는 것이오. 옛적에 존경하고 주장하던 일체의 것들을 배척하는 것이오. 나는 이번이야말로 정말 실패했고, 그리고 승리한 것이오.

—노일 〈고독자〉에서.

2. 사람은 스스로를 위하여 선택한다고 말할 때 우리는 각자가 스스로를 선택하는 것을 의미한다. 그러나 또한 각자는 스스로를 선택함으로써 모든 타인들을 선택하는 것을 의미하는 것이기도 하는 것이다. 실상 우리의 행위 중에 우리가 '이고자' 하는 사람을 창조함과 동시에 '있어야' 한다고 생각하는 것과 같은 인간의 개념을 창조치 않는 행위는 하나도

없다. 이것이 될까, 저것이 될까를 선택하는 것, 그것은 동시에 우리가 선택한 것의 가치를 강조하는 것이다. 왜냐하면 우리는 결코 악(惡)을 선택할 수가 없기 때문이다. 우리가 선택하는 것은 항상 선한 것이며 어떠한 것도 전체에 대해서 선하지 않고서 우리에 대하여 선할 수는 없다. 한편 존재가 본질에 앞선다면, 우리가 우리의 개념을 만드는 동시에 존재하기를 원한다면 그 개념이란 모든 사람과 우리의 시대에 받아들여질 수 있는 개념일 것이다.

3. 애정이란 것은 두 사람 간의 공동의 책임이다. 그러나, 그것이 곧 한데 얽힌 두 사람이 똑같은 체험을 한다고 하는 뜻은 아니다. 하나는 사랑하는 자요, 또 하나는 사랑을 받는 자이므로, 이 둘은 제각기 다른 세계를 넘는다고 할 수가 있다. 사랑을 받는 자는 때때로 이제까지의 오랜 동안 사랑하는 자의 내면에 고요하고 간직되어 있던, 모든 비장(秘藏)된 욕망에 대한 하나의 자극물에 지나지 않을 수도 있는 것이다. 한데, 웬 일인지 어떤 사내나 이런 사실을 알고 있다. 그는 자기 자신의 애정이 혼자만의 것임을 깊이 느끼고 있다. 그는 새롭고도 기묘한 고독을 알게 되고, 이런 지식은 그로 하여금 고통을 느끼게 한다. 그래서 사랑하는 자가 할 일은 단 한 가지뿐이다. 그는 가능한 자신의 내면에 자기의 애정을 간직하지 않으면 안 된다. 즉, 그 자신을 위해서 전혀 새로운 내면세계가 강렬하고 기이하며 그 자체로서 완전한 세계를 창조하지 않으면 안 된다. 여기에서 한 가지 더 말해 두자면, 지금 우리가 문제 삼고 있는 이 사랑하는 자는 꼭 결혼반지를 마련하느라고 저축을 하고 있는 젊은이가 아닐 수도 있는 것이다. 즉, 이런 사랑하는 자는 성년의 사내나 여자일 수도 있고, 어린애일 수도 있다. 즉, 이 지상의 어떤 인간도 실제로 이런 사랑하는 자가 될 수 있는 것이다.

—카아슨 매킬러스의 〈슬픈 카페의 노래〉에서.

1항의 경우, 서간의 형태로 서술한 인생에 있어서의 핵심이 우리들의 가장 높은 심령에 공감을 불러 일으키는 역할을 하고 있다. 더우기 우리가 느끼는 자가당착(自家撞着)의 생을 역설적으로 해결해 나가려는 필자의 의도가 잘 드러나 있는 점에서, 계급차이나 감각의 상이나 현실의 다른 차원을 벗어나서 고매한 인생의 본질을 깨닫게 하는 것이다.

2항의 경우, 논리적이고 합리적이면서 질서정연한 이론으로 인간의 본질을 밝히고 있다. 이 글에서의 사색적이고 심오한 내용보다도 우리 이성을 집중시키고, 논리화시키고, 설득해 나감에 있어 극히 합리적인 요소가 공감을 획득하게 하는 것이다.

3항의 경우, 소설로 기술시킨 사랑의 이야기이다. 쉽고 아름답고, 부드러우면서도 사랑이 지니는 무한한 감동적 세계로 우리를 유도하고 있다. 사랑하는 자가 느끼는 고독 속에서 성숙하게 하는 정신세계를 펼쳐 주므로 잊혀지지 않는 것이다.

이와는 달리 한마디 잊혀지지 않는 문장이나 어휘를 통해서 그 문장이나 어휘의 내면 속에 모든 일체를 감추고 호소하는 방법을 사용하는 경우도 있는 것이다.

철호는 천천히 골목안으로 들어섰다.

"가자!"

철호는 멈칫 섰다. 낮에는 이렇게까지 멀리 들리는 줄은 미처 몰랐던 어머니의 그 소리가 골목 어귀에까지 들려 왔다.

"가자!"

그러나 언제까지 그렇게 골목에 서 있을 수도 없는 것이다. 철호는 다시 발을 옮겨 놓았다. 정말 무거운 발걸음이었다. 그건 다리가 저려서만은 아니었다.

"가자!"

철호가 그 집 쪽으로 걸음을 옮겨 놓을 때마다 그만치 그 소리는 더 크게 들려 왔다. 가자는 것이었다. 고향으로 돌아가자는 것이었다. 옛날로 돌아가자는 것이었다. 그것은 이렇게 정신이상이 생기기 전부터 철호의 어머니가 입버릇처럼 되풀이하던 말이었다. 삼팔선, 그것은 아무

리 자세히 설명해 주어도 철호의 늙은 어머니에게만은 소용이 없는 일이
었다.

—이범선의 〈오발탄(誤發彈)〉에서.

오발탄의 한 구절이다. 이 글에서 '가자!'라고 하는 말 한마디
는 민족적 비원의 사무침을 단적으로 암시하고 있다. 그 내용 속
에 담겨 있는 깊은 함축성은 민족의 피어린 비극을 우리 가슴 속
에 불러 일으킨 것이다. 어떠한 그럴 듯한 변설보다도, 어떠한 선
전문구보다도 강렬한 공감을 지닌 말인 것이다.

따라서 어떠한 합리적인 내용의 전개뿐만 아니고, 강력한 인상
을 주는 것도 명문의 한 성질인 것이다. 영국의 수상이었던 처칠
의 《회고록》 속에 받았던 깊은 감동은 그가 그려주던 두 손가
락의 V자와 같은 내용인 것이며, 그와 같은 선명한 인상이 바야
흐로 명문을 낳게 하는 것이다.

또한 이와 같은 선명한 인상이 상황적, 시대적으로 일치되었을
때 더욱 빛을 내게 된다. 여기서 중국 시인 두보(杜甫)의 시 한 수
를 인용해 보기로 하자.

翻手作雲覆手雨 紛紛輕薄何順數
君不見管鮑貧時 交 此道今人如土

빈교행(貧交行), 즉 가난한 시기에 있어서의 친구간의 교분을
읊었던 시이다.

이는 세정인심을 비유한 말로서 사람들이 신의가 없어 그때그
때의 이익에 따라 변덕스러워지는 것을 한탄한 것이다. 또한 분
분한 경박이 헤아릴 수없이 많은 것을 한탄한 다음 관중과 포숙
아의 빈시교(君不見管鮑貧時交)를 예로 들면서 근래 사람들이 흙
처럼 이를 버리는(此道今人棄如土) 것을 개탄하고 이를 본받아야
할 것으로 말하고 있다.

이 시는 단순히 관중과 포숙아의 교분을 예로 들고 있지만 그

글이 풍기는 그윽한 향기는 우리를 반성케 하며, 삶의 올바른 자세를 깨닫게 하는 것이다.

원래는 관중과 포숙아는 친분이 극진하였다. 관중과 포숙아는 장사를 같이 했는데 이익이 남으면 항상 관중이 더 많이 차지하였다. 그러나 포숙아는 관중이 가난하니까 더 썼구나 하고 불평하지 않았다. 그 뒤에 관중이 전쟁에 나가 싸우지 않고 도망만 다니는 것을 보고, 포숙아는 그의 노모가 있음을 생각하고 책망하지 않았다.

이와 같은 고사(故事)를 알고 읽으면 그윽한 동양적인 아취의 깊은 의미를 느끼게 되는 것이다. 명문이란 기발한 어구성사로 이루어진, 겉만 번지르르한 것이 아니라, 그 내용에 깊숙이 감추어진 진실한 호소가 있을 때 더욱 가치있는 것으로 알아야 할 것이다.

4. 악문성(惡文性)의 미학이란 무엇인가

악문의 표본적 성질은 무엇보다도 그 내용의 허위성에 있다. 합리적이거나 진실된 의미를 가지지 못한 글은 글 자체의 가치를 잃은 것이다. 자기가 파악한 참된 모습이라든가 진실된 사상, 솔직하고 순수한 느낌, 진지하게 추억하여 깨달은 진리의 내용 등이 실려 있지 않을 때에는 좋은 글이 될 수가 없다.

나는 일본에서 태어나서 한국 국적을 가지고 있는 한 사람의 한국인입니다. 그리고, 지금 나의 조국 한국에서 우리 민족의 말과 글을 공부하고 있는 학생입니다. 일반적으로 다른 사람들은 우리들을 보고 유학생이라고 부르고 있습니다. 그 유학생이 지금 조국의 땅에서 무엇을 배우려고 노력하고 있는가? 그것은 말할 필요도 없이 언어뿐이라고 나는 생각을 합니다. 왜 우리들이 말을 필요로 하는가? 그 대답은 한국 사람이니까! 라고 별의미 없이 무의식적으로 대답하지 않습니까? 어떤 사람

은 민족의 발달과 번영은 언어에 있다고 합니다. 그 반대로 언어가 없어
지는 것은 민족의 멸망이라고 말했습니다. 이 큰 세계에 —지금은 세계
도 좁게 되었지만 —이 세계 안에 숫자도 모르는 민족이 존재하고 번영
하고 있습니다. 이 민족의 번영과 발달 뒤에는 곧, 언어가 살고 있습니
다. 같은 인간이지만 다른 언어 습관을 인간들은 가지고 있습니다. 인간
으로 태어났고 그리고 한국 사람으로서 태어났습니다! 그렇지만 내가
가지고 있었던 것은 조국 한국의 습관이 아니고 일본의 언어 그리고 습
관입니다. 국적만 한국인. 세계는 이러한 이상한 인간들도 있습니다. 바
로 그것이 재일교포인 것입니다. 인간으로 태어나고 한국 사람으로 태
어나서, 그리고 다른 땅에서 자라던 우리들, 언제나 뭔가 모르지만 무서
워하고, 그리고 필사적으로 일본 사회에 살아야 하는 우리들, 교포사회,
언젠가 정말 안주의 땅을 찾을 수 있지 않은가. 일본 사회의 부초 같은
존재가 재일교포입니다. 나는 이번에 조국의 땅을 밟은 불완전한 한 청
년이 조국에 와서 여러 가지 많은 경험을 했습니다. 많은 것을 배웠습니
다. 그리고 나는 나대로 조국을 이 눈으로 봤습니다. 내가 알게 된 한국
은 가난하고 그리고 질서 없는 사회, 민도가 낮은 것을 나는 나대로 이
해하고 있습니다. 국민의 생활수준과 반비례하는 높은 빌딩. 한 사람 한
사람이 국가 때문에 국가의 이익을 생각해야 합니다. 이 마음을 갖고 있
으면 빨리 밝은, 그리고 훌륭한 내일이 올 것을 나는 믿고 있습니다.

—신만우 〈고국에 와서〉에서.

이 글은 어느 재일교포 학생이 고국에 돌아와서의 느낌을 쓴
글이다. 한국어에 미숙한 교포 학생이므로 문장의 표현은 비교적
부자연스럽다고 할 수가 있다. 그러나 그 느낌이 절실하기 때문
에 그의 생각을 전달하는데 별로 무리한 점이 없다고 할 수가 있
다. 그뿐만 아니라 생생한 생동감마저 불러 일으킨다고 할 수가
있다.

5. 전달이 주는 마술성(魔術性)이란

이상 예문에서 살펴 본 바와 같이,

① 자기가 파악한 참된 모습.

② 진실된 사상.

③ 솔직한 느낌.

④ 진지하게 추구한 진리 등의 내용을 기저로 해서 자기의 의사를 전달시킴에 있어서, 가끔 자기 의도와는 전혀 다른 의미를 나타낼 때가 있다.

그것은 그가 전달하려는 내용에 대한 개인의 체험에서 우러나온 약간의 단정에서 출발하고 있다. S.I. 하야가와는 ≪의미론(意味論)≫이라고 하는 책 속에서 다음과 같이 말하고 있다.

개인의 체험보고를 써 가는 과정에서 될 수 있는 한, 단정을 피하고자 노력하여도 얼마쯤은 그것이 들어간다. 어떤 남자의 인상을 서술할 때 이렇게 쓰게 된다.

'보건대 그 남자는 며칠동안 면도(面刀)를 하지 않은 것 같다. 얼굴과 손은 더럽다. 작은 상의에는 마른 오점이 여기저기 보인다.'

단정은 서술되지 않았으나, 분명히 포함되어 있다. 같은 사람을 묘사한 다른 예와 비교해 보기로 하자.

'그의 얼굴에는 수염이 길고, 화장은 되어 있지 않지만 눈동자는 청명하다. 그리고 길을 빨리 걸을 때, 눈은 앞으로 똑바로 바라본다. 키가 크므로 키에 비하여 그 상의(上衣)는 너무 짧은 듯이 유난히 눈에 띈다. 왼쪽 팔에 한 책을 끼고 있으며, 작은 개 한 마리가 뒤를 따르고 있다.'

이 예문은 같은 사람의 인상을 단순히 상세하게 설명하고 좋지 못한 면(面)을 약화시킴으로써 대체로 큰 변화를 보여 주고 있다.

S.I. 하야가와의 이러한 지적과 같이 명백한 단정에서 벗어나려 해도 약간의 단정을 던져 버릴 수는 없는 것이다. 따라서 전달하는 문장에서 무엇보다도 중요한 것은 편견에 대한 추방적 태도라고 할 수가 있다.

'자식들 때문에 살고 있다!'

많은 부모들은, 더군다나 현실에 만족치 않고 사는 부모들은, 자기들이 참고 살아야 하는 이유를 푸념처럼 이렇게 말하고 있다. 결혼 또는 부부생활이라 불리우는 인간의 생활양식 그 자체가 종족본능의 수단임은 더 이상 말할 필요가 없다.

신이 인간을 비롯한 동물에게 자식 사랑하는 마음을 준 것은, 그 사랑으로 자식 키우는 어려움을 해소시키라는 뜻이었을 게다. 그래서 많은 사람들은 '자식의 인생을 살아주고 있다'라고 하는 데에서 생의 의미를 찾기도 한다.

그러므로 결혼한 사람들은, 자녀를 낳은 사람들은 오늘보다는 내일을 살고 있다. 꿈의 출처도 오늘에 있지 않고 내일에 있다. 제발 부탁이니 자기보다는 나은 인간이, 보다 향상된 생활을 하라고 부모들은 자식을 위해 기원을 하는 것이다.

아내와 남편이 주고 받는 사랑 속에도 내일의 의미가 깃들어 있다. 자식들에게는 좋은 것만, 아름다운 것만, 화려한 것만 물려 주고 싶은 것이 모든 부모들의 희망인 것이다. 하지만 물려주고 싶지 않은 것이 있을 때(아니 자기 자신조차 지니기 싫은 것을 운명적으로 지니고 있다고 생각 할 때) 그것을 자식들에게 물려주기 싫다는 강한 거부의 집념이, 그 마음 속에 깃들게 되는 것이다.

아무리 자식에게 물려주기 싫어도, 물려줄 수밖에 없는, 물려주지 않고는 생명이 영위되지 않는 것이 있다. 유전이라는 것, 이것은 주고 싶어서 주고, 주기 싫어 안 주는 것이 아니다. 부모를 통해 아들, 딸의 체내에 흘러 들어가기 마련인 유전은, 구호물자처럼 주기 싫으면 안 줄 수 있는 것은 아니다. 배급 쌀처럼 받기 싫다 해서 안 받으면 그만인 것이 유전은 아니다.

이상의 글은 주어진 주제로 유도해 가는 서론을 기술한 것이다.

'자식들 때문에 살고 있다'라고 하는 말이 현실에 불만을 지닌 부모의 푸념이라고 하는 단정은 너무나 비논리적 사고방식에서 나온 말이다. 그리고 그 다음 부부 생활이라 불리는 인간생활 양식 그 자체가 '종족 본능'이라고 하면 무슨 뜻인지 납득이 잘 가지를 않는다.

더욱이 '그러므로 결혼한 사람들은, 자녀를 낳은 사람들은'이라고 하는 문장에 있어, 주어의 복합적인 열거는 단순히 의미를 강조하고 있는 것이면서도 관점을 희미하게 함으로써 내용의 전개와는 관련없는 것이 되어지고 있다.

또한 이상의 예증의 경우에 있어서도 '유전이라고 하는 것은 주고 싶어 주는 것이고, 주기 싫어 안 주는 것은 아니다. 부모를 통해 아들, 딸의 체내에 흘러 들어가게 마련인 유전은, 구호물자처럼 주기 싫으면 안 줄 수 있는 것은 결코 아니다. 배급 쌀처럼 받기 싫다고 해서 안 받으면 그만인 것이 아니다'라고 하는 글을 분석해 보면 '배급쌀'이나 '구호물자'의 예증이 눈에 띄게 된다. 유전의 절대적인 수수가 '배급쌀'이나 '구호물자'와 같은 레벨에서 설명되고 예증되어야 하는 것일까?

보다 고상하고 그러면서도 적절한 예증을 찾아야 할 것이다. 우리가 가끔 마주치게 되는 명쾌한 예증들을 찾아 보면, 어느 음료수 선전문 중에 '오직 그것뿐'이라고 하는 단순한 어휘를 떠올려 볼 수가 있다. '그것'이라고 하는 말은 포괄적이며, 관념적이고 비구체적인 지칭을 나타내지만, '그것'이라고 하는 말이 가지고 있는 깊이 속에서 무한정한 실례를 사람의 마음 속에 환기시켜 주는 것이다.

─미도파 앞에서 내리는 32번 버스.

아침 졸음에 느긋하게 잠길 수밖에 없는 뱀꼬리 같은 장위동 코스. 신선해 뵈는 인파와 러시아워 속을 밀려 가며 오늘 하루의 생존을 짜릿하게 의식을 한다. 지하도를 두 번 꿰어 오르면 아스라한 공간에 걸려 있는 나의 의자가 보인다. 걸어서 10분, 약간 상기된 혈압으로 아침 코피에 닿는다. 신문을 읽는다(이제는 아주 직업인의 눈으로). 조준하는 특효 환자 속에서 오늘은 '하네다(일본공항)'를 이륙하는 키신저의 번쩍 들린 오른손이 빛난다. 어지러운 세계, 잘못 태어났다고 하는 후회가 하루면 수무 번을 더 인다. 창을 열면 덕수궁이 눈에 환하다. 가까이 의사당에 나부끼는 태극기, 시청 앞 광장의 분수, 간단없는 진동 속에 되울리는 클렉슨, 밀착감 없는 타인의 물결들이 한동안 꽹꽹한 불협화음을 낳는다. 문득 남모르는 의식의 심연 속에서 한량없는 외로움이 솟구쳐 오른다. 허허 외로운 들판에 내동댕이 쳐진 한 알의 돌멩이, 꼭 그런 것으로 자신이 영상될 때, 나는 고열과 현기증을 동시에 앓는다. 재미 있는 세상은 없나? 여자와 술과…… 뭐라도 좋다. 좀더 밝은 세계에서 스스로의 존재를 확인하고 싶다. 난데 없는 최은희 양의 파경설, 경기부양의 슬로건, 상투스 축구팀의 주장 펠레와 김세레나 양의 부도난 데이트…… 이것들이 또 나를 우울하게 한다. 고독은 내 가슴 속을 깎는다더니…….

─권일송 〈노천명의 시〉에서.

이 글에서의 특징은 시어의 적절한 배합을 보여 주고 있다고 하는 점이다. 일상 생활에서 느끼는 생활의 권태로움이라든가 고독이라든가 하는 감정적 편린을 시간적 순서에 따라서 서술하고 있다.

이러한 글들이 항용 보여 주는 미사여구의 감상이 전혀 배제된 채 '걸어서 10분, 약간 상기된 혈압으로 아침 코피에 닿는다'라는 글에서와 같이 구체적인 생활로 접근하게 하여 주는 맛이 있는 것이다. 즉 시적 세계를 느끼면서도, 현실의 하루하루의 생활양태를 여실하게 전달시켜 주는 능력을 이 글은 갖고 있는 것이다. 따라서 추상화되어진다라고 해서 악문이(惡文)라고 할 수만은 없는 것이다. 악문의 구체적 성격은,

① 주제가 확실하지 못하여 초점이 흐려진 데에서 오는 전달의 미숙성.

② 구성이 산만하고 논리가 통하지 않는 문장 사이의 호흡이

맞지 않을 때.

③ 실례나 비유의 부정확 등이다.

위의 경우 외에도 오자가 있는 경우나 부호를 잘못 사용하는 경우, 생소한 어휘를 남용하는 경우가 있으며 근래는 특히 눈에 띄게 되는 외래어의 무비판적인 혼용 등이다.

표현의 미숙, 모든 문장에 있어 표현은 중요한 구실을 하고 있다. 다음에 예를 든 두 개의 문장은 같은 대상을 주제로 한 문장이라도 그 표현에 따라 엄청나게 다른 인상을 독자에게 준다는 것을 증명하고도 남음이 있다.

바다의 신비와 영원성을 이해하려면 무척이나 힘이 든다.

광범위한 수평선 위에 비단같이 매끄럽게 펼쳐졌는가 하면, 울퉁불퉁한 자갈길을 연상케 하고, 갑자기 성미가 고약해져서 성난 사자와 같이 되기도 한다.

이렇게 변화무쌍한 바다는 간사한 인간의 마음에도 비유가 되는 것이다. 그래서 사람들은 바다에 매혹이 된다. 하늘과 바다가 맞닿는 곳에 새벽녘 아침해가 떠오를 무렵이면 불그스름한 기운은 그대로 프리즘이 되어 반사된다.

해가 하늘 한복판에 머무를 때면, 바윗돌에 부딪쳐 들려오는 파도음과 출렁대기만 하는 바닷물과 나즈막하게 물 위로 날아 가는 갈매기 울음의 합창이 있다. 언제나 있는 습관적 일이지만 매일 또 다른 화음을 조성시킨다. 캄캄한 밤중, 멀리서 등대불이 깜박깜박 거리지만 하루의 피로에 지친 바다는 고요를 계속한다. 단지 하늘의 별이 물에 담기어 희미한 그림자를 남긴 채, 깊은 침묵을 지키는 바다를 보면 자연만물의 어느 것보다도 위대함과 위험을 찾을 수 있다.

또 일정하게 밀려오는 파도소리는 잔잔한 모래사장을 적셔 주고, 고독을 즐겨 산책하는, 아니면 바다가 좋아 아예 바닷가에 집을 짓고 사는 인간의 나약한 감정을 흥분을 시킨다. 침잠되는 듯한 조용한 흥분을 가져다 준다.

실제로 바다는 파란색이 아니다. 형용할 수 없는, 초록빛을 띠고 있는 것 같기도 하고, 어떻게 보면 보라빛 같기도 한, 생각하면 보는 주관에 따라 얼마든지 색이 변한다. 이 변화와 순환은 초조와 불안의 느낌을 없애 준다. 거품을 드러내는 파도. 잠식해 가는 모래. 뛰노는 바닷고기의 생활. 짙푸른, 깊은, 끝없는 물…… 배 한 척 그것도 돛단배. 마음껏 상상의 세계를 그릴 수가 있다. 바다는 생명의 율동이요, 소생의 기쁨을 온누리에 맛보게 한다. 사악한 인간의 마음을 정결하게 한다. 항상 침묵을 지키면서 발전의 긴 앞길을 향해 전진의 터를 닦아 준다.

　　　　　　　　　　　　　　　　　　－'바다'라고 하는 어떤 이의 글에서.

　이 글을 읽어 보면 표현의 미숙으로 바다의 주제를 완전히 살려내지 못하고 있다. 구체적으로 먼저 문장을 예로 들어 보기로 하자.

　'바다의 신비와 영원성을 이해하려면 무척이나 힘이 든다'라는 문장은 '무척이나'라고 하는 말로 인해서 완연하지 못한 인상을 남기게 된다. 그리고 '이해하려면'이 무엇을 어떻게 해득하려는 것인지, 그 대상이 단순히 '신비와 영원성'에 있는 것인지 불분명하다.

　예를 들면 '바다는 신비롭다. 그리고 바다는 영원한 숨결을 지닌다. 나는 바다의 숨결과 신비의 깊숙한 내면을 모른다'라고 바꾸어 놓아 보면 앞에 인용한 글의 약점을 쉽게 알아볼 수 있을 것이다.

　'광범위한 수평선'이라고 하는 표현은 어울리지 않는다. '광범위'가 주는 가시적 세계와 기하학적 공간의 의미가 수평선과는 잘 맞아들고 있지 않는 것이다.

　'또 일정하게 밀려오는 파도소리는 잔잔한 모래사장을 적셔 주고, 고독을 즐겨'에서 처음 시작되는 귀절은 너무나도 독단적이라고 할 수가 있으며 추상적이라 할 수가 있겠다.

　바닷가에 사는 사람들의 흥분은 무엇을 말하는 것인가? 결국 여기서 홍분의 의미가 밝혀지지 않고 있다. 이와 같이 바다에서의 느낀 감정을 제대로 표현해 내지 않으면 바다는 하나의 물상(物象)에 벗어나지 못하고 만다고 할 수가 있다.

프루스트(프랑스의 작가) 산문 하나를 예로 들어 보기로 하자. 어떤 사람에 있어서는 생의 혐오와 신비의 견인이 첫 설레임보다 성행한다. 현실이란 결국 사람을 만족시킬 수 없는 것이라는 예감을 그들은 갖는 것이다. 바다는 언제든지 이러한 사람들을 매혹을 한다. 실로 피로함을 경험하는 것이 아니요, 피로하기 전부터 벌써 휴식을 구하는 사람들, 바다는 이러한 사람들의 위안이 되고 격려가 되는 것이다. 바다에서는 대지에서 보는 인간노작(人間勞作)의 흔적도 인간생활의 흔적도 없다. 거기에는 아무것도 머무르지 않는다. 그리고 지나가는 것은 또 모두가 걷잡을 새 없이 지나간다. 배가 바다를 횡단한다. 그러나 배 지나간 자욱은 어떻게도 신속히 사라지는 것인지! 바다의 위대한 순결은 여기서 온다. 그것은 대지에서는 도저히 구할 수가 없다. 굳은 땅은 조금만 헐려 하여도 괭이가 필요하나 바다의 맑은 물은 여기에 비하여 훨씬 취약하다. 물 위에서는 어린애의 조그만한 발도 명랑한 물소리를 낼 수가 있고, 깊은 이랑을 지울 수가 있다. 물의 단일한 색조는 그 때문에 잠깐 깨진다. 그러나 모든 파문은 다시 잠자고 바다는 천지가 창조되던 날의 정적으로 돌아 간다. 지상은 길게 피로한 사람, 또는 실제 길을 걷지 않고도 지상의 길이 어떻게 울뚝불뚝하고 평범한가를 통찰하고 있는 사람도, 이 바다의 푸른 길, 지상의 길에 비하면 훨씬 위험하나, 훨씬 아름답고 불안하고 쓸쓸한 바다의 푸른 길에는 유혹을 느낄 것이다. 바다에 있어서는 모든 것이 더 신비롭다. 인간도 나무도 보이지 아니 하는 빈 바다의 들 위에 때때로 구름을 던져 놓은 커다란 그림자, 하늘의 조급한 마을, 어렴풋한 나무가지가 신비롭다.

밤새도 쉬지 아니하고 우리의 불안한 생활에 안면을 허락하고, 모든 것이 소멸되지 않을 것을 약속해 주는 것의 매력을 바다는 가지고 있다. 바다는 불이 켜 있으면 고독을 알지 못하는 어린 양등(洋燈)과도 흡사하다. 바다도 땅과 같이 하늘에서 분리되지는 아니하였다. 바다와 하늘 사이에는 항상 색채의 조화가 있어 하늘의 색조의 미묘한 변화는 그냥 그대로 바다에 비친다. 낮에 태양 아래 반짝이던 바다는 저녁 때가 되면 태양과 한 가지로 죽는 것같이 보인다. 해가 지면 땅은 일시에 어두어지나 바다는 언제까지든지 애연하여 햇볕의 기억을 지니고 있다. 이것이 우울한 낙조. 잠깐동안 바라보고 있노라면 어느새 마음이 황홀해진다. 기쁜 시각이다. 조금 있다 밤이 되어 어두운 땅 위에서 하늘이 슬프게 우러러 보일 때 바다는 아직 그윽한 빛을 발하고 있다. 어떤 신비로운 작용으로 그런지, 물결에 잠긴 태양의 어떤 화려한 유해(遺骸)로 말미암아 그런지, 사람은 그것을 알지 못한다. 그리고 인간생활을 연상시키지 아니하는 것이므로 우리의 상상도 신선하게 한다. 그리고 바다는 우리의 마음을 쾌활하게도 한다. 바다는 우리 마음과 한가지로 무한한 무력한 동경, 끊임없는 질주로 계속되는 비약, 변함이 없는 실추로 계속되는 비약, 항상 변함없는 가벼운 탄식이기 때문이다. 바다는 음악과 같이 우리를 매료한다. 음악은 말과 같이 아무 흔적도 남기지 아니하고 인간에 관하여 우리에게 이야기하는 것도 없다. 그러나 그것은 우리의 영의 충동을 모방한다. 그리고 우리 마음은 이 충동의 물결과 한가지로, 혹은 높이 솟고 혹은 깊이 떨어짐으로써 자기의 멸망을 잊고, 자기의 우수와 바다의 우수 사이의 내면적 조화 가운데 위안을 발견한다. 바다는 말하자면 바다의 운명과 물상의 운명을 혼효(混淆)하는 것이다.

—프루스트.

이상의 글은 바다를 주제로 한 프루스트의 글을 인용한 것이다. 바다는 인생과 밀착되어 있고 삶의 본질을 가까운 곳에서 밝혀 주는 아름답고도 웅장한 멋을 지닌 것으로 되어 있다.

'바다는 인간생활을 연상시키지 아니하는 것이므로 우리의 상상도 신선하게 한다'는 것은 이 바다의 특질을 깊이 인식하고 표현한 것이라고 할 수가 있다. 따라서 표현의 미숙이 두드러지게 나타나는 경우는,

첫째, 표현 대상을 정확하고 정밀하게 파악하지 못할 경우.

둘째, 표현하는 어휘가 부족했거나 선택이 적절하지 못하였을 경우.

셋째, 효과적인 배열을 하지 않았을 경우.

넷째, 적합한 비유를 하지 못하였을 경우.

다섯째, 문장조직이 미숙한 경우.

여섯째, 깊이 있고 명료한 암시성(暗示性)을 갖지 못하였을 경우 등을 지적할 수 있다.

6. 문장감상의 방법이란

지금까지는 명문과 악문의 글 두 가지를 놓고 표리(表裏)을 통하여 좋은 글이 될 수 있는 여건과 좋지 못한 글이 되는 원인을 알았다. 이제는 올바른 문장감상의 방법을 이와 대비, 비교하여 보면서 모색하여 보기로 한다.

◑ 논리의 추적이라고 하는 것

설명(說明) 그리고 논증(論證), 묘사(描寫), 서사(敍事) 등등 어떠한 방법으로 기술되어 있는 문장이라고 하더라도 그것은 바로 하나의 논리적(論理的)인 건축인 것이다.

이것은 이 논리적 건축은 주제를 펼쳐 나감에 있어서 빠뜨릴 수 없는 가장 중요한 규약이며 약속이고, 독자를 사로잡는 힘이 된다. 따라서 논리의 흐름을 따라 그 타당성과 모순성을 지적하고, 이에 대한 자기의 생각을 정리한다고 하는 것은 문장감상의 제1보라고 할 수가 있다.

이 논리를 추적하는 방법으로서는 귀납적추리(歸納的推理)에 의거하는 방법과 연역적추리(演繹的推理)에 의거하는 방법이 있을 것이다.

귀납적추리는 특수한 사실을 전제로 해서 일반적 사실 또는 형상에 대해 결론을 유도해 내는 방법을 말한다. 그리고 일정류의 개별적인 사례에서 출발하여 동일한 종류의 남의 사례도 같으리라는 결론을 도출해 내는 일반화와 두 가지 이상의 사례를 비교하여 그 개성이 일정하거나 비슷할 때, 문제점도 비슷하리라는 것이 바로 그것이다.

불꽃 속에서 사람 형상을 하고 있는 것이 타고 있었다. 머리털이 있는 부분은 거진 다 타버리고 검고 짧은 오락들에 불길이 일어났다간 꺼지고 일어났다간 꺼지곤 하고 있었다. 눈썹이 탄다, 눈썹이 탄다하고…….

—〈황색 강아지〉란 글 속에서.

강물이 춤을 춘다. 뒷산 공동묘지 때문이구나……. 막다른 길 끝에 두 사람이 흰 베로 얼굴을 가린 채 나란히 서 있다.

—〈손〉이란 글 속에서.

사과는 살아 있었고 쉴새 없이 손바닥에서 꿈틀꿈틀거리고 참으로 귀엽기 짝이 없어 나는 속에서 구역질이 나는 것을 참을 수가 없었다. 나는 어느새 커다랗고 누런 부처님에게 덜미를 잽혀 있었던 것이다.

—〈어느 축하회〉란 글 속에서.

아아 기차가 모두 직립해서 공중으로 달린다면 어떻게 되나? 하늘 속으로 뻗친 굉장히 긴 레일이 필요하다.

—〈기차, 기선, 바다, 하늘〉이란 글에서.

어디선가 살벌하게 나래치고 있는 무의미한 마류(馬流)들, 시침과 숫자가 다 빠져버린 상점가의 시계들, 이윽고 헤라클레스 등장……. 도전자들을 한 팔로 휘둘러 집어던져서 내 전면으로 클로즈업시킨 후 도끼 형상의 무거운 칼을 던져 그 등판들에다 꽂기 시작했다. 칼이 박힌 등에서는 피가…….

—〈조(朝)〉라는 글에서.

이상 이제하(李祭夏)라고 하는 이의 작품 속에서 눈에 뜨이는 대로 뽑아본 구절들이다. 그림을 책상 앞에 걸어 놓고 시를 쓰는 사람도 있다고 하겠으나 이 소설이야말로 가장 회화적인 요소가 강한 작품들이라고 할 수가 있다.

〈불의 기원〉이라고 하는 부제가 붙어 있는 〈劉子略傳〉에선 숫제 소설 뒤에 각주를 붙여서 전위적인 화가들의 이름을 소개하기도 하였다. 즉 다시 말하자면 전위적인 추상화가들의 작품을 언어로 조립해 놓은 것이 바로 이 소설가(이제하)의 소설이다.

다른 어느 작가보다도 많은 색채 언어가 등장하고 있으며, 그 소설이 갖는 분위기는 다분히 환상적이면서도 쇼킹한 일면을 그려 주고 있다. 어떤 이가 이제하의 작품을 두고 '추상소설'이라고 명명한 것도 바로 이러한 때문이 아닐까 짐작이 간다.

그 작품 속에서는 천재적인 예술가의 광기(그의 주변의 주인공은 거의가 다 미술을 전공하고 환상적 퇴폐미가 끈적끈적하게 짓이겨져 있다), 이것은 미학의 3종이라고 말하고 있는 眞, 善, 美, 삼위일체의 붕괴 이것을 뜻하는 것이다.

그의 소설의 주인공들은 우리의 일상생활에서 이상적으로 받아들여지는 인물들은 아니다. 도스토예프스키나 발자크의 작품 인물처럼 우리들의 구경거리일 뿐 우리가 본받아야 할 모델은 아니다.

여기서 이제하의 작중 인물들은 병적인 인상을 줄 만큼 기괴한 이상 성격의 소유자들로서 준광인, 혹은 신경쇠약자, 정신착란자, 성불구자, 몽상가, 주정뱅이, 과대망상증 환자 등등의 인물들이다. 그들은 이미 육체적으로나 정신적으로나 영원히 구제될 수 없는 병든 인간들인 것이다.

　　　　　　　　　　　　　　　　　　　　－이광훈의 〈추상소설의 제문제〉에서.

위와 같은 종류의 글을 감상하는데 있어서 주의해야 할 부분은 다음과 같다.

① 필요한 정도의 사례가 충분히 검토된 것인가, 그렇지 않은 것인가.

② 검토된 사례가 그 부류 속에 특이한 것만을 골라낸 것인가, 아니면 가장 전형성을 갖는 것인가.

③ 부정적 사례가 등장한 경우 충분히 해명되어진 것인가.

이와 같은 점들을 검토해 봄으로써 논리의 정확한 추정이 가능할 것이다.

한편 연역적 추리는 필연적인 요인이 그 체계에 따라 보편성을 얻게 되는 과정으로 진행된다. 즉 연역적 추리의 대표적이며 전형적 논술 양태인 삼단논법을 예를 들어 보면 다음과 같다.

'인간은 죽는다. 박정희도 인간이었다. 때문에 박정희는 죽었다.'

이와 같은 문장은 대전제, 소전제, 결론으로 나누어져 있어 추리의 확실성을 파악할 수가 있다. 그러나 이와 같은 연역적 추리 속에, 애매한 용어를 사용한 경우도 있다. 그 예를 들면 다음과 같다.

'명작은 드물다.'
'흘러간 SP판 레코오드는 드물다.'
'흘러간 SP판 레코드는 명작이다.'

―증인, '저 더러운 배신자 재코프스는 나를 곤란케 하였소.'
―피고변호인, '재판장, 이의 있소.'
―판사, '이의를 인정한다(증인의 말이 기록에서 제거된다). 일어난 일에 관해서 정확하게 법정에 진술하라.'
―'그놈은 나를 배신하였소. 더러운 거짓말쟁이, 생쥐새끼!'
―피고변호인, '재판장 이의 있소.'
―판사, '이의를 인정한다(증인 말이 기록에서 제거된다). 증인은 사실만을 진술하라.'
―증인, '재판장, 나는 사실만을 말하고 있어요. 그놈은 확실히 나를 배신하였소.'

사실의 구체적 내용을 밝히지 않기 때문에 계속해서 같은 질문을 하게 되고, 그러한 질문의 반복을 통해서 순환의 오류를 범하는 경우를 볼 수가 있다.

이와 같은 오류를 발견하고 그것을 찾아내는 일이 정당한 문장 감상의 자세라고 하겠다.

또한 이와 곁들여 문제 자체를 회피해 나가는 경우, 예를 들어 상사가 회사 부실을 힐책할 경우, '당신은 무엇을 잘 했어?' 하는 따위의 반문은 문장구조상의 문제를 벗어난 논의이다.

그리고 극심한 비약의 경우를 들 수가 있다. 예를 들면, '그의 부모는 부자였다. 부자였기 때문에 학자가 되었다'는 것은 논리의 비약인 것이다.

◑ 인과라고 하는 분석

일반적으로 설명문의 경우에는 인과의 정확한 설정과 분석이 중심이 되고 있다. 설명은 정확한 정보의 제공과 대상에 대한 그 무엇을 말하고 있으며, 전체적이며 총괄적이고, 체계적 조직을 가지고 있다.

또한 비주관적이며 일반적인 것이다. 따라서 인과의 설정이나 대상인 그 무엇에 대한 해답이 구체적이고 정확한 것인가 하는 것에 대하여 관심을 가져야 할 것이다.

≪법의 정신≫의 풀 타이틀은 '법의 정신에 관하여 ― 혹은 여러 법이 각 정체의 헌법, 습속, 풍토, 종교, 상업 등의 사이에 가져야 할 관계에 관하여 ― 부, 상속에 관한 로마법, 프랑스법 및 봉건법에 관한 신연구'로 장황하게 되어 있다.

이것으로 그 내용을 어느 정도 짐작할 수 있지만 ≪법의 정신≫ 근본 사상은 그 제1편 〈법 일반에 관하여〉 중의 다음 말로 요약할 수 있다. 즉, 법이라는 것은 최광의(最廣義)에 있어서 사물의 성질에서 생기는 필연적인 관계이다.

그리고 의미에 있어서는 모든 존재는 그의 법을 가진다……. 그렇지만 지성계는 결코 물질계처럼 완전히 지배되지는 않는다. 그도 그럴 것이 지성계 역시 그 성질상 불변한 법을 가지고 있다고 하지만 그 법에 따르는 것이 물질계가 그 법에 따르는 것처럼 불변적이 아니기 때문이다…….

인간은 물리적 존재로서 끊임없이 신이 정한 법을 갖고 또 자기가 정한 법을 고친다. 법은 일반적으로 세계의 모든 인민을 지배하는 한에 있어서 인간 이성이다.

그리고 각 국민의 정법(政法) 및 시민법은 이 인간 이성이 적용되는 특수한 경우에 지나지 않는다고 말하지 않으면 안 된다. 그런 법은 그 인민에 대해서 끝내 고유한 것이어야 한다.

따라서 한 국민의 법이 타국민에게 적합할 수 있다면 그것은 비상한 우연이다. 그런 법은 성립한, 내지는 사람들이 성립시키고져 하는 나라의 지세와 기후에 관계되어 있어야 한다. 토지의 성질, 그 위치, 크기, 인민의 생활양식……에 관계해 있어야 한다. 그 헌법이 인정하는 자유의 정도, 주민의 종교, 그들의 성품, 그 재부(財富), 그 수효, 그 상업, 그 습속, 그 생활양식에 관해 있어서도 관계를 가진다.

그 기원, 입법자의 목적, 또 그 기초인 사물의 질서와 관계를 가진다. 이런 모든 입장에서 그것을 고찰하지 않으면 안 된다. 내가 이 책에서 하고자 하는 바는 바로 이것이다.

나는 이런 모든 관계를 검토할 작정이다. 이런 모든 것이 법의 정신이라고 불리는 바를 형성한다.

그리하여, 몽테스키외는 먼저 법이 각 정체의 성질과 원리에 대하여 가지는 관계를 검토하였다. 그에 의하면 정체에는 '인민이 전체로서 또는 그 일부분만이 주권을 가지는' 공화정체와, '한 사람이 고정적으로 정립된 법에 의해 통치하는' 군주정체, '한 사람이 법도 규율도 없이 만사를 그 의지와 자의에 따라 행하는' 전제정체의 세 가지 있으며, 공화정체에는 민주정체와 귀족정체가 있다.

그런데 어느 정체에서도 자유라는 것이 원리로 되어 있지 않다. 몽테스키외는 자유, 특히 정치적 자유를 '국가에 있어서, 즉 법이 존재하는 사회에 있어서 자유란 다만 그 바라는 것을 행할 수가 있고, 또한 바라지 않는 것을 행하도록 강제당하지 않는 것'이며, '모든 법이 허용하는 것을 행하는 권리'라 하고, 그것은 '권력의 남용이 행해지지 않는 때에 한해서 존재한다…….

권력의 남용을 못하도록 하기 위해서는 권력이 권력을 억제하도록 사물을 조작할 필요가 있다'고 말한 다음 유명한 영국 헌법론을 전개하고 있다. 그리고 각 국가에는 3종의 권력이 있다.

만민에 관한 사항을 집행하는 권력 및 시민법에 관한 사항을 집행하는 권력이라고 하여 입법권, 행정권, 사법권을 명확히 구분하고, 그것을 각각 별개의 독립된 기관에 분속시켜 서로 침범하는 일이 없도록 해야 한다고 논하였다. 같은 기관이 법을 만들어 그것을 적용하거나 법적 결정을 내려 그것을 집행하든가 하면 모든 정치적 폐해가 생기기 때문이라고 한다. 이것이 유명한 몽테스키외의 삼권분립론이다.

—역서, 〈법의 정신〉에서.

저 유명한 레오나르도다빈치의 '모나리자'를 설명하면서 H. 가아드너는 다음과 같이 말하고 있다.

모나리자는 두 기둥이 서 있는 난간 앞 개랑(開廊)에 앉아 있다. 이 난간의 두 기둥이 화면의 틀로 된다. 배경은 안개 낀 것같은 감상적 풍이라 할 수가 있다.

이 구도는 발도비네리티의 마돈나와 꼭 같다. 즉 이것은 먼 풍경을 배경으로 하고, 강하게 주어진 중심축을 가진 큼직한 피라밋형 괴체(塊體)이다. 이 화면의 대부분을 점령하는 괴체는 그림의 테두리에 대해 너무나 센시티브하게 자리를 잡고 있기 때문에 모나리자의 머리가 지금보다도 조금이라도 위 테두리에 접근하거나 멀어지면 화면효과는 크게 달라질 것이다.

그 강하게 잡혀진 중심축은 이마에서 콧등을 따라 우수가 얹힌 좌완 (左腕) 팔목으로 떨어지며 상하 두 개의 흥미있는 괴체, 즉 얼굴과 교차된 두 손을 연결하고 있다.

인물의 윤곽은 거의 기하학적인 간결성을 가지고 있으며 머리의 곡선이 예리하게 그려진 반원을 이루고 있다. 모나리자는 간단한 옷을 입고 있다. 그의 머리는 길쭉길쭉한 링으로 되어 있으며 그 위에 엷은 베일이 씌어져 있다.

그는 아무 장신구도 차고 있지 않으며, 그녀의 의상은 목을 도는 간단한 갓 이외에는 아무 특수한 것도 없다. 그녀는 더할 수 없이 안정된 안락한 기분으로 앉아 있다.

그러나 신체의 직립성(直立性), 그리고 약간 몸을 돌린 점이 그림의 효과를 돋우고 있다. 그녀의 전신은 공간을 실점하고 있는 하나의 유기체로서 나타나 있다(중략).

이 모나리자와 지금까지 보아 오던 그 당시까지의 그림들 사이의 현저한 차이는 그 그림자의 깊이, '아우트라인'이 더 한층 부드러워진 점, 그리고 명에서 암으로 넘어가는 점진적인 변이에 있다. 이것은 유화기술의 변화에 기인하고 있다(하략).

첫째, 이 글에서는 《법의 정신》을 요약, 설명한 글이다. 주제를 흩뜨려 놓지 않고 간략하고 선명하게, 글의 흐름을 파악하여 설명하고 있음을 우리는 한눈에 알 수가 있다. 이러한 글에 있어서는 그 내용을 골격에 맞추어 개괄해낼 수 있느냐 하는 점이 중요한 것이다.

둘째, 이 인용문은 모나리자상의 아름다움을 설명, 해설하는 글이다. 이 글의 특색은 '아름답다'라고 하는 상식적인 감각은 하나도 차용하지 않으면서도 위대한 예술품인 이 '모나리자'의 진면목을 찾아 느낄 수 있게 하고 있다. '모나리자'가 가지고 있는 미적인 부분을 하나하나 기술하여 종합적인 결론에서 그 아름다운 실상을 느끼게 하고 있다.

7. 감정의 정리(整理)는 어떻게

우리가 일반적으로 묘사(描寫)라고 하는 것, 이것을 사용하는 문장은 묘사 자체가 지닌 특이한 성질을 파악하여야만 올바른 문장감상을 행할 수가 있다.

즉 묘사는 단순히 사실의 열거를 말하는 것은 아니다. 모든 사물이나 현상의 특질을 잡아 이를 구상적(具象的)인 모습으로 전환시켜 내는 것이다.

예를 들면 '가을 하늘이 파랗다' 하면 그것은 묘사가 아니다. 그러나 가을 하늘이 '수정으로 보인다' 하면 비로소 묘사의 영역에 들어갈 수가 있는 것이다.

묘사의 이와 같은 성격을 이해하고, 묘사가 주는 가장 중요한 요소인 사물에 대한 집중적, 지배적 인상의 효과를 분석해 봄으로써 참다운 문장의 묘미를 깨닫게 되는 것이다.

하지만 뭐니뭐니 해도 쑥스러운 건 그런 것을 의식하며 세느에 앉아 있는 사람일 것이다. 담배를 물고 있어도 쑥스럽고, 재털이에 내려놓은 담배에서 피어 오르는 실연기를 들여다 보고 있어도 쑥스럽고, 창가에 앉아 유리창을 내다보고 있어도 쑥스럽고, 건너편 여학생을 바라보고 있어도 쑥스럽고, 천정을 쳐다 보거나 생각에 잠긴 듯하고 있기도 쑥스럽고, 네 개의 좌석을 혼자 차지하고 있기도 쑥스럽고, 끝끝내 그 자리에는 아무도 앉아 주지 않아도 쑥스럽고, 그런 것을 생각하노라면 말도 안 되게 쑥스럽고, 그래서 훌쩍 자리를 일어서기도 쑥스럽고.

아, 이 동네, 이 거리, 이 다방에서는 아, 해도 쑥스럽고, 어 해도 쑥스럽다. 그것은 이 동네가 세계 유수의 대학이 있고, 그 학생들이 온통 동네의 하숙집과 거리의 아이스크림과 다방을 모두 점령해 버린 때문이다.

—이청준의 〈선고유예 상〉에서.

이상의 예문에서 '쑥스럽다'라고 하는 분위기가 한동네 전체를 휩싸고 있으며 쑥스러운 행동, 쑥스러운 생각이 동네의 지배적인 인상으로 부각되어지는 것이다.

독자는 이러한 인상의 독특한 체취를 찾고, 그 호흡의 장단 속에 감정을 여과하여 필자의 의도하는 세계 속으로 몰입해 들어갈 수 있어야 하는 것이다.

C 여학교에서 교원겸 기숙사 사감 노릇을 하는 B여사라면 딱장대요, 독신주의자요, 찰진 야소군으로 유명하다.

사십에 가까운 노처녀인 그는 죽은깨 투성이 얼굴이 처녀다운 맛이란 약에 쓰려도 찾을 수 없을 뿐인가, 시들고 거칠고 마르고 누렇게 뜬 품이 곰팡 슬은 굴비를 생각나게 한다.

여러겹 주름이 잡힌 훨렁 벗겨진 이마라든지, 숱이 적어서 법대로 쪽지거나 틀어 올리지를 못하고 엉성하게 그냥 빗겨 넘긴 머리 꼬리가 뒤통수에 염소 똥만하게 붙은 것이라든지, 벌써 늙어가는 자취를 감출 길 없었다.

뾰쪽한 입을 앙다물고 돋보기 너머 쌀쌀한 눈이 노릴 때엔 기숙생들이 오싹하고 몸서리를 칠 만큼 그녀는 엄격하고도 매서웠다. 이 B 여사가 질겁을 하다시피 싫어하고 미워하는 것은 소위 '러브레터'였다.

여학교 기숙사라면 으레 그런 편지가 많이 오는 것이지만, 학교도 유명하고 또 아름다운 여학생이 많은 탓인지 모르되, 하루에도 몇 장씩 죽느니 사느니 하는 사랑타령이 날아들어 왔었다.

　　　　　　　　　　　　　　　　　-현진건의 〈B사감과 러브레터〉에서.

이 글은 보다시피 두 말할 것 없이 B사감의 성격묘사 부분이다. 이 성격 묘사는 개성과 전형성의 복합적인 효과를 통해서 나타난다.

이러한 글에 있어서는 성격과 인상을 단순히 감각적 측면만으로 해석하기보다는 지적 상상력의 동원을 요구하는 것이다.

8. 문장 감상의 근본(根本)

문장 감상은 무엇보다도 필자의 의도를 명백히 기계적으로 파악할 수가 있는 훈련을 쌓아야 할 것이다. 즉 그 문장이 노리고 있는 기초적인 의도는 다름아닌 표시적 개념의 전달인 것이다.

아기의 일광욕, 적당한 일광욕은 자외선 흡수 등으로 건강에 좋으나 역시 어머니의 세심한 주의가 필요로 한다. 우선 무리하게 장시간 시키지 말 것. 특히 유아에겐 주의해야 한다.

일광욕은 5~6개월 이후의 아기에게만 시킬 것. 뜨거운 맨 볕은 물론 피해야 한다. 아기의 연한 살은 부르트기 쉬우므로 뙤약볕을 가려주면서 바람을 잘 통하게 해주는 베보자기로 살짝 덮어서 일광욕을 하도록 한다.

얼굴에는 차양 넓은 모자를 씌워 주고. 5살 이상의 어린이라면 한 번에 2시간 정도의 일광욕은 그다지 무리하지 않다. 단, 땀을 많이 흘리고 염분이 소모되었으니까 곧 보리차를 먹이도록 할 것. 보리차에 약간 소금을 섞어서 짭짤하게 먹이면 더욱 좋다. 갈증이 심하다고 해서 찬 과일, 얼음물 등을 과식하면 곧 배탈이 나므로 특히 유의해야 할 것이다.

일광욕 후, 피부가 따끔거리고 물집이 생길 경우엔 부드러운 거즈를 찬물에 잠깐 담갔다가 이것을 건져 올려 아기 피부에다 꼭꼭 찍어가며 열기를 빼 주는 것이 좋다.

-황종찬의 〈건강시리즈〉에서.

문학적 작품에서 보라고 한다고 하면 표시된 내용을 정확히 파악할 수 없으면 그것은 아무런 효과나 지식도 되어질 수가 없다. 그리고 이 표시적 개념이 충족되면 다음은 암시적 개념을 찾아 보아야 할 것이다. 어린 아기의 일광욕은 어떤 효과가 있으며, 그 효과를 얻기 위한 방법은 무엇인가 하는 자기 나름대로의 추리가 그것이다. 문학적 해독도 마찬가지이다.

삼팔 접경의 이 북쪽 마을들은 드높이 개인 가을 하늘 아래 한껏 고즈넉했다. 주인 없는 집 봉당에 흰 박통만이 흰 박통을 의지하고 굴러다니고 있었다.

어쩌다 만나는 늙은이는 담뱃대부터 뒤로 돌렸다. 아이들은 또 아이들대로 멀찌감치서 미리 길을 비켰다. 모두 겁에 질린 얼굴들이다. 동네 전체로는 이번 동란에 깨어진 자국이라곤 별로 없었다.

그러나 어쩐지 자기가 어려서 자란 옛마을은 아닌 성싶었다. 뒷산 밤나무 기슭에서 성삼이는 발걸음을 멈추었다. 거기 한 나무에 기어 올랐다. 귓속 멀리서, 요놈의 자식들이 또 남의 밤나무에 올라가는구나 하는 혹부리 할아버지의 고함소리가 들려왔다.

그 혹부리 할아버지도 그 새 세상을 떠났는가. 몇 사람 만난 동네 늙은이 가운데 뵈지 않았다. 성삼이는 밤나무를 안은 채 잠시 푸른 가을 하늘을 쳐다 보았다. 흔들지도 않은 밤나무가지에서 남은 밤송이가 저 혼자 아람이 벙그러 떨어져 내렸다.

−황순원의 〈학〉에서.

3.8 접경의 북쪽 마을이 6.25 이후 어떠한 변화를 보여 주고 있다는 정경묘사이면서도, '고즈넉, 흰 박통, 담뱃대부터 뒤로 돌렸다' 등에서 찾아 볼 수 있는 분위기나 내적의미, 암시성 등을 포착해야 하는 것이다.

더욱이 '혹부리 할아버지'와 '벙그러 떨어진 밤송이'와의 연상작용 등을 이끌어내는 훈련이 필요할 수 있겠다.

제5장

말(言語)에 관해서

1. 구어(口語)와 문어(文語)는 어떻게 다른가

구어(口語)라고 하는 말은 우리가 말하는 말(言語)을 가리키는 술어이고, 문어(文語)란, 즉 글로 쓰는 언어를 가리기는 술어(述語)를 두고 하는 말이다.

다시 말하면 구어는 입으로 뱉어내는 말이고 문어는 글로 표시하는 문자글이다. 혹 어떤 사람은 도대체 구어와 문어의 차이가 어떤 차이가 있느냐고 묻는다. 말을 하면 그것이 구어가 되고, 또 쓰면 문어가 되는 것이 아닌가 하고 물어오기 십상이다. 그러나 여기에는 심상치 않은 차이가 있다.

아마도 이런 질문을 물어오는 사람은 서울 사람이거나 아니면 중부 일원이라 할 사람들일 것이다. 그러나 다른 지방 사람들의 경우를 일단 생각해 보자. 가령 제주도 사람들의 경우, 보통 때 말로는, '물이 야팡 서답모터기어'라는 말이라든가, '싯당 오랑', '어멍 어성 보난 생각나라'라는 말이 있다라고 하자. 뭇사람들로서는 도저히 알아 들을 수 없는 말일 것이다.

그러나 우리 표준어라 할 말로 대략 설명하면 '물이 야팡 서답 모터기어'라고 하는 말은 '물이 얕아서 빨래를 못하겠다'라고 하는 말 뜻이고 '싯당 오랑'이라고 하는 말 뜻은 '있다가 오너라'라고 하는 말이다.

그리고 또 '어멍 어성 보난 생각나라'란 말은 '어머니가 없고 보니 생각이 난다'라는 뜻으로서 참으로 말을 알아 듣기가 어렵다. 또 그뿐만 아니라 전라도 사투리를 하면 '워티기 헌려'라고 하는 말 뜻은 '어떻게 한다냐'가 된다.

또 평안도 사투리를 보면 '내레 무어 아는 게 있갔시어'라고 말하고 쓸 때는 물론 '내가 무어 아는 게 있겠습니까'가 된다. 이렇게 볼때 구어와 문어의 차이점은 분명히 밝혀질 수가 있을 것이다.

이를 다시 역사적으로 거슬러 올라가 살펴 보기로 하자.

우리의 훈민정음(訓民正音)이 창제된 것은 1446년이다. 그 이전의 선조들은 우리말을 우리말답게 표현할 수 있는 표기수단을 갖고 있지 못했던 것이다. 결국 그들이 표기 수단으로 이용할 수 있었던 문자는, 중국의 한자였다. 그때 가령 어떤 사람이 한자로써 자기의 의사를 표현하였다고 하자. 이때 그가 느끼던 문어와 구어와의 차이는 국어와 외국어와의 차이만큼이나 큰 것이 될 것이다.

이같이 문어와 구어의 엄청난 괴리(乖離)는 훈민정음이 창제된 이후에도 계속되었고, 어떤 의미에서 그러한 괴리는 아직도 존속되고 있다고 할 것이다. 예컨대 1919년 3월 1일 종로 파고다공원에서 낭독된 독립선언서(獨立宣言書)에도 이 점은 역력히 드러나 있다.

吾等은 茲에 我 朝鮮의 獨立國임과 朝鮮人의 自主民임을 宣言하노라. 此로써 世界萬邦에 告하야 人類平等의 대의를 克明하며 此로써 子孫萬代에 고하야 民族自尊의 正權을 永有케 하노라. 半萬年 歷史의 權威 仗하야 此를 宣言함이며 二千萬民衆의 誠忠을 合하야 此를 怖明함이며 民族의 恒久如一한 自由發展을 위하야 此를 主張함이며 人類的良心의 發露에 基因한 世界改造의 大機運에 順應 병하기 爲하여 此를 提起함이니 是天의 明命이며 時代의 大勢이며 人類共存同生權의 正當한 發動이라, 天下 何物이던지 此를 沮止 抑制치 못할지니라.

이것은 '독립선언문(獨立宣言書)'의 서두를 그대로 옮긴 것이다. 위의 글에서 실제 우리가 말하지 않는 요소를 찾아 보기로 하자.

우선 '吾等'이라고 한 이 '吾等'은 구어일 수는 없다. '우리들' 혹은 '우리'라고 하는 말뜻이 될 수가 있다. 이 말은 한문에서 빌어 쓴 것이다.

'茲'라는 말은 '이에'라고 하는 말이 될 것이고, '此'와 '是'는 '이

것' 또는 '이것은'이 될 것이다. 또 '仗하다'나 '荷物이라도'와 같은
말이 구어에 쓰였으리라고는 생각할 수가 없을 것이다.

구어와 문어 사이에 존재하는 이와 같은 괴리를 시정해 보려고
한 것이 개화기에 일어난 어문일치(言文一致) 운동이었다. 당시
'독립신문' 또는 '제국신문' 같은 신문들이 운동의 선봉에 앞장서
게 되었다.

초창기 소설로 '혈의 누(淚), 설중매, 자유의 종(鍾)' 등과 같은
신소설들이 이에 동조하였다고 할 수가 있다. 그뿐만 아니라 성
경 '신약성서(新約聖書)'와 '찬송가'의 번역이 또한 어문일치운동
을 도왔다. 그 편모를 '귀의 성'이라고 하는 소설의 일절에서 찾아
보기로 하자.

강동지의 마누라는 허둥거리느라고 길순의 행장차리는 것도 거들어
쥬지 못하고 잇다가 길 떠나는 날 세벽이 된 후에 문밧에서 말 원앙소리
난 것을 듯고 한편으로 밥짓고, 한편으로 말죽 쑤고 한편으로 행장차리
난되 엇찌 그리 급하던지 된장을 거르다가 말죽 솟에다 들어붓고 행장을
차리다가 옷틈에 걸네까지 집어넛더라.

위의 글 독립선언서에서 보는 바 같이 오등(吾等)이나 자(玆)
에서 하는 것은 없어졌으며 또 얼마나 다른가를 알 수가 있다. 그
리고 국어의 문어를 구어에 접근시키고 있는가 하는 것은 다시
논할 필요조차 없는 것이다. 그렇다고 이러한 운동이 계속 진행
되어 성공한다면 결국 구어와 문어와의 차이는 없어져 버릴 것이
라고 생각해서는 안 된다.

왜 그런고 하면 구어와 문어와의 차이는 숙명적인 것이기 때문
이다. 말과 글은 근원적으로 그 성격을 달리하고 있기 때문이다.
그러므로 말의 모든 특성이 글에는 나타날 수 없게 된다.

또 글은 아무래도 많은 생각 끝에 씌어지기 때문에 엄격한 논
리성을 갖추게 되고 문장 하나하나가 길어질 수가 있기 때문이

다. 그뿐만 아니라 문어는 필연적으로 보수성(保守性)을 갖게 된
다. 왜냐하면 글은 말과 달라서 시간이나 공간에 대해서 자유롭
기 때문이며, 글 쓰는 형식이라든가, 습관과 같은 것이 전통이 되
어 집요하게 작용하게 되기 때문이다.

또 현실적으로는 국어에는 수많은 한자어가 수입되어 국어의
뱃속에까지 스며 있는 것이다. 한자어만 있는 경우는 두고라도
국어와 한자어가 경쟁을 하고 있는 분야를 보더라도 예컨대 나이
와 연세, 이름과 존함, 고맙다와 감사하다와 같은 경우 한자어가
우리의 고유어와 마찬가지 정도의 세력을 가지고 문어로 사용되
고 있는 것이다.

시간이 지나면 아마도 문장에 되도록 많은 한자어를 쓰려고 하
는 풍조는 차츰 사라질 것이나, 한자어에 대한 매력은 그것이 문
장일수록 더욱 강력하게 작용한다는 사실 또한 무시하지 못할 것
이다. 그 시각성, 간결성 및 조어력(造語力)은 아마도 쉽게 버리
지 못할 것이다.

현실의 구체적인 장면, 그것은 인간이 하는 모든 행위의 기초
를 이룸과 동시에 그 뜻을 부여하는 역할을 하게 된다.

어떤 특정한 사항 속에서 어떤 사람이 '아!' 하고 탄성 한마디
를 질렀다고 하자. 만약 그 사항 속에 공동으로 참여하고 있던 다
른 사람이 이 말을 듣는다면 그는 대번에 그 말을 이해해 버릴 것
이다.

그러나 글로서의 '아!'는 아무 뜻이 없게 된다. 모든 사항을, 자
초지종을 글로 표현하고, 그리하여 글을 읽는 사람으로 하여금
그 특정된 사항을 이해하게 한 연후가 아니면 '아!' 하는 말은 그
누구에게도 뜻이 전달될 수가 없는 것이다.

글이 쓰기가 어렵다고 하는 것은 바로 이러한 작업이 어렵다고
하는 것이며, 또 문어와 구어의 차이가 숙명적일 수밖에 없다는
것도 이러한 작업 때문일 것이다.

2. 경어(敬語)와 비어(卑語)는 어떻게 다른가

◑ 경어(敬語)에 대해서

어느 며느리가 시아버지에게 '아버님 대갈님에 검불님이 붙으셨습니다'라고 하였다는 우스개 소리가 있다. 어떤 말에나 '님자'를 붙이고, 요언에 '시'자를 붙이기만 하면 존대말이 되는 줄로 알았던 모양이다. 그러나 결과는 그렇게 되지 않았다.

아버지를 '아버님'이라고 한 것은 잘된 것이나, '머리' 혹은 '대갈'이라고 한 것은 아무리 거기에 '님'자가 붙었다고 하더라도 경어가 될 수는 없다. 손윗사람의 머리는 절대로 '대가리' 같은 말은 붙이지 아니하기 때문이다. 또 사람 몸의 일부분에 대해서는 가령 그것이 상감의 얼굴일 때 '용안(龍顏)'이라고 하더라도 '님'자를 붙일 수 없다.

더구나 그것이 생명을 가지지 않는 무생물이며, 또 더러는 물건인 것이다. 그뿐만 아니라 '붙으셨습니다'도 잘못되어 있다. '검불'은 높여야 할 대상이 아니기 때문이다.

이러한 몇 가지 점에서 볼 때 국어가 진실로 까다로운 경어법의 체계를 가졌음을 짐작할 수 있을 것이다. 말하는 사람이 자기스스로 낮추는 방법이 있고, 말 속에 등장하는 존귀한 대상을 높이는 방법이 있다. 또 그 실제의 회화에 있어서는 여러 가지 체계가 혼합되어 나타나기 때문에, 그 사용법은 복잡해질 수밖에 없는 것이다. 더욱이 높여야 할 대상에도 층위가 있는 것이기 때문에 더욱 복잡한 문제가 야기된다. 가령 아래와 같은 경우를 예로 들어 보기로 하자.

'나는 아버지에게 선물을 들였다'라고 하는 내용을 할아버지에게 말씀들여야 한다고 가정해 보자. 우선 할아버지는 손윗분이므로 '나'라고 하는 말 대신에 '저'라는 말을 사용해야 한다. 그리고 할아버지에 대해서는 존대를 해야 하니까, 'ㅂ(습)니다'를 사용해야 한다.

그리하여 손자가 할아버지에게 '저는 아버님께 선물을 들였습니다'라는 말을 했다고 가정하자. 이 말이 만약 할아버지가 아니라 아저씨나 아주머니한테 한 말이라면 이에서 더 완벽한 존대는 없을 것이다. 그러나 상대가 할아버지라는 데에서 복잡한 문제가 생겨난다. 손자가 보기에는 아버지는 다시 없이 귀한 존재일지는 몰라도 할아버지가 보기에는 그렇지 못한 것이다. 그렇기 때문에 아버님은 '아버지'로, 드리다는 '주다'로 그 격을 낮추어야 한다. '저는 아버지에게 선물을 주었습니다'라고 해야 올바른 존대법이 된다. 여기서 눈에 띄는 국어 경어법의 가장 큰 특성은 다음과 같은 것이 된다.

첫째, 자기를 가능한 낮추는 것.

둘째, 상대를 되도록이면 높여 주는 것.

셋째, 모든 경어법의 중심은 듣는 사람이 중심이 되어야 한다는 것이다.

때문에 자기에게는 아무리 존귀한 사람이라고 하더라도 그 사람이 상대방보다도 손아래 사람이라고 할 때는 절대로 경어를 사용할 수 없게 된다. 경어 표시의 언어적 방법에는 대체로 세 가지가 있다. 체언으로 표시되는 것이 있고, 조사로 표시되는 것이 있으며, 용언(用言)으로 표시되는 것이 있다.

◗ 체언(體言)에 나타나는 경어법

대개는 특수한 단어를 사용하여 체언에 존대의 뜻을 부여하게 된다. 특히 그것이 사람인 경우에는 흔히 님을 사용하게 된다. 즉 '선생님, 아버님, 어머님, 형님' 등과 같은 것이 그것이다. 남의 아버지나 어머니는 '춘부장(春府丈)', '자당(慈堂)'이라고 하는 특수한 말을 사용하여 높인다. 그리고 또 막연히 사람을 가르칠 경우에는 '분'이라고 하는 말을 사용한다. 국어는 어떤 인물에 대해서뿐만 아니라 그 인물에 속한 물건, 즉 그의 행동, 또 그 인물에 관련된 사람까지도 존경을 표시한다. 가령, 높임의 대상이 되는 사람이 먹는 밥을 진지라고 하고, 말은 말씀, 집은 댁(宅), 아들은 영윤(令胤) 혹은 영식(令息) 등으로 부르고, 딸은 영애(令愛) 등으로 부르게 된다.

우리의 고유어와 한자어가 대립하는 경우에는 고유어보다는 한자어가 존대의 뜻을 갖게 된다. 이름을 존함(尊啣)이라고 하든지, 나이를 연세(年歲)나 춘추(春秋)와 같이 말하는 것이 그 예라고 할 수가 있다. 말하는 사람이 자기 자신이나 자기와 관련된 사항을 낮추어 말하는 방법도 있다. 나를 저로, 우리를 저희로, 아내를 우처(愚妻)로, 아들을 가돈(家豚)으로, 말을 말씀으로 말하는 등이 그것이다.

◑ 조사(助詞)에 나타나는 경어법

상대를 위하여 높임의 대상이 되는 사람에 대해서는 조사도 특수한 조사를 사용하게 된다. 주격조사 '이/가' 대신에 '께서'나 '께옵서'를 쓰며, 부를 때에는 '아, 야' 대신에 '(이)시여'를, '에게'를 쓸 경우에는 '께'를 쓴다.

◑ 용언(用言)에 나타나는 경어법

위에서 말한 바와 같이 체언이나 조사의 경우에는 경어법에 일반성이 결여되어 있다. 가령 선생님의 집은 '댁'이라고 하지만, 선생님의 책과 같은 것은 이를 높이기 위한 무슨 특수한 말이 준비되어 있는 것은 아니다. 그리고 '선생님에게는'은 있으면서 선생님도에 대한 존대말은 없다. 물론 용언 가운데도 문장 속에 등장하는 대상을 높이거나 혹은 그 대상에 대해서 자신을 낮추기 위한 특수한 어휘가 있다.

예를 들면 먹다를 '잡수신다, 자시다'와 같이 말하든지, 자다를 '주무시다'로, 그리고 주다를 '드린다'로, 묻다를 '여쭙다'라고 말

하는 것이 바로 그것이다. 그 외의 점에 있어 용언의 형태구성은
아주 규칙적이라고 할 수가 있다. 주어에 오는 대상을 높일 때에는
'시'를 용언의 어간에 연결시키고 말하는 사람 자신이 주어가 되고,
이를 낮출 필요가 있을 때에는 '옵'을 연결시키게 되어 있다.

　선생님이 저의 집을 방문하셨다.
　아버님이 오늘 극장에 가신다.
　저는 집으로 떠나옵니다.

　용언은 또 말하는 사람과 듣는 사람과의 상호 친소(親疎) 상하
관계에 의하여 미묘하게 변한다. 상대방이 자기보다는 손윗 사람
이거나 가까운 사이가 아닐 때에는 흔히 '갑니다, 옵니다' 와 같은
'합쇼'체가 사용되나, 자기보다 아주 높은 상대, 즉 예컨대 부처나
하나님에 대해서는 '하소서'체가 사용된다. 이외에 '해요'체, '하오'
체가 있다.

　신이여, 우리를 굽어 살피소서.
　저는 오늘 고향에 돌아가겠습니다.
　당신, 집에 가려오?
　많이 좀 먹었어요?

　특히 '해요'체는 여성들이 많이 사용하고 있다. '하오'체는 부부
간에 많이 사용된다고 할 수가 있다. 그러나 근래 와서는 이러한
경어법이 점차 약화되어 가고 있다. 이희승(李熙昇)의 수필 한 토
막을 소개해 보자.

　첫째 경어(공대말)가 무너져 가는 현상이다. 이것이 만민평등이라는
또는 노소 차별이라는 민주주의 사상에서 나온 결과인지 알 수는 없으
나, 어쨌든 오늘날 청년들이 손윗사람이나 선생에게 대하여 쓰는 말투
는 옛날 노인의 귀로 듣는다면, 해괴하다든지 괘씸하다는 불쾌감을 금

128

할 수가 없을 것이다. 우리가 흔히 들을 수 있는 실례로서는 '선생님, 말씀 좀 물어 보러 왔습니다'라고 하는 것은 우선 좋은 편이요, 대개는 '선생님 말 좀 물어 보러 왔습니다'라고 하는 것이 보통이다. 이것은 순수한 우리 말투대로 하려면, '선생님, 말씀 좀 여쭈어 보러 왔습니다'라고 하여야 될 것이다. 아버지, 어머니나 그 이상 존장되는 사람에게 대하여는 아무래도 '말씀'이란 말과 '여쭈어'란 말을 아울러 써야 공대말의 조화를 이루어서 비로소 결함없는 경의를 나타내게 된다. '선생님'이나 '말씀'이란 말을 쓰고, 그 다음에 '물어 본다'는 말을 쓰게 되면, 이것은 마치 '여보, 이놈' 격이어서 조화의 경어를 잃어버리게 되는 것이다.

－〈말씨와 우리생활〉에서.

그리고 새로이 자라나는 세대에서 '저'라고 하는 자기 낮추는 말을 듣기 어려워졌다고 할 수가 있다. 어지간한 경우 외에는 그저 '나'라고 자신을 부른다.

◑ 비어(卑語)에 관하여

치과의사들은 환자들이 문 밖에서 찾아 들어올 때 '아유, 선생님 이놈의 이빨이 아파서 찾아 왔습니다'라고 흔히 말하면서 찾아 들어오면 대단히 기분이 상한다고 한다.

그것은 의사의 쪽에서 보면 이(齒)는 그들이 소중히 다루어 공부해 온 대상이기 때문에 그렇다는 것이다. 이래서 환자가 가령 치통(齒痛)의 책임이 병원 의사에게 있다는 말투로 '이빨, 이빨!' 하고 언짢아 하면 의사는 의사대로 분통이 터질 때도 있다고 한다.

즉, 이 이빨이란 말은 '이'란 것이 인체에서 가장 소중한 것임에도 불구하고 이빨, 이빨 하면서 품격을 이렇게 떨어뜨린다는 것이다.

또 어떤 이는 얼굴을 가지고 '낯짝'이니 '상판때기'니 하기도 하고 그리고 코를 가지고는 '코빼기' 또 배(腹)를 가지고는 '배때기'라고 하는 몰상식한 말을 하는 이도 있다. 어디 그뿐인가. 머리를

'대가리', 입은 '아가리'라고 하는 말도 이를 가지고 이빨이라고
하는 말과 다를 바 없다.

　이처럼 그 품격을 낮추어 표현하고 있는 말, 한마디로 '상스러
운 말', 이것을 우리는 비어라고 한다.

　그런데 가령 이 비어를 그 발생과정에서 보면 은어(隱語)와 매
우 깊은 관계를 맺고 있음을 알 수가 있다. '깔치'라고 하는 말은
한때 깡패사회의 은어로서 '애인'이라고 하는 뜻이었다. 또 교도
소 안의 죄수들은 머리를 쓴다고 하는 말을 '통박 굴린다'라고 하
기도 한다. 반쪽통이 아니라 온통(둥근 것)을 의미하는 것으로써
통박이라고 한다. 또 깡패의 두목은 '왕초'라고 하기도 하는데 한
마디로 '우두머리'의 비칭이다.

　특수 사회, 특수계층에는 반드시 그 계층이나 사회에서만 통용
되는 특수한 언어(특히 어휘)가 발달하게 된다. 이것을 은어 또는
변말이라고 하는데, 애초에는 부랑자의 무리나 깡패사회 혹은 범
죄집단 등에서 그들의 행동을 감추고 다른 사람에게 알려지지 않
도록 하기 위하여 발달한 것이다.

　'바가지가 떴다'라고 하는 이 말은 '헌병이 떴다'라는 표현이 된
다. 헌병은 머리에 화이바를 쓰고 있기 때문이다. 이같은 말뜻이
확대되어 어떠한 사회이건 특수한 사회에서 발달한 말을 총칭하
여 은어라고 하는 것이다. 이 외에도 201의 숫자를 가지고 '그이',
678을 가지고는 '육체파'와 같이 여대생 간에 통용되는 언어가 있
고, 땅개(육군), 물개(해군), 마이크(입) 같은 군대에서 사용되는
은어도 있다. 이렇게 본다면 은어는 어떤 신선한 대상에 대해서
도 발생을 하기 마련이다.

　가령 산에 나는 산삼 캐는 사람들 사이에서도 이런 말이 만들
어져 있어서 다부린다(먹는다), 곤다(비가 온다)와 같은 특이한
은어가 통용되고 있다. 이렇게 볼 때, 모든 언어가 비어라고 할
수는 없겠으나 그 중 어떤 말이 일반에게 알려졌을 때 비어가 된

다고 할 수가 있다.

3. 표준어(標準語)와 방언(方言)의 구분

◑ 방언(方言)이란 무엇인가

김동인(金東仁)의 소설 감자의 글에서 방언을 찾아 보기로 하자.

"뱃섬 좀 치워 달라우요."
"남 졸음 오는데 임자 좀 치우시관."
"내가 치우나요?"
"이십 년이나 밥 먹구 그걸 못 치워."
"에구 칵 죽구나 말디."
"이년 뭘."

소설 중의 작중 인물인 복녀 부부가 칠성문 밖 빈민굴로 쫓겨 나오기 전 어느날 주고 받은 평안도 사투리인 것이다. 이렇게 지역에 따라 다른 말을 지방어(地方語), 지역어(地域語) 또는 방언(方言)이라고 한다.

대개 행정 구역에 따라 경상도 방언, 중부 방언, 전라도 방언, 평안도 방언, 함경도 방언, 제주도 방언 등으로 나누게 된다. 이 가운데에서도 가장 특징적인 지역은 제주도로서 육지 즉, 뭇사람이 들어서는 도저히 알아듣기 어려운 방언을 사용하고 있다. 예를 들어 보기로 하자.

'어멍 어성 보난 생각나라.'

이렇게 말하면 제주 사람이 아닌 사람으로는 알아 듣기가 힘들다. '어머니가 없고 보니 생각난다'라고 하는 말이다.

'저 사름 무사완 감수까?'

(저 사람이 왜 왔다가 갑니까?)

'느네 어멍 우리 집이 오랑가랑 감져.'

(네 어머니가 우리 집에 왔어 말하고 간다.)

'물이 야팡 서답 모터기어.'

(물이 얕아서 빨래를 못하겠다.)

'오랑 갈랑 갑셔.'

(와서 나누어 가시오.)

'싯당 오랑.'

(있다가 오너라.)

정말 무슨 말인지 알아 들을 수가 없다. 제주도 방언은 이토록 알아 듣기가 어렵다. 또 제주도 사람으로서 표준어를 모르는 사람과의 대화가 통역 없이는 불가능하다고 할지라도 제주도 말도 한국의 언어임에는 틀림이 없다. 이 제주도 방언은 또 음운면(音韻面)에 있어서도 특이성을 가지고 있다. 필자는 경상도 출신인데 필자의 지방 방언으로 예를 들어도,

'아아 자석 억시기 디디하지.'

(아이 녀석 참 되게 데데하지.)

라고 하는 말이 된다.

'우짤라꼬 그카노. 느검마 오면 내사 모른대이.'

(어떻게 하려고 그러니. 너희 어머니 오시면 나는 모른다.)

하는 말 뜻이 된다. 그리고 영 못 알아들을 이런 말도 있다.

'정낭 여불땅의 수굼포 가져 오니라.'

(변소 옆의 삽가지고 오너라.)

인 것인데 정낭은 '변소'이고 옆은 '여불땅'이고 수굼포는 '삽'이다. 기타 홀애비라고 하는 말도 함경북도 방언에서는 '하부래비'이고 경상남도에서는 '호부래비'다.

여우(狐)에 해당하는 각 지방의 방언만 해도 아주 다양하다. 함경도에서는 이 여우를 두고 '여끼, 영끼, 영' 등으로 불리워지고, 황해도 일부에서는 '여쾌'이며, 강원도와 경상북도 일부에서는 '여깽이, 야깨이' 충청도와 전라도 지방에서는 '여시, 여수' 경

상남도 일원에서는 '야수, 야시, 여수' 등으로 불리고 있다.

방언의 이러한 다양성은 곧 지방의 향토색과 결부되고 그것은 고향의 흙냄새와 밀착된다. 이와 같은 불편을 해소하기 위하여 제정된 것이 바로 우리의 표준어인 것이다. 이 표준어란 말하자면 어떤 언어 사회의 규범이 될 만한 말을 이를 때 하는 말이다.

◑ 표준어란 무엇인가

말, 이것은 시간이 흐름에 따라 변화한다. 필요에 따라 새 말이 생겨 나서는 성장하다가 소멸해 버린다.

가령 우리는 15세기에 'ᄀᆞᄉᆞᆯ'이란 말을 갖고 있었다. 그것이 곧 'ㅿ' 음이 소멸하고 'ㆍ'가 'ㅡ' 및 'ㅏ'로 변함에 따라 지금 우리가 쓰고 있는 '가을'이라고 하는 말로 변하게 된 것이다.

그리고 또 'ᄉᆞ랑ᄒᆞ다'란 말은 '생각하다'의 뜻이었던 것이 어느덧 사랑하다(愛)란 뜻으로 변하게 되었다. 이러한 말 중에서 우리가 'ᄀᆞᄉᆞᆯ'이나 'ᄉᆞ랑ᄒᆞ다'와 같은 옛말을 표준어로 삼는다고 하는 것이 부당하다는 사실은 불을 보듯이 분명하다고 할 수 있을 것이다.

더구나 이미 죽은 말을 다시 살려내는 일은 부득이한 경우를 제외하고는 바람직한 일이 되지 못한다. 그렇다고 하여 또 아주 시대의 첨단을 걷는 말을 표준어로 정할 수도 없다. '뻥이다, 찍싸다'와 같은 유행어는 특수한 층에서 발달한 일종의 언어로서 그것이 표준어가 되려면 전체 우리 사회가 이를 소화하여 받아들인 연후가 아니면 안 된다.

◑ 신분(계급적) 조건이란

다 같은 현대어라고 하더라도 신분에 따라 그 사용하는 말에 차이가 있다.

전통적 궁중어(宮中語)로서는 밥을 가르킬 때 '수라'라고 한다.

그리고 먹는다를 '저수신다'라고 하며, 유식계급에서는 한자말(漢字語) 즉, 문자를 많이 섞어 이야기한다.

특히 오늘날의 지식인들은 영어나 독일어, 그리고 불란서어 같은 말을 흔히 입에 올린다. 또 평민이나 하층계급에서는 계급대로 걸맞는 언어를 사용해 왔다. 이와 같은 특수어는 그것이 통용되는 그 한 계급에만 국한된 것으로 일반성이 결여되어 있다고 할 수가 있다.

이 중에서 일반에게 가장 널리 알려지고 쓰이는 말은 역시 중류계급의 말이라고 하겠다. 허나 현대에 와서 계급의 차이란 없으므로 만약 있다고 한다고 하면 유식층과 일반층의 구분이 있을 따름이다.

◗ 지방적 조건의 언어

위에서도 우리는 같은 말이라고 하더라도 지역에 따라서 각양각색의 방언이 있다고 하는 사실을 알게 되었다. 그렇다면 이 가운데서 어느 지역의 말을 표준어로 삼아야 할 것인가?

'한글 맞춤법 통일안'은 서울말을 표준어로 삼는다고 규정하고 있다. 서울은 문화의 중심지이자 정치의 중심지이며 또 교통의 중심지이기 때문이다. 그렇기 때문에 서울말은 가장 영향력이 크다고 할 수가 있다.

4. 우리말과 뒤섞인 외래어

어떤 작품이건 끝날 무렵에는 하나의 클라이막스를 갖기 마련이다. 그래서 늦어도 끝나기 직전부터 종결의 포즈까지 시간으로는 5, 6초 동안은 박수를 보내는 게 발레를 관람하는 상식인 것이다. 이번에도 작품이 끝나서 관객에게 인사를 할 때 비로소 박수가 나오기 시작하는데, 이틀째 밤 공연에만 예외의 현상이 일어났다. 공연 첫 작품인 '레실피드(공기의 정)'의 막이 오르니까 정지된 포즈를 취하고 있는 무대를 향해 박수가 울려 나왔다. 의외의 일이어서 작품이 끝나고 객석을 넘겨다 보았더니 외국인 관객이 많이 눈에 띄어 수긍이 갔던 것이다. 앙코르에 답하는 것도 3회 정도에 그쳐야지, 그 이상은 관객에게 쑥스럽고 강요하는 격이 되어 못하고 있다. 뉴욕에 있을 때 세계적인 마고트 폰데인은 무려 14회의 앙코르에 응해야 되는 것을 보았는데, 거기까지 바라지는 않지만 우리 관객은 너무도 박수에 야박한 것 같다.

　　　　　　　　　　　　　-임수남의 〈진실의 비평가〉에서.

　이상의 짧은 인용문의 글 속에서도 많은 외래어가 눈에 띈다. '레실피드, 뉴욕, 마고트 폰데인' 같은 고유명사는 두고라도, '클라이막스, 포즈, 앙코르, 발레'와 같은 외래어를 찾아낼 수가 있다. 이에 해당하는 우리네 말로서는 '절정, 자세, 재청' 등의 단어가 있다. 발레를 어떤 사람들은 현대무용이라고도 하나 현대무용과 발레가 그 의미 내용이 일치하는지 어떤지는 의아심이 간다.

　'발레'라고 하는 이 말은 아마도 전세계적 차용어가 아닐까 싶다. 여기서 우리는 하나의 경향을 찾아낼 수 있을 것이다. 그것은 우리가 사용하고 있는 외래어의 수용태도에 관한 것으로 깊이 반성해 보아야 한다고 하는 점일 것이다.

　특히나 오늘날 신문이나 잡지에 우리의 언어를 두고 마구잡이로 외래어를 집어넣고 있다고 하는 것은 참으로 안타운 일이라고 할 수가 있다.

　가령, '발레'와 같은 경우에는 어쩔 수 없다고 하더라도 버젓이 외래어에 해당하는 우리말이 있는데도 불구하고 함부로 외래어를 사용하고 있다는 사실이다. 물론 '클라이막스'의 어감과 '절정'이라고 하는 어감과는.완전히 같을 수는 없다.

　그러나 애써 우리말을 사용하기로 하면 사용 못할 것도 없다고 생각이 된다. 이러한 경향은 뭐 그리 대단할 것도 없다고 느낄지도 모르겠다. 하지만 그것은 결과적으로 외래어의 홍수를 초래하게 되어 말이 범벅이 되고 만다. 그래서 웬만한 지식의 독자가 아니면 감히 읽어볼 엄두도 내지 못하게 되는 것이다. 또 한편으로는 귀중한 우리네 언어를 잃어버리는 결과도 된다.

이 외래어는 우리말에 착용된 외국어, 이것을 말하는 것이므로 외국어와는 엄격히 구별된다. 일단 국어에 착용이 되면 그것은 외국어라고 하기는 어렵다.

외국어와는 달리 외래어는 국어에 여과, 동화되어 수용된 것으로 국어의 음문체계와 동질적인 것이 될 수 있다고 할 수가 있다. 영어의 'Lamp, Radio, Machine'의 기원이 우리말의 '람프, 라디오, 미싱'이란 국어의 외래어에서 영어의 냄새를 바로 찾아내기란 어려운 일일 것이다.

예를 들면 아나운서가 '싱거'를 '싱어'라고 발음하였다면 그는 외래어가 아니라 외국어를 말한 셈이 된다. 잘 알다시피 지금 우리나라는 세계화라고 하는 명분 속에서 외래어가 판을 치고 있다. 세계 제일이라는 미국의 영향이 바로 우리에게는 이것을 안겨 주었다고 할 수가 있다.

특히 심한 것이 정신문화와 과학문화라고 할 수가 있다. 과학문명 중에서도 특히 기계문명의 광범위한 영역에 걸친 것이나 기계문명에 관한 말들이 숱하게 눈에 띈다.

'레일, 보일러, 엔진, 센방, 레지마우시, 드라이브' 등 외에도 일상생활에 관한 것으로는 의류에 관한 말, 스포츠 술어, 교통술에 관한 말들도 있다.

그 예를 들어 보기로 하자. 미니, 맥시, 판탈롱, 샤넬라인 스커트, 즈봉, 세일러, 노타이, 넥타이, 하이칼라, 타이핀, 런닝티셔츠, 원피스, 투피스, 브레지어, 스웨터, 스카프, 레슬링, 버스, 택시 스톱, 오버이트 등등 일일이 열거하기 어려울 정도로 많다.

또 음악 방송에 귀를 기울이는 사람은 클라식, 세미클라식, 팝송, 오케스트라, 콘서트, 콩쿠르, 듀엣, 심포니, 판타지, 멜로디, 리듬 같은 외래어를 자주 들을 수 있을 것이다.

이 외에도 방가스, 맨션아파트, 스위트홈, 우리 생활과 밀접한 관계를 가진 외래어도 많다. 문자에 이러한 외래어를 사용할 때에는 세심한 주의가 필요로 된다. 문장에 등장하는 외래어는 특별히 신선하고도, 새롭고, 이국적 정취를 느끼게 한다.

그러나 이것은 몹시 아껴야 할 요소라고 할 수가 있다. 자기가 쓰는 모든 글, 혹은 어떤 글의 문장이 항상 새로운 매력과 멋을 지닐 수가 없기 때문이다.

그러므로 외래어를 쓸 때에는 반드시 쓰기 전에 한번은 꼭 이 문장에 이 외래어가 필요한가를 상고해야 할 것이다. 그에 해당하는 우리말이 있다고 한다고 하면 가능한 우리 말을 써야 할 것이다. 왜냐하면 그에 해당하는 국어의 단어가 있고 또 그로서도 훌륭한 표현을 할 수가 있는데도 외국어를 쓴다고 하는 것은 국어를 사랑하는 사람으로서는 할 수가 없는 일이기 때문이다.

5. 어형(語形)의 변화란 무엇인가

말의 형태가 변하는 것에는 두 가지 요소가 따른다.

하나는 어느 특정한 시대에 있어 어떤 음이 주위의 환경에 의하여 혹은 단독으로 변하는 경우가 있고 또 다른 하나는 시간의 흐름에 따라서 어떤 음이 일정한 변화를 입게 되는 경우이다.

언어학적 술어로서는 앞의 것을 공시적인 변화라고 하고 뒤의 것을 통시적인 변화라고 한다.

말하자면 앞의 것은 시간의 흐름을 고려하지 않는, 동일한 체계 내부에서의 변화이며, 뒤의 것은 하나의 형태가 여러 다른 시대의 체계들 속에서 어떻게 달리 나타나느냐를 반영한 변화이다.

제6장

문자(文字)에 관해서

1. 한글의 자랑

우리는 우리말 표기의 자랑스러운 수단으로 '한글'이라고 하는 우리네 문자를 가지고 있다. 민족이 자신의 언어를 기록할 수 있는 문자를 가지고 있다는 일은 정말 자랑스러운 일이다. 더구나 이것이 다른 어떠한 문자에 비하여 손색이 없다라고 할 때 자긍(自矜)을 느낀다고 하는 일은 너무도 당연한 일이다.

우리는 바로 한글이라고 하는, 이같은 경이(驚異)의 글자를 스스로 창안하여 가지고 있는 것이다. 우리 한글의 우수성 가운데 가장 두드러진 특성의 하나는 그것이 음소문자(音素文字)라고 하는 사실이다.

음소문자라고 하는 것은 언어의 음을 나타내는 표음문자(表音文字) 중에서도 음소적인 단위의 음(音)에 문자를 부여하는 단위를 가리킨다. 한글이 자음과 모음을 따로 분리하여 적는 것은 이러한 사실을 단적으로 말해 주게 되는 것이다.

인류가 어떤 과정을 거쳐 현재와 같은 문자를 사용하게 되었는가를 알고 있는 사람은 한글의 이와 같은 특성이 얼마나 귀하고 훌륭한 것인가를 알 수가 있을 것이다.

태고로 인류가 고안해낸 문자는 문자라고도 할 수가 없는 기억 보존수단으로서 막대에 눈금을 새긴다든가, 아니면 매듭을 지어 표시한 것들이었다. 그러다가 다시 발전하여 그림이라고 하는 것을 그릴 줄 알게 되자 그림문자(繪畫文字)가 나타나게 되었다.

이것이 점차 단순해지고 추상화되면서 상형문자(象形文字)가 생겨나게 된 것이다. 중국의 한문문자나 이집트의 신성문자(神聖文字), 그리고 메소포타미아의 설형문자(楔形文字) 등이 그 대표적 예라고 할 수가 있다. 이것을 가지고 흔히 우리는 지금 표의문자(表意文字)라고 부르고 있다.

현재 우리가 음소문자의 대표적인 존재처럼 알고 있는 로마자도 알고 보면 기원적으로는 이 표의문자에 속한다고 할 수가 있다. 그러나 이와는 달리 우리 한글은 이러한 과정을 거치지 않고 만들어졌다고 할 수가 있다. 한글의 창제가 바로 독창적이라 함은 바로 이를 말하는 것이다.

한글은 유사 이래로 그러한 예를 다시 찾아볼 수 없을 완벽한 문자로서 탄생한 것이다. 이렇게 독창적으로 새로 만들어낸다고 하는 일이 과연 얼마나 어려운 일인가 하는 일은 짐작하기도 어려울 것이다.

쉽게 일본인들이 만들었다는 카나(假名)를 보아도 알 수가 있다. 일본의 문자 카나는 표의문자인 한자에서 일부분을 떼어 내거나 아니면 어떠한 특정 글자를 변형시켜 저들의 글을 만들어낸 것이다. 그래서 음절문자로서 우리의 이두(吏讀)와 흡사하다고 할 수가 있다.

이와 같이 세계 대부분 나라들이 자기네 나라문자라고 자랑하고 있는 글자가 우리나라처럼 독창적으로 만들어진 것이 아니고 어떤 글자에 그 기원을 두고 있다는 것이다.

그렇다 보면 우리의 한글은 얼마나 소중하고 훌륭한 글인가 하는 것을 미루어 짐작케 하고도 남음이 있다. 누구나 다 알다시피 한글이 태어날 때의 이름은 훈민정음(訓民正音)이라고 하였다.

백성을 가르치는 바른 소리라고 하는 뜻이다. 서기 1443년 세종대왕께서 성삼문, 신숙주 등 집현전의 학사들의 도움을 받아 완성해낸 것이 바로 우리네 한글인 것이다.

한때 최만리 등의 강력한 반대 상소(上疏)에도 불구하고 3년간의 실험기를 거친 후 1446년 이를 반포하였다. 이렇게 해서 한글이 탄생을 본 것이다. 그렇다면 이 글을 만드신 세종대왕의 의도가 어디에 있는가 하는 것은 '훈민정음'의 서문에 잘 나타나 있다.

우리나라의 말이 중국과 달라 문자가 서로 통하지 아니 함으로 어리석은 백성이 말하고자 하는 바가 있어도 이를 펴지 못하니 내 이를 불쌍

히 여겨 새로 스물 여덟자를 만드노니 사람마다 쉽게 익혀 날로 씀이 편
안케 하고자 할 따름이니라.

즉 당시만 해도 중국에 의지해 오던 우리로서는 우리말이 중국
과 다르다는 것으로서 불편함을 느껴 왔던 것이다. 다시 말하자
면 중국의 말을 적는 한자로써는 우리말을 적을 수 없다고 하는
것이다.

이처럼 뼈저린 생각에 세종대왕께서는 국어의식(國語意識)에
가슴아파 하셨던 것이다. 그러나 이렇게 한글이 탄생한 것은 단
순히 국어의식인 창일에만 의존한다고 할 수는 없다. 더구나 훈
민정음과 같은 과학적인 우수성을 갖춘 것이 탄생된 것은 오로지
중국의 영향 때문이었다고 할 수가 있다.

중국에는 일찍부터 인도의 음성학이 들어와 있었다. 시(詩)의
운(韻)을 맞추기 위한 작시법(作詩法)과 함께 운학(韻學)이라고
하는 것이 들어와 발달하고 있었던 것이다. 세종대왕을 비롯한
집현전 학사들이 접한 것은 바로 이 운학에 대한 학문이었다.

그들은 단지 이 중국의 운학을 배우고 익히는 데에만 힘을 다
한 것이 아니었다. 이 바탕 위에서 학자들은 예리하게도 우리 말
을 비교한 국어를 관찰하였던 것이다. 그리하여 국어의 음운을
찾아내고 이에 합당한 문자를 새로 만들게 된 것이다.

자음 17자와 모음 11자, 도합 28자가 바로 그것이다. ≪훈민정
음 해례≫ 중 '제자해(制字解)'에는 이 제자 원리가 상형(象形)에
있음을 분명히 명시하고 있다. 이로써 종래의 구구하던 훈민정음
의 기원론이 일단락되었다고 할 수가 있다.

자음(子音)은 발음기관, 혹은 어떤 음을 발음할 때 발음기관(입
을 벌려 소리내는 모양)이 취하는 모양을 본떠 만들어졌다.

예를 들어 보면 혀 뿌리가 입천장 뒷부분에 닿는 모양을 본떠
'ㄱ'을 만들고, 혀 끝이 입천장 앞부분에 닿는 모양을 본떠 'ㄴ'을
만들었다. 입술모양을 그대로 본을 따서는 'ㅁ'을 만들고, 이의 모

양을 본떠 'ㅅ'을 만들었고, 목구멍모양을 본떠 'ㅇ'을 만들었다.

이들을 다시 기본 글자로 하고 여기에 다시 가획(加劃)을 해서 'ㄱㅋ, ㄷㅌ, ㅈㅊ, ㅂㅍ, ㅇㅎ'을 만들고 이체자(異體字) 'ㆁ'과, 반설음(半舌音) 'ㄹ', 반치음(半齒音) 'ㅿ'을 추가했던 것이다.

발음기관의 상형원리에 의해서 만들어진 자음과는 달리, 모음은 하늘, 땅, 사람의 삼재(三才), 이것을 본떠서 글자를 만든 것이다.

즉 하늘의 둥근 모습을 본떠 'ㅇ'을 만들고, 땅의 평평함을 본떠 'ㅡ'를 만들었다. 그리고 사람이 서 있는 모습을 본떠 'ㅣ'를 만든 것이다. 그리고 다시 이것을 합하여 'ㅏ, ㅓ, ㅗ, ㅜ, ㅑ, ㅕ, ㅛ, ㅠ'를 만들었다.

이들 자음과 모음은 단독으로 쓰일 수 없으며, 반드시 합자의 원리에 의하여 초(初), 중(中), 종성(終聲)이 합쳐서 한 음절을 이루도록 되어 있다.

이 밖에 훈민정음 당사자들은 방점(傍點)체계를 마련하고 있다. 방점이란 성조(聲調)를 표시하는 점으로서 글자의 왼편에 한 점 혹은 두 점을 찍게 한 것을 두고 말한다.

한 점은 높은 소리, 즉 거성(去聲)을 표시하고, 두 점은 차츰 높아가는 소리 즉 상성(上聲)을 표시하게 되어 있다. 낮은 소리 즉 평성(平聲)은 무점(無點)으로서 아무런 점도 찍지 아니 하였다.

이러한 배려는 15세기의 국어가 현대 국어와는 달리 성조언어(聲調言語)였음을 말해 주는 징표가 된다.

그러나 이렇듯 독창적이고 과학적인 훈민정음이 반포(頒布) 이래 걸어온 역정은 결코 순탄치만은 아니하였다. 훈민정음을 비하하여 일컫는 명칭의 목록만을 살펴 보더라도 이점은 명백해진다.

언문(諺文)이니, 암글이니, 반절(半切)이니 하는 등등의 별명이 붙여진 것만 보아도 알만 할 것이다. 이것이 한글이란 이름으로 불리어지게 된 것은 해방 후의 일이다. 일제 아래서 국어운동

142

이 민족운동과 결부된 데서 비롯되었다고 할 수가 있다. 우리글을 처음 한글이란 이름으로 사용한 분은 주시경(周時經) 선생님이라고 전한다.

그렇다면 어째서 훈민정음이 이러한 역경을 겪어야 하였던가? 예를 들어 본다고 하면 다음과 같은 상상을 해보면 쉽게 알 수 있을 것이다. 만약 우리가 글을 갖고 싶어 하던 최초의 시기에 훈민정음과 같은 글씨가 창제되었다면 어떻게 되었을까 하는 것이다.

여기서는 다음과 같은 회답이 생기게 된다. 그러니 훈민정음은 아마도 우리에게는 유일무이한 표기수단으로서 민족의 수단을 독차지 했을 것이다.

그러나 우리의 사정은 그렇지 못했다. 이것을 역설적으로 말을 한다면 훈민정음을 사용할 당사자들이 중국의 운서를 이해하고도 남을 만큼 깊이 한문문화에 젖어 있었다.

그뿐만 아니라 당시의 중국은 문화사상의 근원지라고 믿고 있었다. 그러므로 한문에는 그들의 유구한 전통, 빛나는 역사의 발자취가 어려 있었다. 이래서 우리 민족이 사용하던 한자가 단순하게 문자 없는 민족의 표기수단이었을 뿐이라고 생각하였다면 큰 오산인 것이다.

우리 민족의 지식층의 대부분은 적어도 정신적으로는 중국을 의지하여서 살아 왔다고 해도 과언은 아닐 것이다. 이토록 중국의 영향은 강대하였던 것이다.

이때 훈민정음이 출현한 것이다. 그러니 자연 훈민정음은 중후한 한문문화에 눌릴 수밖에 없었고, 제대로 성장, 발전할 수가 없었다. 허나 한편 생각해 보면 이 훈민정음이 신장되지 못한 데에는 미묘한 정치적 요인도 작용하였다함은 부인할 수가 없을 것이다.

세종대왕의 창제 이후 단종 복위운동의 실패와 연산군의 학정을 들 수가 있다. 단종이 수양대군에 의하여 폐위되자, 세종대왕을 도와 훈민정음 창제에 힘썼던 대부분의 학사들이 그 복위를 위하여 일어섰기 때문이다. 그러나 이들은 실패를 했고 사육신이라고 하는 이름으로 애석하게 처형되고 말았다. 이들의 죽음의 이유, 이것은 과연 무엇일까? 이들은 충을 위하여 순사(殉死)했다라고 할 수가 있다.

그러나 이들 훈민정음의 측면에서 볼 때는 가장 불행한 결과가 초래되었다고 할 수가 있다. 바로 훈민정음을 갈고 닦고 그 연구를 이어갈 학자들이 죽었기 때문이다.

그런 후 다시 연산군의 학정, 이것도 역시 저해요인이 되었다고 할 수가 있다. 연산의 학정이 최고조에 달하자 대궐 주위에서는 뜻있는 학자들의 낙서가 심해졌고 투서 역시 빗발치는 듯하였다. 이것들이 공교롭게도 바로 이 훈민정음으로 되어 있었던 것이다. 이에 연산군은 노발하여 훈민정음의 사용을 금했던 것이다.

이와 같은 정치적 혼란이 어지간히 수습되고 나라가 안정된 중종 때에 와서 최세진이라고 하는 어학자가 나타나게 되었다. 한글 자모의 이름이 기역, 니은, 디귿 하고 정해진 것은 그의 훈몽자회(訓蒙字會)라고 하는 범례가 시작됨으로 인한 것이었다. 이제 이 한글은 우리의 글이요, 우리말의 표기수단인 것이다. 우리말 가운데는 물론 수많은 한자어가 있기는 하지만 이미 이 한문 대결의 시대는 지나갔다고 할 수가 있다. 한자어(漢字語)의 소멸 이것만이 숙제로 남아 있는 것이다.

2. 표기법의 변천사

◑ 훈민정음 이전

음성언어에 시각적인 기호를 부여하는 일, 이것을 표기라고 하며 이것이 체계화되었을 때 이를 표기법이라고 부른다.

이에 대해 표기의 규범적인 체계를 특히 정서법이라고 한다.

이 땅에 표기다운 표기가 비롯되게 된 것은 한자(漢字)가 수입되므로 인해서이다. 이 땅의 선인들은 어떻게 해서든지 이 한자의 음이나 또는 석(釋)을 이용하여 우리의 말을 표기해 보고자 끈질기게 노력했던 것도 사실이다.

그들은 한자가 중국말을 적기 위해서 만들어진 것이며, 그것이 우리말을 적기에는 적당치 않다는 사실을 뼈저리게 느끼게 된 것이다. 그러한 노력이 가장 원시적인 형태로 나타난 것이 1940년 5월, 경주의 석장사(石丈寺) 뒤 언덕에서 발견되어 현재 경주 박물관에 소장되어 있는 것이 있다.

이것은 '임신서기석(壬申誓記石)'의 기록이다. 이를 그대로 옮기면 아래의 한문 기록이다.

壬申年 六月 十六日 二人幷誓記 天前誓 今自三年以後 忠道執持過失 无誓 若此事失, 天大罪得誓. 若國不安大亂世 可容行誓之. 又別先辛未年 七月二日大誓, 詩尙書禮傳倫誓三年.

이는 한자 단어를 우리말 순서대로 늘어 놓은 것으로 우리 말식의 한문 작문이라고 할 것이다. 글자의 차례를 바꾸지 않고 그대로 번역해 보면 아래와 같다.

임신년 6월 16일에 두 사람이 함께 맹세하고 기록을 한다. 하늘 앞에 맹세하기를 이제부터 3년 후 충성된 도리를 지녀 가지고 과실이 없기를 맹세한다.

만약 이 일이 잃어지면 하늘에 크게 죄를 얻을 것을 맹세한다. 만약 나라가 불안하고 크게 어지러운 세상이라도 가(可)히 용납하여 행할 것을 맹세한다. 또 따로 앞서 신미년 7월 2일에 크게 맹세했으니 시(詩), 상서(尙書), 예기(禮記), 좌전(左傳)을 차례로 습득할 것을 맹세하되 3년으로써 했다.

이상이 한문글의 해석이다. 훈민정음이 창제되어 지금은 혁거

세(赫居世)를 '혁거세'라 읽고 있으나 당시는 불구내(弗矩內)와 비슷한 음으로 읽었을 것이 분명하다.

특히 이두라는 명칭으로 이러한 한자 차용 표기를 총칭하는 일도 있으나 이는 분명히 잘못된 것이다. 이두라는 말은 대명률직해(大明律直解)에 처음 나오는 말로서, 신라시대에 이미 이런 말이 있었는지가 의문이다. 이 ≪大明律直解≫ 발문에는 이두를 설총(薛聰)이 지었다고 밝히고 있다.

그러나 이두와 같은 방대한 체계가 설총 개인의 힘으로 이루어졌다고는 믿기가 어렵다. 당시 이미 널리 관용되던 것을 설총이 정리를 하였다고 봄이 옳을 것이다. 이두어란 매우 특이하고 기형적인 표기법이다. 아래의 예를 들어 보기로 하자.

二塔 天寶 十七年戊戌中 立在之 甥姉妹三人業以 成在之

여기서 우리는 이두의 단적인 면모를 살펴볼 수 있다. 이두란 순수한 한문도 아니고 그렇다고 순수한 우리말을 적은 것도 아니다.

그것은 단순히 한자를 국어의 문장 구성법, 즉 어순에 따라서 고친 것이다. 이것은 흡사 'Acat가 A Rat를 Catch 한다'라 하는 것과 비슷하다. 이것은 순수한 영어 'A Cat Catchesa rat'도 아니요, 순수한 국어도 아니다.

향찰(鄕札)이라고 하는 이름은 균여전(均如傳)에 나타난다. 다시 말하자면 신라시대의 향가 표기법을 부르는 이름이다. 이것은 한자의 새김과 음을 이용하여 국어의 문장 전체를 그대로 표기하는 방법을 말하고 있다. 신라시대의 한자 차용 표기법이 최고로 발달한 단계라 할 것이다. 다음은 ≪삼국유사(三國遺事)≫에 실려 있는 '처용가(處容歌)' 이것을 원문 그대로 옮기고 이것을 신라어(新羅語)에 가깝게 읽어 본다.

東京明期月良　　서별 볼기드래

146

夜入伊遊行如何	밤드리 노니다가
入良沙寢矣見昆	드러사 자리 보곤
脚烏伊四是良羅	가　리 네히러라
二肹隱吾下於叱古	둘은 뉘해언고
二肹隱支下焉古	둘은 뉘해언고
本矣吾下是如馬於焉	본디 내해이다마
奪叱良乙何如學理古	아사 엇디 리잇고

그리고 향찰이나 이두와 구별이 되는 구결(口訣)이라고 하는 것이 있는데, 이것을 한문으로 읽는다. 도움이 되도록 조사(助詞), 동사(動詞)의 어미 등을 달아 읽음을 말한다. 국어를 표기하려는 이와 같은 끈질긴 노력에도 불구하고 한자의 새김과 음을 착용하여 효과적인 표기법을 만들려는 노력은 실패로 돌아갔다. 그 이유에 대하여 이희승은 이렇게 보고 있다.

① 고려시대에 이르러 500년은 신라조보다 한문이 더욱 보급되어 있어서 자유로운 속문(屬文 : 글을 짓는다는 뜻)하는 사람이 많아졌다고 하기 때문이다. 따라서 향가식으로 한자를 이용하지 아니하더라도 순한문의 문장으로 충분히 의사를 표현할 수 있게 된 일이 있다.

② 우리말은 그 음운조직(音韻組織)이 심히 복잡다단하여 한자의 음과 주석을 빌더라도 어음(語音)대로 표현하기는 어렵다. 한자차용 표기에 성공한 일본의 예를 들어보면 이점이 분명해 진다.

일본어는 모음이 5개, 탁음(濁音)을 제외한 자음은 9개밖에 안 된다. 이것은 원칙적으로는 종성이 없는 말이 된다. 그러므로 한자의 음만 빌리더도 일본어의 발음은 표기 못할 것이 없다.

그러나 과거 우리 말의 모음은 'ㅏㅑㅓㅕㅗㅛㅜㅠㅡㅣ, ㅐㅒㅔㅖㅚㅟ, ㅣㅘㅙㅝㅞ' 등 23개나 되고, 자음의 수효도 많다. 더구나 종성(終聲)은 한자음에 없는 것이 많을 뿐만 아니라, 둘받침까지도 여럿이 있어서, 현대의 철자법과 같이 받침의 종류를 늘이지 않더라도 십여 종의 받침이 있었다.

이와 같은 상태이므로 가령 한자를 이용하여 향가식으로 우리말을 표기한다고 하더라도, 그 문면과 실재의 발음과의 사이에는 상당한 차이가 있었을 것이다.

그러므로 그러한 표기방식을 사용하는 사람들은 항상 적지 않은 고통을 느끼었을 것이다. 차라리 순 한문 그대로를 사용하는 편이 그 사상을 표현하기에 아무 고통과 불편을 느끼지 않을 것이다.

그 까닭은 한자를 이용하여 우리 말을 표기할 수 있는 정도의 사람이라고 한다면 이미 상당한 한문실력을 갖추고 있는 사람이 될 것이다. 그래서 향가식 한자 이용방법은 그만 단념하고 만 것이 아닌가 싶다.

한자 차용표기법의 이러한 실패와 단절은 훈민정음의 빛나는 창제를 생각해 볼 때 어쩌면 우리의 오늘날에는 크나큰 다행이었다고 아니할 수가 없다. 만약 그러한 시도가 성공을 거두었다고 한다고 하면 지금 한글과 같은 우수한 문자를 가질 수 없었을 것이다.

아마 일본의 '카타카나'와 유사한 어떤 문자 자체를 쓰고 있으리라고 하는 것을 쉽게 상상할 수 있을 것이다. 역사의 큰 흐름 속으로 훈민정음의 창제를 바라볼 때 그것은 그만큼 더 큰 선조들의 희생 위에서 이루게 된 것이기 때문에 더욱 값지다고 할 수가 있다.

◐ 훈민정음 이후

훈민정음은 앞서 이야기한 바와 같이 초성(初聲) 17자, 중성(中聲) 11자로 모두 28자였다. 여기서 이른바 각자병서(各自並書) 'ㄲ, ㄸ, ㅃ, ㅆ, ㅉ', 다섯자와 합용병서(合用並書) 등과 연서(連

書)로 이루어진 순경음(脣輕音) 'ㅸ'이 부가되었다.

훈민정음의 창제 당시에는 이들이 모두 국어 표기에 사용되었으나 'ㅎ'자와 'ㅸ'자는 한자음을 제외한다면, 다만 1440년대와 50년대의 문헌에 주로 나타나며, 성종대(成宗代) 이후에는 국어표기에서 사라진다. 'ㅸ'은 'β'의 음가를 가졌던 것으로 추정되는 글자로 애초 훈민정음체계에는 들어 있지 않던 글자이다.

'β'는 일반적으로 'W'로 변했고, 특수한 경우에 'ㆁ(零)'으로 변했다.

예를 들어보면 '더버'가 '더위'로, '어려본'이 '어려운'으로 '스ᄀᆞ볼'이 '스ᄀᆞ올'로, '글발'이 '글왈'로 변한 것이다. 'ㆍ'은 'ŋ'의 음가를 가졌던 것으로 추정되는 글자이며, 훈민정음 창제 당시에는 종성뿐만 아니라, '이아(綃), 바올' 등과 같이 초성에서도 쓰였던 것인데 점차 초성에서는 쓰이지 않게 되었다.

그 뒤 'ㆁ'자는 받침으로만 쓰이다가 'ㅇ'자에 합류되어 아주 없어진 것은 17세기에 들어와서의 일이다. 'ㆁ'자는 글자만 없어졌을뿐 그 음가는 지금 받침으로 쓰이고 'ㅇ'자에 그대로 남아 있다.

반치음(半齒音), 'ㅿ' 자는 'Z'의 음가를 가진 것으로 추정이 된다. 임진왜란(壬辰倭亂) 이후의 문헌에는 'ㅇ'자에 대치되어 아주 없어지고 만다. 'ㆍ'는 'ʌ'의 음가를 가졌던 것으로 추정되는 글자로 표기상으로는 20세기까지 남아 있었다.

그러나 그것은 의고적(擬古的)인 혹은 보수적인 표기에 불과하다. 'ʌ'가 그때까지 존속했으리라고는 생각할 수가 없다. 제 1음절 외의 'ㆍ'는 이미 16세기의 70년대와 80년대에 '으'나 '오'로 변하고 있기 때문이다.

제1음절에 있어서의 'ㆍ'의 변화는 16세기의 80년대 문헌인 '소학언해(小學諺解)'에 'ᄒᆞ리' '흙'으로 나타난다. 이것이 그 최초의 변화인 것으로 주목되고 있다.

제1음절에서의 'ㆍ'가 소멸하여 'ㅏ'가 된 것은 18세기 후반 일어난 것으로 추측되고 있다.

훈민정음 이후 한글맞춤법 통일안에 이르기까지의 표기법 중 중요하다고 사료되는 원칙 예를 들어보기로 하자.

① 당시의 표기법은 명사 및 동사 어간의 비자동적교체(非自動 的交替)는 물론 자동적교체도 이를 반영하였다. 가령 예를 들어본다면 형태소(形態素)에는 'Kaps', 'Kap'이란 두 이 형태가 존재한다. 이를 '갑시다', '갑도'와 같이 적은 것과는 좋은 대조를 이루고 있다 15세기의 표기법이 대체로 음운 중심이라고 한다면 현대의 표기법은 대체로 형태 중심이라고 할 수가 있다.

② 어간말(語幹末)인 자음 다음에 오는 음절의 첫 음(音)이 모음일 때에는 원칙적으로는 내려 썼다. 예를 들어 보면, 현대 정서법에 있어서는 '먹으니'와 같이 쓸 것을 15세기에서 비롯되는 표기법은 이를 '머그니'와 같이 썼던 것이다.

③ 받침은 원칙적으로는 ㄱ, ㄴ, ㄷ, ㄹ, ㅁ, ㅂ, ㅅ, ㅇ의 8자로 제한하였다. 이를 흔이 '종성8자 제한통칙(通則)'이라 한다. 종성(終聲) 즉 받침으로 위의 8자만을 사용한다는 것이다. 어떤 이들은 이같은 규정이 최세진의 훈몽자회(訓蒙字會)에서 생긴 것이라고 하여 한때 최세진을 비난한 바가 있다. 그러나 '훈민정음 해례'가 발견됨으로써 8 종성법은 이미 훈민정음 창제 당시부터 있었음이 분명해졌다.

④ 표기법에 있어 또 특징적인 것은 띄어쓰기와 문장부호를 거의 무시하였다고 하는 점이라고 할 수가 있다. '줄 글' 같은 형태는 띄어쓰기를 하지 않으므로써 생겨난 것이라고 할 수가 있다.

띄어쓰기를 처음으로 시작한 것 '독립신문' 제1호 사설이었으니, 띄어쓰기의 역사는 아주 일천하다고 말할 수 있을 것이다. 문장부호의 경우는 '독립신문'에 조차 '궐자(闕字)' 외의 경우는 쓰이지 않았던 것이다.

문장부호는 1910년대와 20년대의 문학작품 등에 산발적으로 쓰이다가 '한글 맞춤법 통일안'이 제정됨으로써 그 사용법이 확립되게 되었던 것이다.

◑ 현대의 정서법이란

우리가 현재 사용하고 있는 맞춤법의 기본 원리는 '한글 맞춤법통일안' 총론에 그 대강(大綱)이 규정되어 있다. 이것은 아래와 같이 3항으로 되어 있다.

① 한글 맞춤법은 표준말을 그 소리대로 적되 어법에 맞도록 함으로써 원칙으로 삼는다.

② 표준말은 대체로 현재 중류사회에서 쓰는 서울말로 사용을 한다.

③ 문장의 각 단어는 띄어 쓰되, 토는 윗말에 붙여 쓴다.

현대 정서법의 기본 원리는 위의 3항중 제1항에 그친다. 제2항은 표준말에 대한 규정으로 실제 표기법의 문제와는 직접적인 관련을 맺고 있지 않다. 제3항은 제1항의 한 부칙과 같은 역할을 한다. 그러므로 현대 정서법의 요체(要諦)를 파악하기 위해서는 제1항이 내포하고 있는 모든 관련 의미를 음미해 보지 않으면 안 된다.

제1항은 적어도 세 가지에 대한 규정을 포함한다. 첫째 표준말을 적어야 한다고 하는 것, 둘째, 표준말을 '소리대로' 적어야 한다는 것, 셋째 '소리대로' 적어서만은 또 안 되며 이것이 '어법에 맞도록' 해야 한다는 것이다.

여기서 문제는 '소리대로 적되'와 '어법에' 맞아야 한다고 하는 것이다. 여기서 문제는 '소리대로 적되'와 '어법에 맞도록'이란 두 규정일 것이다.

그런데 실제로는 '어법에 맞도록'이란 말이 의미하는 것은 구체적으로 '원형을 밝혀 적는다'라는 것이다. 이러한 규정은 실제에 있어 현대 정서법을 표음주의(表音主義)와 어음표시에 기인한 접목이 되게 하고 있다.

예를 들어 보면 현대 정서법이 어렵고 복잡하다고 하는 데에 어떤 이유가 있다면 그 전적인 책임이 규정 속에 포함되어 있다고 할 수가 있을 것이다.

3. 한자(漢字)에서 받은 영향

우리의 국어는 한마디로 가장 크게 그리고 또, 오랫동안 접촉 관계를 맺어온 것이 사실이다. 우리말을 표하기에 적합한 문자를 갖기 전에 맺어진 중국과의 이러한 깊은 유대를 가지고 있다.

당시 중국어라고 할 수가 있는 문화적 우위(優位)에 있었던 언어 이것 자체뿐만 아니라, 중국어를 표기하고 있는 한자(漢字)와 그것을 문장으로 표현하는 한문(漢文)에 의하여 막대한 영향을 받지 않을 수가 없었던 것이다.

애당초에는 몇 개의 중국어 어휘를 수입하는데 시작된 이 중국어 착용(着用)의 단계는 문화적 접촉이 깊어감에 따라 어느새 문자, 곧 한문자의 새김과 음(音)을 빌어 우리말 문장을 표기하는 식의 이른바 향찰(鄕札) 표기법도 창출해 내기에 이르렀다.

그러나 이러한 임시적이요, 불안전한 표기법에 만족할 수 없었던 우리의 선조들은 문화교류를 통하여 중국 글씨인 한문을 받아들임으로써 문장생활을 영위하게 되었다. 한문, 이것은 우리 언어와 그 구조를 달리하는 중국어 문장의 표기였기 때문에 이 땅에는 결과적으로는 언어의 문자생활이 분리되는 비극을 초래하였다.

즉 일상의 대화를 위해서는 우리 말을 사용하며, 기록을 위해서는 중국씩 한문을 사용하는 것이 오랜 관례가 되었다. 말하자면 문어(文語)와 구어(口語)의 이중성이 확립되어 개화 이후 언문일치운동(言文一致運動)이 일어나 새로운 문제가 형성될 때까지 실로 천수백년 간을 흘러온 것이라고 할 수가 있다.

한문자 글을 하나 예로 들어 보기로 하자.

道戰者何也, 曰天時不如地利, 地利不如人和, 人和之策, 非道不能, 曰
以道和民 , 則無爲而治可也, 歸之於戰, 則不可曰不燃. 君子知德, 風也,
小人之德, 草也, 道之所存, 德之所行, 望風而不偃資, 未之有也. 夫大德,
化被草木, 賴及萬方也, 現今天運泰通, 風氣大關, 遐邇一體, 率濱同歸,
玆曷古焉國, 各有國教, 一款, 主常者開明文化也 , 蓋以先開之道, 加彼
未之國, 行其德 ,化其民 , 則民心所歸, 沛然如水, 盒曰民惟邦本乎, 其本
不全, 而其邦獨全者, 未之有也, 是故, 世界各國, 各守文明之道, 保其民,
教其職, 使其國, 至於泰山之安, 此無乃道前無敵者乎. 正伐所倒, 雖有億
萬之衆, 各有億萬心, 道德所及, 雖有十室之忠 , 同心同德, 保國之策, 有
何難矣哉. 然則, 天時地利, 無盒於施措乎. 曰治之時, 田野闢, 風雨順 , 山
川草木, 皆有精彩, 天時地利, 無乃人和中可致者乎. 所以吾必曰可戰者
道戰也.

이상의 한문 글을 해석하면 다음과 같다.

도전(道戰)이란 무엇인가 '하늘의 때는 땅의 익만 못하고 땅의 익은
사람이 화합하지 못한다'라고 하였다. 인화의 계책은 도가 아니면 될 수
가 없나니라.

도로서 백성을 교화시키면 스스로 다스려질 것이니 그것은 무방하되
도전에 대해서는 불가하다고 말할 수가 있겠지만, 그것은 그렇지 않다
고 할 수가 있다. 군자의 덕은 바람과 같으며, 소인의 덕은 풀과 같으니
도가 있고 덕을 행하는데 바람을 따라서 눕지 아니하는 풀이 없겠기 때
문이다.

대개 큰 덕은 교화가 초목에 미치고 신뢰가 만방에 미쳐질 것이다. 지
금 천운이 크게 통하여 풍화의 기운이 크게 열리니 먼데와 가까운 데가
한덩어리요, 많은 사람이 한가지로 돌아가나니 이것은 무슨 까닭이라고
할 수가 있을 것인가?

어느 나라든지 각각 국교(國敎)가 있어서 한결같이 주장하는 것이 개

명문화인 것이므로, 대개 먼저 개명한 도로써 저 개명하지 못한 나라에 가서 그 덕을 행하고, 백성을 교화하면 민심의 돌아가는 바가 물이 아래로 흐름과 같은 것이다.

'원래 백성은 나라의 근본'이라고 말하지를 않았던가. 그 근본이 건전하지를 못하고 그 나라만이 혼자서 건전할 수만 없는 것이다. 그러므로 세계 각국이 각각 문명의 도를 지켜서 그 백성을 보호하고 그 직업을 가르치며 그 나라로 하여금 태산과 같이 평안토록 하기에 이르렀으니 이것이 '도 앞에는 대적이 없다'라고 하는 것이 아니고 무엇이겠는가.

힘으로써 다스릴 때에는 비록 억만의 많은 백성이 있을지라도 각각 억만 가지 생각을 갖지만 도덕으로써 교화할 때에는 비록 열 사람의 충성이나마 생각이 같고 덕이 같으리니 보국안민의 계책이 무슨 어려움이 있겠는가? 그러면 하늘의 때와 땅의 이익은 베풀어도 이익됨이 없지 않겠는가.

잘 다스려질 때에 토지가 살지고 비와 바람이 순해서 산천초목도 정기가 빛날 것이니, 하늘의 때와 당의 이익도 인화 중에서 오는 것이 아니고 무엇이겠는가. 그래서 나는 말하기를 할 만한 싸움은 '도전'이라고 하노라.

라고 하는 뜻이다. 이상은 독립선언서의 33명 중 한 분으로 되어 있는 손병희(孫秉熙) 선생이 동학란의 실패로 일본에 망명해 있다가 1902년 동학세력의 선봉적 임무를 강조하기 위한 교양자료로써 일본에서 붙여온 글이었다.

순 한문 문장으로써 우리들은 이 글의 뜻을 알기 위해서는 번역이 필요하다. 고려조 이후 구한말에 이르기까지 양반 계급이 사용해온 소위 우리의 문자라고 할 수가 있다.

만약 이 손병희 선생의 국적이 한국이 아니었다고 한다면 위 글에서는 한국인이 쓴 글이라고 하는 표시는 한 곳도 없다.

이것은 한자로서 쓴 완전한 중국문장인 것이다. 이 사실 하나만을 보더라도 중국이 한국에 끼친 영향이 얼마나 큰가 하는 것은 짐작하고도 남음이 있을 것이다. 또 한 예를 들어 보기로 하자.

생하려는 의지! 생하려는 努力! 천하에 이보다 偉大한 세력이 안재하며 이보다 奇異한 現象이 안재하뇨. 일성의 천에 麗함도 此오 산악의 지에 峙함도 此 人類社會의 복잡한 事象과 생물세계의 激烈한 활동이 無非, 此의 顯示表現이요, 이른바 生存競爭, 문명발달이 無非, 此의 衝動激成이오, 萬有一切의 成佳攘空이 無非, 此의 轉變合成이니 요하건대 우주인새이 總히 차의지의 표현이요 노력의 결과이라. 생하려는 意志가 강하고 생하려는 노력이 大 한자는 存在하며 繁형하여 昌大하고 弱小 者는 消滅 하며 萎縮 하며 枯稿하는도다.

이 글은 육당 최남선(崔南善)이 1917년에 쓴 '노력론(努力論)'의 일부 글이다.

이 글의 가장 두드러진 특성의 하나는 소위 개념어(槪念語)가 한자로 되어 있다고 하는 사실이다. 한글로 쓰인 부분은 토씨거나 어미(語尾)에 지나지 않는다고 하겠다.

그러나 이 글은 누가 보아도 한국의 글임은 틀림없는 사실이라고 하겠다. 문장의 구성법이 국어가 아니고는 가질 수 없는 특이성을 가지고 있기 때문이다.

한 예를 든다면 한글 부분을 모두 제거하고 읽어 볼 경우 한문 구성은 불가할 것이다.

여기서 주의를 요하는 사실은 개념어가 모두 한자어로 적혀져 있다는 사실이다. 개념어라고 하는 것은 어떤 민족이 이룩한 정신문화(혹은 물질문명)의 언어적 흔적을 일컫는 것이다. 그것은 인류가 도달한 문화의 여러 단계이며 그 발자취라고 할 수가 있는 것이다.

그렇기 때문에 수많은 개념어를 가진 민족과 갖지 못한 민족 사이에는 건너 뛸 수 없는 도랑이 놓여 있다고 하여도 과언은 아닐 것이다.

그러나 중국을 통하여 들어온 수많은 개념어는 우리 민족을 압도하기에 충분하였으며, 우리 스스로 모르는 사이에 문화적으로 깊이 중국에게 침식당한 것이 사실이다.

그 결과 우리 민족 스스로가 어떤 고유한 사상에 도달하였다고 하더라도 그 사상은 이미 있는 한자어를 통하여 표현되거나 한자어를 결합하여 새로운 개념어를 만들게 되거나 어느 한 가지인 것이다.

한마디로 한자어는 이런 점에서 우리 문화의 토양이라고 하여도 지나친 말은 아닐 것이다. 그간 우리가 주장해 왔던 한자폐지(漢字廢止)와 같은 기계적인 수술이 성공하지를 못하는 것은 바로 이러한 점 때문이라고 할 수가 있다. 만약 이것을 완전하게 수술할 수가 있다면 그것은 사람의 심장 일부를 떼내는 것과 같은 것이 되는 것이다.

즉 다시 말해서 심장의 일부를 떼내는 것과 같은 희생과 고통 없이는 한자를 몰아낼 수 없다. 문제는 이보다 훨씬 심각하다고 할 수가 있다. 그것은 국어에 차지하고 있는 위치가 기생충적인 것이 아니기 때문이다.

국어는 오랫동안 한자에서 필요한 자양을 흡수해 왔다고 할 수가 있다.

그 중에서도 한말(韓末)에 일어난 국어 운동은 한자에 중독된 국어에다 신선한 활력소를 불어 넣은 것이라고 할 수가 있을 것이다. 이 운동이 시작된 것은 우선 당시의 신문이었다.

그 중에서도 의식적으로 순 국문을 쓰면서 동시에 순 국문체의 수립을 시도한 것은 1896년 4월 7일자로 창간을 본 〈독립신문〉이었다.

당시 독립협회의 기관지로서 출발한 이 〈독립신문〉은 자유 그리고 평등을 표방하고 스스로 민중의 계몽기관으로서 당시 특권계급의 손에서 농락되는 문화를 대중 속에 널리 퍼뜨리는 민주주의적 이념을 세우기 위해 힘을 기울였다.

그 외는 〈독립신문〉과 〈제국신문〉 외에도 순 국문 신문으로서는 1898년 창간한 〈경성신문〉과 〈매일신문〉 등이 있었다. 그러나 같은 해에 창간한 〈황성신문〉은 애초부터 국한문체를 사용하였다.

그 한 예로는 1905년 11월 7일 보호조약(제2차 한·일 협약) 체결 때 황성신문은,

'是日也放聲大哭!'

이라는 명문구를 남겼다.

그러나 이것은 여전히 상류층을 독자로 삼는 특권적 성격이 있어서 개운치 않았다고 할 수 있다.

그 후 1919년 4월 1일 창간된 〈동아일보〉, 그해 3월 2일에 창간된 〈조선일보〉는 모두 정치, 경제면을 국한문 혼용으로 썼으며, 일반 대중의 흥미의 표적이 되는 사회면 등만 국문으로 썼는데 이와 같은 전통이 지금까지 그대로 지켜지고 있는 셈이다.

제7장

문장의 종류에 관하여

1. 논설문을 이해하고 쓰는 요령

옛날 중국에 있었던 위(魏)나라 문제(文帝)는 '문장 이것은 곧 경국지대업(經國之大業)이다'라고 말 한 일이 있다. 그뿐만 아니라 외국어 어느 신문의 주필은 '내가 한번 붓을 들면 내각을 3일 이내에 넘어 뜨릴 수 있고, 새로 일으켜 세울 수도 있다'라고 장담한 일이 있었다. 이것만 봐도 논설문의 힘이 얼마나 큰가를 알 수가 있다. 다시 말해서 논설문의 힘을 말한 것이다.

작게 보아 한 사회, 크게 보면 한 국가, 그리고 더 나아가서는 전 세계와 인류, 대체로는 동일한 생활과 운명에 살고 있으나 사람마다 각기 다른 개인의 감정, 의견은 모두 동일 한 것이 아니고 하나 같이 다르다. 어떤 일에서나 10인 10색 아니면 만인 만색으로 생각 같지 못하므로 의견과 의견이 달라 자칫 잘못하면 충돌을 면하기 어렵다. 그래서 모든 자질구레한 의견은 묵살하고 대중을 지도할 만한 최선의 의견이 영원히 필요하다고 할 수가 있다. 그래서 어느 누구나 사회에, 세계에 자신의 주장과 의견을 발표할 권리가 있다. 권리, 이것뿐만 아니라 자기 의견이면 한시 속히 발표하고픈 충동을 느끼게 된다.

문화 전반에 그리고 시사 일체에 어느 한 문제를 갖고 자기의 의견을 진술한다. 이러한 주장이 공명을 일으켜서 민중의 감정으로 혹은 의지적으로 자연히 자기편으로 따르게 하는 것이 바로 논설문인 것이다.

대체로 논설문은 자기 혼자 즐겨 쓰는 글은 아니다. 언제나 민중을 독자로 한다. 그러므로 대체로 민중의 심중에 자극을 주어서 여론의 선봉이 될 것을 이상으로 한다.

이 논설문의 형식에 대하여는 사람에 따라, 또 경우에 따라 얼마든지 달라질 수가 있으나 가장 널리 많이 쓰이고 있는 온당한 형식은 다음과 같이 들 수가 있다.

서론(序論) ─ 입론(立論) ─ 기(起)

본론(本論) ─ 논술(論述) ─ 승(承)

보설(補說) ─ 예증(例證) ─ 전(轉)

결론(結論) ─ 논단(論壇) ─ 결(結)

그러므로 논설문은,

① 논설의 제목이 될 사물을 충분히 이해해 둘 것.

② 자기의 위치와 처지를 분명히 할 것.

③ 논지를 명료히 할 것.

④ 공평무사한 태도로 임할 것.

⑤ 사실에 입각하여 입론을 할 것.

⑥ 예증은 적절한 실례(實例)를 인용할 것.

⑦ 자신의 열성을 토론토록 할 것.

⑧ 논적의 소론을 공격하자고 하면 그 논거를 잘 이해하고 파악할 것.

⑨ 용어를 정확, 정당하게 쓸 것.

⑩ 문체를 힘있고 굳세게 꾸밀 것.

이상이다. 그러므로 논설문의 중요 부분을 이루는 것은 명제(命題)와 증명이라고 하는데 이상 설명한 바에 따라서 이해하여야 한다. 명제라면 지금부터 증명하려고 하는 이름이다. 여기에는,

① 너는 사람이다.

② 너는 사람이 아니다.

라고 하는 두 가지 형식이 있다. 앞의 것을 바로 긍정명제(肯定命題)라고 이름할 수가 있고, 뒤의 것은 부정명제(不定命題)라고 할수가 있다. 증명이라고 하는 것은 이 명제에 대하여 여러 가지 증거를 들어 그것을 논하는 것을 두고 하는 말이다. 이 증명의 방법에 있어서는 연역법(演譯法)이라고 하는 것과 다시 귀납법(歸納法)이라고 하는 것이 있다.

연역법이라고 하는 것은 넓은 의미의 명제를 기초로 하여 좁은

의미의 명제를 증명하는 것이다. 곧 이것은 일반적인 원칙에서 하나하나의 특수한 경우로 차차 넓게 해나가는 방법이다. 이를테면,

  ⓐ 모든 사람은 반드시 죽는다.

  ⓑ 그는 사람이다.

  ⓒ 그러므로 그는 죽는다.

라고 하는 것과 같은 것이다. 곧 ⓐ라고 하는 넓은 의미의 명제(단정)에서 '그'라고 하는 한 개인을 추론하였다. 이런 방법을 다른 의미로는 삼단(三段) 논법이라고 한다. 그 제1단 ⓐ를 대전제라고 하며, 제2단 ⓑ를 소전제라고 한다. 그리고 제3단 ⓒ를 결론이라고 한다. 그리고 귀납법이란 하나하나 일어난 사실을 많이 보아서 그것을 증거로 삼아서, 일반적인 넓은 의미의 단정을 내리는 방법이다. 곧 개인의 특수한 경우에서 하나의 움직이지 않는 원칙을 밝혀내는 방법이다. 이를 테면,

  ⓐ 공자도 죽었다.

  ⓑ 석가도 죽었다.

  ⓒ 소크라데스도 죽었다.

라는 세 가지 특수한 사실을 통해,

  ⓓ 고로 사람은 반드시 죽는다.

라고 단정짓는 방법이다. 귀납법은 이와 같이 개개의 사실로 미루어 일반적인 단정을 내리는 것이므로 예증이 많으면 많을수록 확실한 단정을 내릴 수가 있게 되는 것이다.

◗ 예문(例文)

① 희망적인 삶을 위해서 애쓰자

(우선 무책임했던 생활태도를 바꾸자.)

  요즈음 우리 생활 주변에서 일어나는 일들은 모두가 단순히 비참하다는 말로만 다 표현할 수 없는 사건들뿐이다. 일가 집단 자살이나 살인,

어린이 유괴 등은 이제는 뉴스거리도 되지 않는다.

날치기, 깡패, 살인자동차, 살인의사, 폭발사건, 화재, 항공기참사, 총격살인사건 등등 헤아릴 수 없을 만큼 많은 사건들이 인명을 파리 목숨처럼 빼앗아 가고 있다.

게다가 요새 와서는 살인공기문제(환경문제)가 클로즈업되고 있다. 도시에서 생기는 각종 쓰레기 오물과 독가스가 공기 중에 흡수되어 인체에 미치는 해가 치명적이라고 하는 것이다.

이제 우리는 이 땅 위를 둘러보아도 모두가 살인적인 위험 속에 둘러싸여 있고, 하늘을 쳐다 보아도 살인공기에 싸여서 살고 있다. 한 사람의 생명을 구하기 위하여 전국민이 염려를 한다는 민주사회의 이상은 우리에게는 거리가 먼 꿈 얘긴 것처럼 생각이 된다.

남의 목숨은 고사하고 우선 자기나 가족의 목숨조차 아낄 줄 모르는 것이 오늘날 우리의 인심인 것 같다. 뻔히 달리는 자동차들이 매일처럼 사람을 치는 줄 알면서도 어린아이들을 길바닥에 내보내는 부모네들이나, 총맞아 죽을 줄 알면서도 미군부대에 기어들어가는 사람이나, 모두가 제 목숨과 제 자식 목숨을 대수롭잖게 여기고 있다는 증거다.

마찬가지로 밤에 으슥한 길에서 행인을 찌르고 돈을 빼앗아 가는 노상 살인강도나, 사람을 치고 뺑소니 쳐버리는 악질 운전사나, 모두 사람의 목숨을 대수롭잖게 알고 있는 증거이다.

이렇게 눈에 보이는 살인들에도 사람이 관심을 갖지 않으니 눈에 띠지 않는 살인물인 공기 중의 독가스 같은 것쯤 마음에 걸릴 리가 없다.

30년 전만 해도 대학생 한 명이 실연 자살을 했어도 장안이 떠들썩 거릴 만큼 커다란 화제거리가 되었다. 그런데 요새는 시시한 자살사건쯤은 신문에도 나지 않을 정도가 되고 말았다. 내 목숨, 남의 목숨 할 것 없이 도무지 인명과 관계된 일은 그저 무가치하게만 되어 가는 것만 같다.

그러나 4.19때만 해도 몇 십명의 목숨을 살리자고 제가끔 팔을 걷어붙이고 병원으로 몰려가 다투어 가면서 자기의 귀한 피를 얼굴도 모르고 이름도 모르는 사람을 위해서 뽑아 바쳤다.

그날이 지난 지 몇 해나 되었길래 이다지도 인명에 대한 인심이 변했다는 말인가? 그 당시와 오늘과의 인간생명의 값이 어떻게 변했길래 요새는 남의 목숨은 고사하고 내 목숨까지도 돌보지 않게 되었다는 말인가. 위정자들은 입이 모자랄 정도로 민생문제를 떠들어대고 있다.

그런데 국민들은 도무지 생(生)이 사(死)와 다른 게 뭐냐는 듯이 무표정하기만 하다. 도대체 무슨 이유일까. 2차 세계대전 당시 독일의 나치당원들은 수백만의 유태인을 학살하면서도 조금도 양심에 거리끼지 않았다고 한다. 이런 현상을 요새 정신분석학자들은 그때의 독일 국민들이 집단적으로 '파라노이아' 편집증에 걸려서 그랬는지도 모른다고 분석하고 있다. '파라노이아'의 뚜렷한 증상 중의 한 가지가 참을 수 없는 증오의 망상이라고도 한다.

독일의 경우는 이 증상이 잘 증명이 되었다. 그러나 우리의 경우는 증오의 대상은 무엇인가. 얼른 생각이 나지도 않지만 요즘 사람들은 확실히 무엇인가를 증오하고 있다. 그 대상은 생명 그 자체인지도 모른다. 살기 힘든 목숨, 살아 보려고 바둥바둥 애써 본들 무엇하랴. 이래 죽으나 저래 죽으나 죽는 것이 편하다고 생각하니 남의 목숨인들 귀히 생각할 리도 없고 공기의 독가스쯤 문제가 되지 않을 것이다.

집단적으로 정신병에라도 걸리지 않고서야 요새같이 이렇게 사회 인심이 각박할 수가 없다. 과연 우리는 이 상태로 살아가야만 할 것인가?

우리를 구해줄 자는 아무도 없다. 누구에게도 희망을 걸 수가 없다. 다만 있다고 한다면 우리 자신들이 헌신짝처럼 생각하던 우리들의 생명이 아직은 죽지 않고 살아 있다는 사실뿐이다.

누구나 한 번은 죽는다. 이미 우리는 죽음을 각오한 바나 다를 바가 없다. 죽음이 두렵지 않거늘 무엇이 두려우랴. 마지막으로 한번 희망을 찾아 노력해 보아야 하지 않겠는가.

우리 자신을 위해서 보다는 철 없고 죄 없이 자라나는 우리 자식들을 위해서이다. 생명에 대한 증오가 있다면 그 증오를 무책임했던 지난날의 우리 양심과 나약하고 비겁한 우리 생활태도로 돌려 버리고 그 증오의 힘을 빌어 한번 악착같이 생명을 걸고 희망적인 생을 위해 싸워야 할 때가 온 것 같다.

우리의 가장 큰 적은 고난이 아니라 바로 용기를 잃는 '절망'이다. 절망과 싸워 이길 때가 온 것 같다.

② 청소년 선도와 밝은 미래
'내가 먼저 바른 생활을 하자.'
'어린 새싹 바로잡아 밝은 내일 이룩하자.'
'내가 먼저 바른 생활하여 청소년의 모범되자.'
라는 표어가 중앙 청소년보호대책의원회에서 금년에 전국적으로 벌일 청소년 선도 범국민운동을 위해 제정되었다. 이 두 개의 표어 속에는 수백, 수천 자의 말로 설명되어도 못다 표현될 우리 국민의 참다운 희망과 결의가 요약되었다고 해도 좋을 것이다.

우리는 흔히 고생을 했다고 일컬어지고 어두운 환경 속에서 제대로 기를 펴고 자라지 못했기 때문에 우리들의 앞날을 생각할 때 '고생문이 훤이 열려 있다'라든가 내일이라면 항상 암담한 미래의 운명을 상징하는 듯한 불안한 것으로만 생각한다.

심한 경우에는 일찍 죽어 버리는 것이 굴욕적이고, 고통스러운 생을 지리하게 끌어가며 사는 것보다 낫다고 해서 일찍 죽은 사람을 보고 '그 것도 다 복이다'라는 역설적인 표현을 하기까지도 한다. 이러한 정도로 비극적인 과거 시대가 있었다손 치더라도 이제부터 새롭게 자라나는 우리의 자녀들에게까지 이런 식의 비극적 환경을 물려주고 싶지 않다고 하는 것이 우리 온 국민의 일편단심이라고 하겠다.

그래서 우리는 그대로 보고만 있을 수만 없다. 무엇인가 하지 않고서는 안절부절 못할 처지에 놓여 있는 우리라고 해도 지나친 표현은 아닐 줄 안다. 우리는 이미 상당한 기간 동안 가지가지의 주장도 해보았고 또 대책도 세워 실천에 옮겨 보기도 했다.

이제 우리가 5월을 '청소년의 달'로 정한 것은 5월 5일에 '어린이 날'이 있고 15일에는 '스승의 날'이 있기 때문만도 아닌 줄 안다. 이유는 좀더 심각한데 있는 것 같다. 경찰의 집계는 실제로 적발되지 않은 수와 미수에 그친 수가 다 빠져 있는 것이기 때문에 실수보다 훨씬 적은 양의 것이긴 하지만 그 집계로 보아 나타난 것만 보아도 지난 96년의 한해 동안에 비행청소년 범법자가 97만 2천 5백 62명이나 되었고 더욱 일반을 놀라게 하는 것은 그들의 비행방법이나 그 질이 점점 더 지능화해 가고 악질적으로 되어 가서 급기야는 청소년이 저지른 살인 사건만 해도 100건이나 발생되었고 강도질이 2천12건이나 되었으니 이야말로 문자 그대로 데리블앙팡(무서운 어린애)의 시대가 바로 우리 주위에 도달되고 말았다고 하는 것을 부정할 길이 없는 것 같다.

내 자식이 그러지 않았으니 나와는 상관없는 거리가 먼 이야기라고 생각할 사람이 간혹 있을지 모르나 이런 안이한 생각을 하는 사람은 정말 청소년의 비행경로가 어떻게 이루어지는지를 모르기 때문이라고 하겠다.

지금까지 법무부 당국이나 이런 분야에서 전문적으로 연구하는 학자들의 통계적인 집계와 종합적인 분석의 결과에 의하면 정상적인 환경에 산다고 생각하던 수많은 청소년들이 가정이나 사회에서 자칫 잘못해서 한 발짝만 삐끗 잘못 디디면 급전직하로 비행청소년으로 전락되고야 만다는 것이다.

어느 부모고 자녀를 가진 사람이면 안심할 수는 없다. 마치 살얼음을 딛고 다니는 셈으로 조심하지 않으면 안 된다. 반드시 물질적 조건만으로 좌우되는 것은 결코 아니다. 어른이 무심결에 빗나가는 생활태도를 아이들에게 보이거나 불건전한 생각이나 사고방식 또는 마음의 자세 같은 것을 가짐으로써 그들에게 그런 눈치가 보일 때 청소년들은 정신적으로, 심리적으로 좌절하게 되고 방황하게 되어 자포자기하여 비행을 반항의 수단으로 삼기도 하고, 사회나 기성세대에 책임을 돌리기도 하여 제멋대로 불건전한 합리화 내지는 일그러진 영웅심까지 발휘하게 된다.

청소년 선도를 위한 범국민운동은 이미 나타난 비행청소년을 위한다

는 생각을 하기 위해 먼저 이 운동이 곧 자기의 친자식을 보호, 선도하
는 일이고 나아가서는 어른들 자신과 가정을 위한 것이며 이 사회, 이
나라의 밝고 거룩한 내일과 먼 장래의 영을 위한 운동이라고 절감해야
하겠다.

③ 사랑을 잃은 사회
　사랑이란 남을 위해 주는 마음씨를 일상 생활에서 실천함을 말함이
다. 사랑은 모든 선(善)과 덕(德)의 근원이기 때문에 크게 보면 우주에
차고 넘쳐 헤아릴 수 없고 작게 보면 아주 비굴하고, 단순하여 삼척동자
라도 저절로 알 수 있는 것이다.
　사랑은 남을 위해 주는 마음씨의 발로라고 하면 사람들은 '내일도 다
못하는데 남 위할 겨를이 어디 있느냐'고 반문한다. 그러나 '남 위하는
것이 나 위하는 것이 된다'는 것은 조금이라도 실천해 본 사람이라면 긍
정하지 않을 수 없게 될 것이다.
　그런데 우리 사회는 너무나 냉랭하다. 사랑의 심정을 아주 잃어버린
것 같다. 요즘도 '무엇해서 남준다더냐' 하는 말이 아주 당연한 속담으로
유행된다. 그것은 '모든 일은 나만 위하는 것이요, 남주는 일은 바보나
하는 일이다' 하는 원리 위에서 나온 속담이다.
　모두가 제 욕심만 채우려 들고 남 위하는 마음은 전혀 없다면 그 사회
는 냉랭할 수밖에 없다. 정부에서 세금을 거두어 어느 정도 고루고루 혜
택을 입게 하기는 하지만 그것은 기계적으로 되는 일이어서 인간 대 인
간의 정이 통하는 것은 아니다. 여전히 사회는 냉랭하다.
　그래서 복지 사회가 되어도 인간문제는 딴 방면에서 미해결로 남은
것이라 하겠다. 우리는 지금 복지사회에도 이르지 못했으나 인간 냉혹
은 어느 나라에 못지 않게 상승했다. 종로 네거리에 나가도 친절한 사람
을 과연 몇 사람이나 찾아낼 수 있을 것인가. 거리에서 길을 물었을 때
친절하게 대답해 주는 사람이 몇이나 되는가.
　'내가 왜 네게 길을 가르쳐 줘야 하느냐' 하는 식으로 노려 보는 사람

이 얼마든지 있다. 우리는 전통적으로 가족주의였으니 그럴 수밖에 없기도 할 것이지만 자기집 뜰에는 나무와 꽃과 풀을 아름답게 소중하게 가꾸면서 일단 자기집 울타리 밖에 나서면 길가에서 꽃을 꺾고 공원이나 유원지에서 나무가지를 함부로 꺾는 것도 당연한 것같이 무심하다.

자기 자녀의 건강과 공부와 보호에는 거의 절대적인 관심을 기울이면서 남의 자녀에 대하여는 전혀 무관심 할 뿐 아니라 오히려 멸시 또는 질투까지 느끼는 경우가 많다. 제 자녀가 귀하면 남의 자녀도 귀한 줄 알아서 저절로 위해줄 마음이 생겨야 할 것이다.

'스탄리. 존스'의 여행기에 보면 어느 나라의 시가를 구경하러 나갔는데 길 좌우에 오물과 진애가 쌓이고 널려서 발을 옮겨 놓기 어려울 정도였다 한다. 그러나 그 좌우의 상점 안에 들어가 보면 그렇게 깨끗하고 정련할 수가 없더라는 것이다. 그 이유를 물었을 때 그들은 서슴치 않고 대답을 했다.

'길은 내 것이 아니니 알게 뭐람' 하더라는 것이다.

이런 정신자세가 오늘의 우리 사회에 아직도 뿌리 깊게 박혀 있는 것이 아닐까. 우리가 해방, 독립, 중흥을 과시하면서 이런 유산을 우리 자손들에게까지 남긴다면 얼마나 무서운 치욕이겠는가.

근자에 전화가 부조리를 일으켜 잘못 걸려온 전화를 받았을 때 불쾌한 것은 사실이다. 그러나 그럼에도 불구하고 온유한 말로 대답해 주어야 할 것이다. 그것은 저쪽 사람을 위하여 그렇게 해주라고 하는 말이다.

내가 불쾌하다고 당장에 역정을 내면 그 사람도 역할 것이다. 따라서 그 사람이 접촉하는 많은 사람에게도 불쾌한 기분을 전파하게 될 것이기 때문이다.

이런 일이 없도록 전화기 시설을 해야할 것이겠지만 그렇지 못한 동안에도 그것 때문에 인간관계를 악화시킨다고 하는 것은 더욱 불리한 것이기 때문이다.

사랑을 잃은 사회, 서로 위해 줄줄 모르는 사회에서는 냉혹과 불신과 다툼과 술수가 늘어간다. 공자님 말씀도 '己所不慾은 勿施於人'이라고

제7장 문장의 종류에 관하여 · 167

가르쳤고, 예수는 '네가 남에게 대접받고자 하는 대로 남을 대접하라'고 했다.

전자는 소극적이요, 후자는 적극적일 뿐 다 자기를 미루어 남을 위해 주라는 교훈이다. 이런 교훈의 실천없이 근대화의 인간적 성과는 거둘 수 없을 것이다. 닫힌 마음과 거친 심정으로 오직 자기만을 위하여 남을 먹으려는 살벌한 사회여서 물건이 아무리 풍부하다고 할지라도 인간다운 인간이 살아갈 수가 있겠는가 의문이 들기 때문이다.

지금 중대한 고비에 서 있는 우리의 정신 자세에 문제가 있다. 우리의 사랑의 실천을 통한 훌륭한 정신자세로서 우리의 후손들에게 훌륭한 유산을 남겨 주도록 해야 한다.

이상의 세 가지 논설로서 논설은 어떻게 써야 하는가 하는 생각을 막연하나마 느낄 수 있어야 한다. 한마디로 자기 주장을 누가 읽어도 정련하다는 느낌을 받을 때 비로소 좋은 논설이었다고 할 수가 있다. 근간 신문에 실린 몇 편의 논설 아닌 사설을 예를 들어 보기로 하자.

④ 빈자(貧者)의 성녀 테레사

그의 허리는 날로 굽어가고 키는 낮아졌으나 그가 뿌린 사랑과 헌신의 씨앗은 갈수록 온 세계에 퍼져 나간다. 지구상의 가난하고 병들고 힘없는 사람들을 위해 봉사해 온 지 어언 70년, 세상 사람들에게 '살아 있는 성녀, 사랑의 천사'로 칭송받아 온 테레사 수녀가 소임을 마치고 6일 새벽 눈을 감았다.

사람은 많아도 정말 사람다운 사람을 찾기 어려운 요즘이다. 그 속에서 우뚝 돋보이는 테레사 수녀의 위대한 삶에 절로 머리가 숙여진다. 사람들은 테레사 수녀를 통해 하나님을 볼 수 있었다고들 하나 정작 그는 가난하고 고통받는 이들에게서 하느님을 발견했다. 세계 곳곳의 굶주리고 소외된 사람들에서 고난당하는 예수의 모습을 찾을 수 있었다는 고백이다.

테레사 수녀는 이들 빈자들에게 물질적 도움만 주려고 하지는 않았다. 그는 인도에 세운 고아원 등 빈민구호 시설에 사람들이 찾아 오면 기부금 대신 한번이라도 아이들을 안아 주도록 부탁을 했다. 그는 마음 속에서 우러나는 사랑을 강조했고 스스로 실천을 했다.

오늘날 세계는 이기주의와 물질만능주의로 가득차 있다. 한 쪽에서는 먹을 것이 모자라 사람이 죽어 가는데도 다른 곳에서는 식량이 넘쳐나는 상황이다. 전쟁, 살상, 폭력, 기아 등 인류가 당면한 모든 문제는 따지고 보면 이기주의에서 비롯된다. 몇 벌의 옷이 전 재산일 정도로 철저하게 자신을 비우며 살았던 테레사 수녀의 사랑과 봉사 정신이 전세계 널리 뿌린 내린다면 인류의 삶은 보다 넉넉하고 풍요로울 수가 있다.

생전에 테레사 수녀는 자신을 '하느님 손에 쥐여진 몽당연필'로, 자신이 하는 일을 '거대한 바다 속의 물방울 하나'라며 스스로 하찮은 존재에 비유했다. 그러나 그가 1948년 세운 '사랑의 선교회' 소속 4천여 명의 수녀와 수사들은 세계 1백여 국에서 테레사 수녀의 분신으로 사랑을 실천하고 있다. 사랑을 실천하는 작은 물방울로서 그가 남긴 헌신의 정신은 영원히 인류의 기억 속에 남을 것이다.

-1997. 9. 7(동아일보).

⑤ 술 취해 달리는 고속도로?

술 취한 운전자가 모는 차량은 살인흉기나 다름이 없다. 더구나 시속 1백 Km 넘나드는 속도로 달리는 고속도로에서의 음주운전은 상상만 해도 아찔하다. 하지만 그런 일이 우리 고속도로에서 버젓이 벌어지고 있음이 최근 방송과 신문을 통해 보도돼 충격을 주고 있다.

보도에 따르면 고속도로 휴게소는 협회법으로 지난 해 1월부터 주류 판매를 일제히 중단했으나 일반인이 운영하는 주변 음식점이나 구멍가게들은 고속도로 이용자들을 상대로 계속 술을 팔고 있다는 것이다. 밤낮 가리지 않고 이들 음식점 등에서 술을 마신 행락객이나 트럭운전수들이 차를 몰고 고속도로로 몰고 들어서지만 단속의 손길이 미치지 않고 있다고 한다. 정말 위험하기 짝이 없는 행동이다.

얼마전 음주 운전 트럭에 받혀 승용차에 타고 있던 일가족이 몰살한 사건은 음주 운전의 위험성을 잘 보여 준다. 특히 고속 도로에서의 음주 운전은 일반도로보다 사고 가능성이 높고 일단 발생하면 대형피해를 내게 마련이다.

경찰의 철저한 단속이 있어야 한다. 고속도로 이용자들이 음주운전을 거리낌 없이 하는 것은 단속이 이루어지지 않는다는 것을 잘 알고 있기 때문이다. 고속도로에서 음주운전을 단속하는 것은 현실적으로 매우 어렵다. 고속으로 질주하는 차량들을 세워 점검하려면 자칫 사고를 유발할 수 있고 무엇보다 심각한 교통체증을 일으키게 된다.

그렇다고 음주운전을 방치할 수는 없는 일이다. 음주행위 자체를 막을 근거는 없는 만큼 단속을 통해 음주운전을 하는 수밖에 없다. 톨게이트에서 수시로 단속을 통해 음주운전을 차단하는 수밖에 없다.

또 술을 파는 음식점이나 가게에 제재를 가하는 방안에 대한 검토가 필요하다. 고속도로는 진, 출입이 인터체인지를 통해서만 가능하고, 음식물 판매행위도 허가제로 되어 있다.

별도의 통로를 만들어 고속도로 이용자들을 끓어 들이는 업소도 있다고 하니 상행위와 함께 위법여부를 따져 봐야 할 것이다.

− 1997. 9. 7(중앙일보).

⑥ 빛나리 양 무사귀환에 온 힘을

8살배기 긴 머리 예쁜 소녀의 이름은 박초롱빛나리. 영어과외를 마치고 집으로 돌아가던 이 어린이가 유괴범에게 끌려간 뒤 열 하루가 지나도록 돌아오지 않아 가족과 친지들의 애를 태우고 있다. 빛나리 양 유괴 사건 이후 경찰은 범인들을 향해 자수하면 최대한 관용을 베풀겠다고 공개적으로 밝혔다.

대통령이 나섰고, 박찬종 신한국당 고문은 범인들이 자수와 함께 빛나리 양을 무사히 돌려보내 주기만 한다면 동료들과 더불어 당장 변호인으로 나서 돕겠다고 약속했다.

우리 사회가 모처럼 하나가 되어 빛나리 양의 무사귀환을 한결같이 빌고 있다. 범행의 죄질 경중이나 사건 발생 직후의 초동수사 미진으로 코 앞에서 범인을 놓친 경찰의 무능을 탓하는 것은 부차적인 문제이다. 그럴 여유도 없고, 상황도 아니다. 무사귀환이야말로 빛나리 양 가족에게 지금 최고의 가치일 뿐이다.

경찰의 공개 수사가 사건 발생 닷새만에야 이뤄진 것도 이런 사정을 감안한데 따른 것으로 보인다. 우리가 빛나리 양의 무사귀환을 사건해결의 최대 고비로 보는 것은 어린 생명이 결코 어른들의 '탐욕의 볼모'로 잡혔다가 끝내 희생되어서는 안 된다는 우리 사회의 집단적 결의에서이다.

그러므로 현재의 위험천만한 상태에 놓여 있을 빛나리 양의 안전구조는 어떤 가치보다 우선이다. '눈에 넣어도 안 아플' 자식을 찾아 눈물로 밤을 지새우는 부모 모습을 보면서 많은 국민은 날마다 똑같이 가슴 찢어지는 처절한 고통을 앓고 있다.

경찰이 수사본부를 차려 놓고 본격적인 수사를 시작한 지 열하루가 지났다. 공개수사로 전환한 지도 벌써 8일째다. 어린이 유괴는 새싹을 겨냥한다는 점에서 가장 반인륜적이고 반사회적인 악질강력범죄이다. 그리고 오늘날까지 한번도 성공해 본 적이 없다.

경찰은 이번 사건을 조속히 해결함은 물론 앞서의 교훈을 이번 기회에 범죄자들에게 분명히 심어주지 않으면 안 된다. 빛나리 양을 어서 부모품에 돌려주기를 유괴범들의 최후 양심에 간곡히 호소한다. 누구에게나 한때의 실수는 있을 수가 있다. 그러나 빛나리 양을 안전하게 돌려보내기를 거부하는 것은 피해자에게는 물론 자신들에게도 똑같이 파멸을 뜻하게 될 것이다.

평생동안 씻을 수 없는 죄를 저지르기 전에 어서 빛나리 양을 부모의 품으로 돌려보내 지은 죄를 조금이라도 덜어야 한다. 용서의 시작은 최소한의 도덕적 결단에 의해서만 비로소 가능한 법이다. 유괴범 자신의 안전도 그 실마리는 지금 극도의 공포감 속에 놓여 있을 빛나리 양의 신속하고도 안전한 귀가에서 비롯될 것이다.

— 1997. 9. 10(한겨레신문).

⑦ 한자문맹(漢字文盲)

최근 보도된 '대학졸업생의 한자능력조사'에서 우리 대학생의 한자 실력이 너무 형편없다는 결과가 나온 것은 여러 면에서 우려할 말한 사태다. 한자 1천자의 훈(訓)과 음(音)을 알고 5백자는 쓸 수 있는 정도를 측정하는 한자 4급시험에 명색이 대졸자들이 평균 30점도 안 되고 합격점인 70점 이상이 단 두 명뿐이라고 하는 것이 도무지 믿어지지 않는다.

더 한심한 것은 자신의 대학과 전공학과를 한자로 제대로 쓴 사람이 46%와 35%에 불과했고 심지어 5% 정도는 자신의 이름도 정확하게 못 썼으며 부모, 형제의 이름을 못 쓰는 사람이 절반을 넘었다고 하는 점이다.

우리 사회의 한자문맹 현상이 분명히 드러난 것이다. 이같은 결과가 바로 요즘 우리 대학졸업자 일반의 한자 실력이라고 확언하기는 어렵지만 적어도 그런 현실의 일단을 보여 준다는 점은 우리를 당혹하게 한다. 한 세대 전에는 초등학교만 나와도 어느 정도의 한자 실력이 있어서 취직해서 사무를 보거나 사회생활을 하는데도 부족함이 없었는데 어떻게 된 셈인지 요즘은 대학교육을 받아도 그렇지 못하다면 이게 보통문제는 아니다.

이는 결국 우리 학교 교육에서 한자(漢字)교육이 잘못되고 있다는 것을 뜻한다고밖에 말할 수 없겠다. 초등학교에서부터 어느 정도 필수적으로 한자를 교육했더라면 지금 같은 상황은 일어나지 않을 것이라는 생각이다. 우리는 지금 와서 해묵은 한글전용, 국한문 혼용 논쟁에 가세하고 싶지 않다.

하지만 지금 우리는 70년대 한글전용 교육의 여파가 현실적으로 좋지 않은 방향으로 결실을 맺고 있지 않나 걱정하지 않을 수 없다. 그 부작용을 해소하기 위해 75년부터 중·고교에서 괄호 안에 한자를 병기(倂記)하는 교과서를 채택하고 있고, 또 1천 8백자의 교육용 한자를 정하기도 했다. 72년부터 한문교과서도 생겨났다.

이런 한자교육의 여건변화는 결국 한자 실력의 편차로 드러나고 있다고 할 것이다. 한글 전용시대에 교육받은 세대보다 그 후의 세대가 한자실력이 조금 낫다는 소리가 들리는 것은 그 영향이라고 할 것이다.

그렇지만 아직도 그런 정도의 한자실력으로는 사회생활을 원활히 영위하기 어렵고, 동아시아 한자권 교류의 필요에도 크게 미치지 못한다. 더 엄밀하게 말하자면 우리말의 70% 이상을 차지하는 한자의 참된 의미를 이해하는데도 부족하고 우리 역사 전통을 제대로 이해하는데도 부족하다고 할 것이다. 특히 일본어를 공부하는 사람은 한자를 반드시 터득해야 하는 문제도 있다.

그 때문에 근래 일부 기업이 회사에 들어온 사원들에게 한자교육도 시키고 시험을 통해 현실적 필요에 대응하기도 하는 궁색한 편법을 쓰고 있다. 이런 상황이라면 차라리 고교과정에서라도 국·한자 혼용교과서를 사용해서 한자 실력을 높여 주는 것이 교육의 바른 길이 아닌가 싶다.

- 1997. 9. 10(조선일보).

● 논설문의 논증 요소

논설문은 판단이나 주장을 제시한 명제, 신뢰성 있는 논리의 근거(논거) 추론의 이 3요소로 이루어진다.

① 사실 명제 : 필자의 주장, 견해, 의견 등 어떤 판단을 문장으로 나타냈을 때 이를 명제라 한다. 명제의 요건 —단일성, 명확성, 사실의 주장, '~이다'의 형식이다.

예 우리나라는 민주 공화국이다.

② 정책명제 : 행동의 방향을 제시하여 결심을 촉구하는 명제, '~한다'의 형식.

예 어린이에게는 반드시 질서를 가르쳐야 한다.

③ 가치명제 : 제도의 이념, 사상, 예술 작품에 대한 가치판단을 주장하는 것. '~하다'의 형식.

예 국기는 나라의 상징이므로 경축절에는 반드시 달아야 한다.

◗ 추론

명제를 세운 뒤 논거를 제시하면서 결론에 이르는 과정을 추론이라고 한다.

① 연역적 방법 : 일반적인 원리나 법칙을 내세운 다음, 구체적인 특수 사실을 들어 그것이 틀림없는 진리임을 증명하는 방법, 주로 두괄식 구성에 쓰이며 3단논법이 대표적이다.

[예] 모든 사람은 죽는다(대전제) —(일반적인 사실)

　　공자는 사람이다(소전제)

　　그러므로 공자는 죽는다(결론) —(특수 사실)

② 귀납적 방법 : 여러 가지 구체적이고 특수한 사실로부터 일반적인 법칙이나 원칙을 이끌어내는 미괄식의 구성방식으로 연역법의 반대가 된다.

[예] 가. 장미는 아름답다.

　　나. 백합은 아름답다.

　　다. 튤립은 아름답다. 장미, 백합, 튤립은 꽃이다. 따라서

　　　　꽃은 아름답다.

③ 논거(論據) : 어떤 명제가 올바른가를 증명하기 위해서는 그 타당한 근거를 제시해야 한다.

가. 사실논거 : 쉽게 증명할 수 있는 논리적 근거(사실 그 자체, 이미 누구나 믿고 있는 그 사실, 확실하게 추정되는 그 사실, 사실에 대한 증언).

나. 의견논거 : 의견을 제시한 사람에 대한 신뢰성을 바탕으로 그 의견을 가진 사람의 권위에 의거하는 것(일반적인 여론, 전문가 또는 권위자의 견해).

◗ 주제문의 위치로 본 구성 형식

① 두괄식(頭括式) : 문장 전체의 개요나 단정을 제시한 다음, 그것을 구체적으로 논술하는 형태, 즉 핵심이 되는 결론이 앞에 온다.

174

② 미괄식(尾括式) : 일반적인 예시나 구체적인 설명 등을 써내려가다가 마지막에 문장 전체의 개요나 단점을 논술하는 형태, 즉 결론이나 요지가 맨뒤에 나온다.

③ 양괄식(兩括式) : 먼저 대체적인 단정을 내려놓고 설명, 예시, 비판 등을 한 다음, 마지막에 단정을 재확인하는 형태이다. 즉 중요한 내용을 첫머리에 제시하고, 끝에서 다시 요약하는 형태이다.

④ 병렬식(竝列式) : 어떤 문제에 대하여 여러 가지 이론을 차례차례 열거하는 형태로, 요지나 결론이 단락마다 고르게 분포되어 있다.

⑤ 중괄식(中括式) : 주장하는 바나 주제문이 문장의 중간부분에 놓여 있는 문장구성 방식. 이때 문장의 첫머리나 끝 부분의 내용은 모두 이 중간 부분을 설명, 강조 또는 증명하는 구실을 하게 된다.

◑ 논설문 읽는 방법

① 논설문을 읽으면서 독자는 논리적 사고를 동원하여 필자가 주장한 바를 이해하고 자기의 의견과 비교, 판단하는 태도를 가져야 한다.

② 읽기의 순서

가. 지시어나 지시내용 파악 : 지시어가 지시하는 단어, 어구, 문장을 정확하게 안다.

나. 중심어 : 문단 구분을 위해, 특정문단에서 중심이 되고 있는 어휘 또는 어구를 찾는다.

다. 문단구분 : 중심어를 찾고 접속어를 고려하면서 문단을 이룬다.

라. 문단 관계 파악 : 각 문단의 소주제문들을 나열하고, 가장 포괄적인 내용의 소주제문을 찾아, 다른 소주제문들이 이에 대해 어

떤 관계에 놓였는지를 정리한다.

마. 평가 : 글 전체를 통해 제시된 내용의 논거 흐름이 정확한지, 주제가 수긍할 만한 것인지 등을 평가한다.

2. 서정문(抒情文)을 이해하고 쓰는 요령

자연 그리고 인사(人事), 어느 현상에서나 정적으로 감동이 있을 때 그 정서(情緒)를 주로 하고 쓰는 글이 서정문이다.

사람은 감정의 동물이라고 하는 말이 있다. 그래서 희·노·애·락·애·오·욕(喜怒哀樂愛惡慾)의 일곱 가지 정은 언제든지 타오를 수 있는 불이 되어 있다. 각양 각색, 여러가지 인간 사물과, 변화 무궁한 자연 현상에 부딪힐 때마다 이 일곱까지 정(情) 가운데 어느 한 가지는 반드시 불이 붙게 되어 있다.

대상에 따라 크게 붙고 작게 붙는 것만이 다를 뿐, 일곱 가지의 정이 모조리 무감각할 때란 잠들어 있거나 아니면 죽기 전에는 없을 것이다.

산이 온통 불이 날 듯이 기슭기슭 진달래가 피어 올라 간다고 치자. 그것을 보고 산 사람인 이상엔 아무런 감정도 안 일어날 수는 없을 것이다. 밥이나 옷과 같이 먹고 입을 것이 아니로되, 우리는 얼마든지 절실하게 흥분을 한다. 일곱 가지 정 가운데 어느 것 한둘이 불 붙기 때문이다. 이렇게 불 붙는 것이 바로 정서라고 하는 것이다. 이것을 또 서술하는 것이 서정문이라 할 수 있을 것이다.

이 서정문은 대체로 술회(述懷,), 회구(懷舊), 회고(懷古), 감흥(感興), 감상(感想) 고백(告白)의 여섯 가지 종류로 분류된다.

술회란 자기 자신 및 인사(人事)에 관한 서정이요, 회구란 지나간 옛 일을 회상한 서정이요, 회고란 역사상 고적을 대하였을 때 왕실을 회상하는 서정이요, 감흥은 계절에 따라 사물을 접하였을 때 가슴에 느껴진 서정이요, 감상은 가장 다방면의 내용을 가진 것이며, 심중의 상상을 시술하는 글이다. 그리고 고백이란 남몰래 억누르고 참으려고 해도 참을 수 없는 마음의 부르짖음을 써 놓은 것이다.

이 서정문에는 여러 가지 수법이 있을 것이나 그 중 몇 가지 중요한 예를 들어서 설명해 보면 첫째가 묘사법(描寫法), 둘째가 직서법(直敍法), 셋째가 영탄법(詠嘆法)이다.

묘사법이란 직서법과는 달라, 외부에 나타난 모습을 묘사하여 내부의 정감을 간접적으로 나타내게 하는 방법이다. 즉 직접으로 슬퍼지고 기뻐지게 하는 가장 우수한 수법이다.

직서법은 정감을 그대로 나타냄으로써 독자의 폐부에 호소하는 수법으로서, 곧 바꾸어 말하면, 어떤 감동이 독자에게서 절로 일어나도록 묘사한 것이 아니라, 대뜸 자기의 격해진 감정대로 적어 나가는 것이다. 일반적으로 많이 쓰는 단순한 수법이다. 영탄법은 흥분된 감정을 표현할 때 쓰는 표현법이다.

고조된 감정은 파도와 같이 동적인 표현을 요구한다. 따라서 어조가 율동화하며 나온다. 이것이 거의 운문의 경지다. 그러므로 시는 서정문의 최고 형식이라 할 것이다. 산문(散文)에서라도 가장 감정적인 글이다. 자칫하면 값싼 감상에 빠지기 쉬우니 내용이나 형식은 물론이고 고상한 품격을 내기에 각별한 주의가 있어야 할 것이다. 품격이 없으면 거짓 울음이요, 거짓 넋두리가 되는 것을 면치 못한다.

서정문을 지을 때 조심해야 할 몇 가지 점을 간추려 들어 보면, 첫째 실감이 적을 것이며, 둘째 필요없는 한 이론을 캐지 말 것이며, 셋째 정취 흐르는 글을 만들 것이다.

유리창 안에서 밖을 내다보고 있노라면 겨울채비 지푸라기로 싼 파초며, 빨간 열매를 맺은 나도매화나무 가지며, 아무렇게나 우뚝우뚝 솟아 있는 전봇대 따위가 곧바로 눈에 띄는데, 그 밖에 특별히 이름을 들 만한 것은 거의 시선에 들어 오지 않는다.

서재 안에 있는 나의 시야에는 적이 단조롭고 협착하기 그지 없다. 그런데, 나는 지난해 연말부터 감기에 걸려 거의 바깥 출입을 하지 않고 날마다 이 유리창 안에만 웅크리고 있으니 세상의 변화를 알 까닭이 없다. 기분이 내키지 않으니 독서도 그리 흥미가 없다. 그저 앉았거나 누웠거나 하며 그날그날을 보내고 있다.

그러나 나의 두뇌는 때때로 움직이고 있고, 기분도 조금은 변할 때가 있다. 아무리 협착한 세계라 할지라도 협착한 나름대로 사건이 있고 변화가 있다. 그리하여 왜소한 나의 광활한 세계를 격리시키고 있는 이 유리창 안에도 때때로 사람이 찾아온다. 그것은 나에게 있어 뜻하지 않았던 사람으로 내가 미처 생각지도 못했던 사건들을 가지고 오기도 하는 것이다. 나는 흥미로운 시선으로 그들을 맞이하기도 하고, 그저 덤덤히 떠나보내기도 한다.

나는 그러한 자질구레한 것들을 여기에 조금씩 써볼까 하는 것이다. 그러나 나는 그러한 종류의 글이 오늘날 바쁜 사람들의 눈에 얼마나 하잘 것 없는 것으로 보일까 적이 걱정이 되는 것이다. 전차 속에서 아무렇게나 구겨 넣었던 신문을 주머니에서 끄집어내어 큰 활자만을 주어 읽고 있는 많은 사람들에게 지금 쓰고 있는 것과 같은 한산한 문자들의 열거로 지면을 채워 보는 것은 부끄러운 일이 아닐 수가 없다.

그들은 오로지 큰 화제나 굵진한 도둑, 잔인한 살인자의 얘기같은 그날 그날의 기사 중에서 자신이 중대하다고 생각하는 사건이라든가 혹은 그들 스스로의 신경을 적잖이 자극하는 신랄한 기사를 찾는 것 외에는 신문을 사볼 필요조차 느끼지 않을 만큼 시간적 여유를 갖지 못한 사람들이다.

그들은 정거장에서 전차를 기다리는 동안 신문을 사고 전차를 타고 있는 동안 어제 일어난 사회 변화를 알고 그리하여 관청이나 회사에 도착하자마자 주머니 속에 구겨 넣은 신문의 사건을 깡그리 잊어버리지 않으면 안 될 만큼 바쁜 것이다. 나는 이토록 제한받는 시간밖에 누리지 못하는 많은 사람들의 경멸을 무릅쓰고 이 글을 쓰는 것이다.

지난 해부터 유럽에는 큰 전쟁이 일고 있다. 그런데 그 전쟁이 언제 종결될 것인가는 전혀 예측을 불허하는 모양이다. 일본서도 그 전쟁의 한부분을 떠맡았다. 그것이 끝나니 이번에는 의회가 해산되었다. 다가오는 총선거는 정치인들에게 있어 대단히 중대한 문제가 되고 있다. 쌀값이 내리고 농가의 수입이 줄어들자 도처에서 불경기, 불경기를 되뇌이고 있다. 연중 행사로 치면 봄철의 씨름 경기가 머지않아 시작될 것이다.

요컨대 세상은 지나치리 만큼 다사(多事)하다. 유리창 안에 종일 웅크리고 있는 나 따위는 좀처럼 신문에 얼굴을 내밀 수 없을 것만 같다. 내가 글을 쓰게 되면 정치가나 군인이나 실업가, 씨름광들을 떠밀어 놓는 결과가 될 것이 아닌가.

나로서는 아무래도 그럴 정도의 담력이 솟아나지는 않는다. 그저 봄이 되었으니 무엇인가 써보라는 청탁이기에 나 자신 외에는 별로 흥미가 없는 하잘것 없는 것을 쓰는 것이다. 그것이 언제까지 계속될 것인지는 나의 집필사정과 지면 편집상의 이유가 결정짓게 될 것이기에, 그 시기를 딱히 헤아리기도 어렵다.

나는 양친의 만년에 태어난 이른바 막내둥이다. 나를 가졌을 때 어머니가 이런 나이에 회임(懷妊)하다니 면목없는 일이라고 했다던가 하는 이야기를 지금도 가끔 되풀이 듣게 된다. 단순히 그런 이유만은 아니겠으나 나의 양친은 내가 태어나자마자 나의 양육을 남의 집에 맡겨 버렸다. 나를 맡은 집이 물론 내 기억에 남아 있을 리 없으나 어른이 되어 들으니 뭔가 고물 같은 것을 팔아 살아가던 가난한 부부였던 모양이다.

나는 작은 광주리에 담겨서 요쓰야(四谷)의 큰 거리에 있는 그 가게에 고물들과 함께 밤마다 나동그라지고 있었다. 그런 것을 어느날 나의 누이가 볼 일로 그 앞을 지나가다가 발견하고 가엾게 여겼던지 품에 안고 집으로 돌아왔는데 그날밤이 새도록 한잠도 자지 않고 울어댔기 때문에 누이는 아버지에게 호통을 들었다고 한다.

내가 언제쯤 그 맡겨진 집에서 돌아왔는지는 알 수가 없다. 그러나 오래지 않아서 또다시 어떤 집에 양자로 보내졌다. 그것은 분명 내가 네 살 때였다고 기억된다. 나는 철들기 시작한 8, 9세까지 거기에서 성장을 하였는데 그 무렵 양가(養家)에 묘한 일이 생겨서 나는 또다시 생가로 돌아올 수밖에 없었다.

아사쿠사(淺草)에서 우시고메로 옮겨진 나는 생가에 돌아왔다는 사실도 모르고 종전대로 양친을 조부모라고 생각하고만 있었다. 그리하여 여전히 그들을 할아버지, 할머니라고 부르면서 추호도 이상하게 생각하지 않았다. 그편에서도 급작스럽게 지금까지의 습관을 고치는 것이 이상하다고 생각을 했는지 나에게 그렇게 불리면서도 시치미를 떼고 있었다.

나는 흔히 막둥이들이 그런 것처럼 결코 양친에게서 귀여움은 받지를 못했다. 이것은 나의 성격이 유순하지도 못했었고 오랫동안 양친에게서 떠나 있었다고 하는 그런 여러가지 이유가 원인이 되었을 것이다. 유독 아버지는 나를 가혹하게 다루었다는 기억이 나의 뇌리에 남아 있다. 그럼에도 불구하고 아사쿠사에서 우시고메로 옮겨졌을 무렵의 나는 왠지 기쁘기만 했다. 그리고 그 기쁨은 누구나 알아 차릴 만큼 겉으로 드러나 보였다.

미련스런 나는 친부모를 할아버지, 할머니로 알고 얼마동안이나 공허한 세월을 보냈던 것일까. 그것을 묻는다면 대답하기 어려운 일이지만 어느날 밤 이런 일이 있었다.

내가 혼자 객실에서 잠들어 있는데 베개맡에서 낮은 소리로 내 이름을 자꾸 부르는 사람이 있었다. 나는 놀라서 눈을 떴지만 주위가 캄캄했기 때문에 거기 웅크리고 있는 것이 누구인지 분간할 수가 없었다. 그렇지만 나는 어린애였으므로 꼼짝 않고 상대가 말하는 것을 듣고만 있었다. 듣고 있는 동안 그것이 우리집 하녀의 목소리임을 알 수 있었다. 하녀는 어둠 속에서 나의 귀에다 대고 이렇게 속삭이는 것이었다.

"도련님이 할아버지, 할머니라고 생각하고 있는 그분들이 실은 도련님의 친아버지와 어머니에요. 아까 두 분이 서로 얘기하는 것을 들었는 데요, 아버지, 어머니인 줄도 모르면서 그래도 그처럼 이 집을 좋아하니 참으로 묘한 일이라구요. 알겠어요?"

나는 그때 그저,

"누구에게도 말하지 않을게."

라고 말했지만 마음 속으로 말할 수없이 기뻤다. 그 기쁨은 사실을 가르 쳐 주었기 때문에 느끼는 기쁨이었다. 그런데 이상하게도 그토록 나를 기쁘게 해준 하녀의 이름도 얼굴도 까맣게 잊어버렸다. 기억하고 있는 것이라고는 그저 그녀의 친절뿐이다.

근래 2, 3년 동안 나는 한 해에 한 차례 정도 병을 앓는다. 그리고 자 리에 눕기 시작해서 자리를 거둘 때까지 한 달 가량 날짜를 뭉개버리고 만다. 내 병이란 으레 위장의 탈에서 오는 것이므로 여차하면 절식요법 밖에는 별다른 방도가 없다. 그래서 앓기 시작할 때보다 회복기에 들어 섰을 때 오히려 더 바짝 말라서 휘청거리게 된다. 한달 이상 걸리는 것 도 이런 쇠약 탓으로 생각된다.

거동이 자유로워질 때면 검정띠를 두른 종잇장이 때때로 나의 책상에 올려져 있다. 나는 운명을 비웃는 사람마냥 실크 모자 같은 걸 쓰고 장 례에 참석하러 차를 몰고 식장으로 달린다. 죽은 사람 중에는 할아버지 도 할머니도 있지만 때로는 나보다 나이도 젊고 평소에 그토록 건강을 뽐내던 사람도 섞여 있다.

나는 집에 돌아와 책상 앞에 앉아서 인간의 수명은 실로 불가가사의 한 것이라 생각을 한다. 다병(多病)한 내가 어찌하여 살아 남아 있는 걸 까 하고. 나로서는 이런 명상에 잠기는 것이 오히려 당연할 것이다. 그 런데 제 지위나 육신이나 재능, 모든 자기라고 하는 것이 마땅히 있어야 할 바 처소를 곧잘 잊어버리기 쉬운 인간 중의 하나인 나도 역시 죽지 않 는 것이 당연하다고 생각하며 샤는 경우가 많다. 독경을 들으면서도 죽 어 간 분의 뒤에 살아남아 있는 이 나라고 하는 형해(形骸)를 조금도 기 이하게 생각지 않고 태연해 있는 것이다. 어떤 사람이 내게 말하기를,

"사람이 죽는다는 것은 당연한 일처럼 보이는데 자신이 죽는다는 것만은 도저히 생각할 수 없는 일이군요."
라고 하였다. 출전의 경험이 있는 어떤 사내에게,

"그렇게 한 떼의 사람들이 계속 쓰러져 가는 것을 보면서도 자기만은 죽지 않는다는 생각을 할 수가 있을까요?"
하고 물으니 그 사람은,

"있고 말고요. 죽을 때까지는 죽지 않으리라고 생각하는 것이겠지요."
라고 대답을 했다. 그리고 대학의 이과(理科)에 관계하는 어떤 분에게서 비행기 이야기를 들으면서 이런 문답을 한 기억이 있다.

"그렇게 시종 떨어지고 죽고 하면 뒤에 타는 사람은 무섭지요. 이번에는 내 차례가 아닐까 하는 생각이 들 것 같은데 그렇지 않을까요?"

"그렇지 않은 것 같은데요."

"왜죠?"

"왜냐면 오히려 정반대의 심리가 지배하는 것 같아요. 역시 그 자도 추락하여 죽었군. 그러나 나만은 끄떡없지 하는 기분이 되는 모양이지요."

아마 나도 이런 사람의 심리로 비교적 태연하게 지내고 있는가 보다. 그도 그럴 것이 죽을 때까지는 누구나 살아 있게 마련이니까.

이상한 것은 내가 누워 있는 동안에는 검은 테 두른 통지가 전혀 오지 않는다. 지난 가을에도 병이 나은 뒤 서너명의 장례식에 참례했다. 그 중에는 우리 모임의 사또 군도 끼어 있었다. 나는 사또 군이 어떤 연회석의 모임에서 받은 은잔을 가지고 와서 나에게 술을 권하던 일을 떠올렸다.

그때 그가 추었던 묘한 춤도 잊을 수가 없다. 이 원기왕성하고 굽힐 줄 모르던 사람의 장례식에 나간 나는 그가 죽고 내가 살아 있는 것을 별로 괴이쩍게 생각하지 않고 지내는 시간이 많다. 그러나 가끔 가다 생각해 보면 내 쪽이 살아 있다는 것이 부자연스럽다는 심정이 되기도 한다.

그리고 운명이 일부러 나를 우롱하는 것이 아닌가 의심하고 싶어진다.

이 글을 쓴 나쓰메 소세키(夏目漱石 : 1867~1916. 소설가. 평론가)는 일본의 대표적 작가라고 할 수가 있다. '유리창 안에서'라고 하는 이 글은 어려서부터 죽음에 대한 이야기를 서정적으로 그려 놓았다.

독자의 감상 그대로 무엇인가 우리에게 느낌을 안겨 주는 것이 있으며 어딘가 리얼한 감상을 가져다 준다. 그리고 또 내면의 풍부함, 깊은 인간미가 바다 속같이 깊이 들여다 보인다.

나는 그믐달을 사랑한다. 그믐달은 너무 요염하여 감히 손을 댈 수가 없고 말을 붙일 수도 없이 깜찍하게 예쁜 계집 같은 달인 동시에, 가슴에 저리고 쓰리도록 가련한 달이다. 서산 위에 잠깐 나타났다 숨어 버리는 초생달은, 세상을 후려 삼키려는 독부가 아니면 철모르는 처녀 같은 달이지만 그믐달은 세상의 온갖 풍상을 다 겪고 나중에는 그 무슨 원한을 품고서 애처롭게 쓰러지는 원부와 같이 애절한 맛이 있다. 보름의 둥근 달은 모든 영화와 숭배를 받는 여왕 같은 달이지만은, 그믐달은 애인을 잃고 쫓겨남을 당한 공주와 같은 달이다.

초생달이나 보름달은 보는 이가 많지만은 그믐달은 보는 이가 적어, 그만큼 외로운 달이다. 객창 한등에 정든 님 그리워 잠 못 들어 하는 분이나 못 견디게 쓰린 가슴을 움켜 잡는 무슨 한 있는 사람이 아니면 그 달을 보아 주는 이가 별로 없을 것이다. 그는 고요한 꿈나라에서 평화롭게 잠들은 세상을 저주하며 홀로이 머리를 풀어 띠고 우는 청상과수와도 같은 달이다. 내 눈에는 초생달 빛은 따뜻한 황금빛에 날카로운 쇳소리가 나는 듯하고 보름달을 쳐다보면 하얀 얼굴이 언제든지 웃는 듯하지마는, 그믐달은 공중에서 번듯하는 비수와 같은 푸른 빛이 있어 보인다.

내가 한 있는 사람이 되어서 그러한지는 모르지만, 내가 그달을 많이 보고, 달 보기를 원하지마는 그 달은 한 있는 사람만 보아 주는 것이 아니라, 늦게 돌아가는 술 주정꾼과 노름하다 오줌 누러 나온 사람도 보고, 어떤 때는 도둑놈도 보는 것이다. 어떻든지 그믐달은 가장 정이 있는 사람이 보는 중에 또는 가장 한 있는 사람이 보아 주고, 또 가장 무정한 사람이 보는 동시에, 가장 무서운 사람들이 많이 보아 준다.

내가 만일 여자로 태어날 수 있다 하면 그믐달 같은 여자로 태어나고 싶다.

너무 많이 알려져 있는 나빈(羅彬 : 호는 도향(稻香) 1902~1927)의 '그믐 달'이라고 하는 글이다. 우리나라 초기의 감상적이고 낭만적 작품으로 서정성이 넘쳐 흐르고 있다.

이 글 속에는 이상에서 술회한 '술회, 회구, 회고, 감흥, 감상, 고백' 등이 다 들어 있다. 아울러 묘사와 직서법 그리고 영탄법들도 들어 있다고 하겠다.

3. 소설문을 이해하고 쓰는 요령

소설문, 이렇게 말하면 소설을 쓰기 위해서는 별도로 문장을 쓰게 되는 요령이 있는 것같이 느끼게 되나 그렇지가 않다.

소설도 일반 범주에 속하는 문장이라 할 수가 있다. 그러나 소설은 상상력에 의하여 구성된 산문체의 이야기라고 할 수가 있으므로 작가의 개성적 특이성이 문장에 나타날 수도 있다.

어찌 생각하면 이 문학적인 표현을 위해서는 개성적인 문체가 필요할 수도 있기 때문이다. 글을 쓸 때는 모든 문장이 문법적 정확성이 이루어지게 되어야 하지만 소설은 작가의 창조적이고 예술적인 표현에 지장이 있을 수도 있으므로 문법을 무시하는 경우도 왕왕 있다. 문법뿐만 아니라 작중 인물에 따라 지방적 사투리도 들어가기도 한다.

그러나 아무리 개성적이고 예술적 표현이라고 한다고 하더라도 문학의 표현 매체인 문장 자체가 문법을 무시할 수는 없다. 그러므로 소설문의 경우 서술(서사), 묘사, 대화, 설명 등으로 구성

되어졌다고 해석하고 그에 따른 분석을 시도하게 된다.

① 서술(서사) : 시간의 흐름에 따라 사건의 정황이나 경과를 서술하는 표현 방법을 두고 말한다.

예 '이날 밤, 소년은 몰래 덕쇠 할아버지네 호도 밭으로 갔다. 낮에 봐두었던 나무로 올라 갔다. 그리고 봐두었던 가지를 향해 작대기로 내리쳤다.'

② 묘사 : 감각을 통하여 인물이나 사물의 형태, 심리상태를 눈으로 보거나 귀를 기울이듯 구체적으로 표현하는 모습을 그린다고 할 수 있을 것이다.

예 '가게문에 달린 조그만 방울이 울릴 때마다 위그든 씨는 언제나 조용이 나타나서 진열대 뒤에 나타나 섰다. 그는 꽤 나이가 많았기 때문에 머리는 구름처럼 희고 고운 백발로 덮여 있었다.'

③ 대화 : 등장인물들이 서로 주고 받는 말로, 사건을 진행시키거나 인물의 성격을 나타내기 위한 표현 방법이라고 할 수가 있다.

예 "애, 이게 무슨 조개니?"

"비단조개."

"이름도 참 곱다."

④ 설명 : 작품의 배경이나 사건을 작가가 풀이를 해서 알려주는 방법이라고 할 수가 있다.

예 '기차도 전기도 없었다. 라디오도 영화도 몰랐다. 그래도 소년은 마을 아이들과 함께 마냥 즐겁기만 하였다.'

〈메밀꽃 필 무렵〉

봉평장이 파장될 무렵, 허 생원은 조 선달에 이끌려 충주집을 찾는다. 거기서 허 생원은 동이가 대낮부터 계집과 농탕질을 한다고 따귀를 올려붙인다. 동이가 반항없이 물러서자, 오히려 측은한 생각이 든다. 나귀에 짐을 챙겨 싣고, 달빛 아래 메밀꽃이 흐드러지게 핀 산허리를 걸어가면서 허 생원은 '달밤이었으나 어떻게 되었는지, 지금 생각해도 도무지 알 수가 없어!' 하면서 달밤이면 으레 끄집어 내는 추억담을 되씹는다. 허 생원의 젊은 시절에 어쩌다가 꼭 한번 경험했던 아름다운 사랑의 추억, 얼금뱅이요, 왼손잡이인 허 생원에게는 여자와 인연이 없었다. 그런데 어느날 밤, 물래방앗간에 목욕을 하러 갔던 허 생원은 거기서 우연히 울고 있는 성 서방네 처녀를 만났다. 기막힌 인연이었다. 처녀는 어디론가 종적을 감추었는데, 풍문만 자자할 뿐 만날 길은 없었다. 허 생원은 이야기 끝에, 아비의 얼굴도 모르는 채 의부의 구박에 못이겨 뛰쳐 나왔고, 지금 제천에 있는 홀어미를 모시고 산다는 동이의 신세타령이 예사롭게 들리지 않았다. 동이와 이야기를 나누던 허 생원이 그만 발을 헛디뎌 개울물에 빠지자, 동이가 달려와 물 속에서 가볍게 업었다.

"그래, 모친은 아비를 찾지는 않는 눈치지?"

"늘 한번 만나고 싶다고 하는데요."

몸은 덜덜 떨렸으나, 몸은 둥실둥실 가벼웠다. 대화장을 보고는 제천으로 갈 참이었다.

"나귀가 다시 걷기 시작했을 때, 동이의 채찍은 왼손에 있었다. 눈이 어둡던 허 생원도 요번만은 동이의 왼손잡이가 눈에 띄지 않을 수가 없었다."

　　　　　　　　　　　　　　　　　　　　　　　－이효석의 〈메밀꽃 필 무렵〉에서.

이 작품의 문장은 철저하게 사실적 표현 방법을 사용하였다.

〈날개〉

볕이 안 들고 침침한 내 방이 마음에 들었다. 아내의 방은 늘 화려하였다. 아내는 낮에도 밤에도 외출하였다. 또 내객이 많다. 나는 아내가 밤에 외출한 틈을 타서 모처럼 밖으로 나와 은화를 지폐로 바꾸어 목적을 잃어 버리기 위해 거리를 쏘다녔다. 그러나 돈은 한 푼도 쓰지 않았다. 나는 이미 돈 쓰는 기능을 상실했나 보다. 피곤해 돌아왔더니 낯선 손님이 있었다. 나는 이불 속에서 사죄하였다. 5원을 주었더니 아내가 제 방에 재워 주었다. 아내는 나에게 돈을 주며 오늘은 어제보다 늦게 들어와도 좋다고 했다. 그러나 비를 맞고 너무 추워서 자정을 넘기지 못하고 들어오다 아내가 좀 덜 좋아할 것을 그만 보았다.

　나는 오한으로 덜덜 떨다가 의식을 잃어 버렸다. 이튿날 아침 아내가 주는 약을 먹었다. 아내는 이 약을 먹고 외출하지 말라고 했다. 그것이 수면제 '아달린'이라는 것을 나중에야 알았다. 나는 이 아달린을 집어 넣고 공원에 가서 다 먹고 잠이 들었다.

　이튿날 아침 집에 들어가다가 절대 보아서는 안 될 것을 그만 딱 보아 버리고 말았다. 아내는 멱살을 잡고 함부로 물고 뜯으며 발악을 했다. 나는 포겟도에 남은 돈을 문지방 밑에 넣고 나와 버렸다. 나는 마구 쏘다니다가 '미스코시' 옥상에 올라 내가 자라온 스물여섯 해를 회고해 보았다. 그때 뚜하고 정오 사이렌이 울렸다. 나는 외쳐보고 싶었다.

　'날개야 다시 돋아라, 날자 날자.'

—이상의 〈날개〉에서.

　이 문장을 보면 자기 분열에 이른 자의식 세계를 사실주의 수법으로 기술하고 있다.

〈동백꽃〉

　열일곱 살 동갑내기인 마름의 딸 점순이는 소작인 아들인 '나'에게 치마폭에 숨겨온 감자를 넌지시 내밀면서,

　"늬집엔 이거 없지?"

하자 심사가 뒤틀린 나는,

　"너나 먹어라."

하고 모처럼의 호의를 뿌리친다. 그때부터 점순이는 내가 눈에 띄기만 하면 온갖 방법으로 못살게 군다. 걸핏하면, 자그만한 우리집 수탉을 잡아다가 험상궂고 억센 자기네 수탉과 닭싸움을 붙이기가 일쑤이고, 별의별 악담도 서슴치 않고 퍼부어 댄다. 어느 날 산에서 내려오던 나는 점순이가 우리집 수탉을 반죽음이 되도록 괴롭히는 것을 본 순간, 홧김에 작대기로 점순네 수탉을 때려 죽인다. 그리고는 이 일로 해서 우리집이 내쫓기게 될지도 모른다는 생각에 울음을 터뜨린다. 그러나 점순이

는 말만 잘 들으면 이르지 않겠다며 내 몸을 왈칵 떠다 미는 바람에, 한 창 흐드러지게 핀 동백꽃 속으로 푹 파묻혀 버리고 만다. 알싸한 그리고 향긋한 동백꽃 냄새에 나는 온 정신이 아찔해진다.

―김유정의 〈동백꽃〉에서.

서술 표현이 아주 향토적이다. 그뿐만 아니라 웃음(해학)을 자 아내게 하는 토속적 문장이 한창 돋보인다고 할 수가 있다.

이렇게 소설의 문장에도 다양한 서술법으로 독자와 함께 대화 를 이루는 듯한 느낌을 주는 것이 바로 소설문이라고 할 수가 있 다.

4. 수필문을 이해하고 쓰는 요령

수필이란 글자 그대로 붓 가는 대로 써지는 글이다. 그러므로 다른 문장보다 더 개성적이고 경험적이라고 할 수가 있다. 논조 (論條)를 밝히고 형식 같은 것은 차릴 길 없이 우연욕서격(偶然欲 書格)으로 한 감상, 한 소회, 한 의견이 문득 솟아오를 때, 설명으 로 되든, 묘사로 되든, 가장 솔직한 대로 표현하는 글이 수필인 것이다.

너무 솔직하기 때문에 논문보다 오히려 찌름이 빠르고, 날카롭 고, 형식에 잡히지 아니하기 때문에 아름다운 시경(詩境)이나 아 니면 아름다운 경구(警句), 그리고 유모어가 적라(赤裸)하게 나타 나게 되는 것일 것이다. 그래서 어떤 이는 이 수필을 강의나 연설 이 아니라 좌담과 같은 글이라고 평하고 있다. 혹은 음식에 비유 하면 정식(定食) 희석 요리가 아니라 일품 요리와 같은 글이라고 하고 있다.

근사하다고 할 수 있는 비유라고 할 수 있으며 단적이요 소야 (疎野)해서 필자의 면목이 첫마디부터 드러나는 글, 이것이 수필 이다.

188

글을 쓰는 사람의 자연관, 인생관, 그 사람의 습성, 취미, 그리고 지시와 이상(理想), 이와 같은 모든 '그 사람의 것'이 직접 재료가 되어서 나오기 때문이다. 누구에게 있어서나 수필은 자신의 심적 나체라고 할 수가 있다.

그러므로 수필을 쓰려면 먼저 '자기의 풍부한 지식'이 있어야 하고, '자기의 아름다운 미'가 있어야 한다. 세상만반에 통효(通曉)해서 어떤 사물에 부딪치든지 정당한 견해를 나타내야 할 것이요, 이 견해에서 한 걸음 나아가 관찰에서나 표현에서 독특하게 자기만의 스타일을 지켜야 한다.

또, 수필은 한가로운 심경에서의 시필(試筆)쯤에 그치는 본성을 가지고 있다. 그러나 이렇게 걷잡을 수 없으면서, 그래도 어딘가 한줄기 맥이 있다. 그것이 위대한 정도에 따라서 더 그러하다. 사람의 기분이란 어딘가 무책임하게 기복(起伏)하는 뜻을 느끼면서 그 이면에 인격이라고 하는 그림자가 숨어 있음을 본다.

한 개의 영혼 위에 얼마나 많은 기분이 노는 것일까? 이 기분을 무시해 버린다면 수필은 또한 같은 운명에서 무시되고 말 것이다. 그러나 현명한 사람은 기분의 배면(背面)에 있는 영혼의 존재를 망각하지는 않는다. 사람은 모두가 다 좋은 기분에서 살 필요를 느낀다. 그리고 또한 살고자 희망도 한다. 이것은 영혼의 환경인 까닭이다. 이와 같이 수필에는 기분 가운데에서 고백되고, 어둠 속에 흐르는 광선과 같은 맥이 있다.

문학이라고 하는 형식에서 보면 수필에서는 소설이나 시나 희곡에서 보는 바와 같은 어떤 완성된 '폼(form)'이 없다. 단편 소설을 제작하려면 적어도 에드가 알란 포오나 안톤 체홉이나 혹은 모파상에서 잠시라도 사숙하여야 한다. 시나 희곡을 쓰려면 괴테나 섹스피어 혹 입센 등에서 그 완성된 형식을 비록 모델로 삼지는 않는다고 하더라도, 한번 살펴볼 필요는 있을 것이나, 수필은 반드시 그 형식을 구하거나 참고하려는 뜻에서 찰스 램이나 해즐

리트를 찾을 필요성까지는 없을 것 같다.

가장 아름다운 수필을 찾아, 우리 문학적 항심(恒心)을 만족시키며 영양시키고자 하는 점을 찬성해 마지 않는다. 그러나 그 형식의 섭취에 구속된 바는 없는 것이다. 오직 사로잡히는 평정(平靜)한 마음에서 마치 먼 곳, 그리운 동무에게 심정을 말하려는 듯한 그러한 한가로움을 붓으로 움직여서 무의식 속의 단상을 한 편의 문장으로 써내면, 그것이 바로 수필인 것이다.

잘 되었으면 훌륭한 창작으로서의 문학까지, 못 되면 잡문까지 상하의 단계가 이루어질 것이니 수필문학은 말하자면 무형식이 형식인 것이다. 이것은 곧 수필의 운명이요, 또한 성격이라고 할 수가 있다.

이상을 대략 종합하여 수필 쓰는 요령을 간단이 적어 보면 다음과 같다.

① 한편의 문장이 너무 길어서는 안 된다. 아무리 길어도 7~8쪽, 짧은 것은 2~3쪽으로부터 4~5쪽이 가장 적절하다. 200자 원고지로 14~17매 정도가 좋다.

② 읽는 데 힘이 들거나 싫증이 나지 않도록 가볍게 쓰인 스타일 속에 끊임없이 깊은 인간미의 샘이 솟아 오르도록 해야 한다.

③ 자기 혼자 즐기는 글을 써서는 안 된다. 남이 읽어서 비웃음이나 악감(惡感)이나 싫은 느낌을 갖지 않도록 써야 한다고 하는 사실이 중요하다. 그러므로,

ⓐ 꾸밈없이 솔직하게 쓴다.

ⓑ 어려운 주제를 피하고, 되도록이며 다루기 쉬운 소재를 생활 주변에서 선택한다.

ⓒ 구성을 효과적으로 한다.

ⓓ 사상이나 철학적 깊이가 있도록 한다.

ⓔ 자신의 경험을 들어내기보다는 적절하게 조절한다.

ⓕ 문학 가치성을 고려해야 한다.

◗ 수필의 감상 방법

① 모르는 낱말, 구절의 뜻을 이해해야 하고, 전체 줄거리를 확실히 아는 것이 중요하다.

② 줄거리 속에 지은이가 독자에게 주려는 교훈이 무엇인가 살펴야 한다.

③ 소재와 주제를 파악한다.

④ 지은이의 개성적인 문체나 말투, 표현 등을 살펴본다.

⑤ 지은이의 생각이나 인생관을 살펴 본다.

아버님을 뵈옵 지 못한 지 벌써 2년 남짓이다. 지금도 내 가슴을 허비는 것은 아버니의 그 뒷모습입니다. 그해 겨울, 아버님께서 직장마저 그만두셨을 적에 별안간 할머니마저 돌아가셨으니 엎친 데 겹친 것이었다. 북경에서 부음을 받고 아버님이 계신 서주(徐州)로 내려가 아버님을 모시고 분상하려 했다. 서주에서 아버님을 뵈었을 때엔 온 집안이 낭자하게 헝클어져 있었다. 생전의 할머니가 생각나 쏟아지는 눈물을 어쩔 수 없었다. 그러는 경황에도 아버님은,

"어쩔 수 없는 일이군, 울어서 될 일이 있담? 설마 산 입에 풀칠 못하겠어?"

집에 돌아가자 이리저리 팔 것은 팔고 잡힐 것은 잡히고 나니 살림은 쓸어간 듯 비어버렸고, 거기다 장례빚만 수북이 남아 있었다. 집안꼴이 이쯤되면 말이 아니었다. 할머니 장례 때문도 그렇지만 그보다는 아버님의 실직 때문이었다. 이럭저럭 장례를 끝내고 그대로 헛간 같은 집에 붙어 있을 수도 없었다. 아버님은 아버님대로 남경(南京)으로 가서 일자리를 구하려 했고, 나는 다시 북경으로 돌아가야 했다. 그래서 동행키로 했다. 남경에 가서 친구의 만류로 하루를 놀고 이튿날 오전 포구로 건너가 오후엔 북경행 기차를 타기로 했다. 아버님은 볼 일 때문에 내가 떠나는 것을 보지 못할 거라 하시면서 잘 아는 머슴을 시켜 나를 돌보게 했다. 그것도 서너번이나 귀찮을 정도로 신신당부하고 가셨다. 그래 놓고도 마음이 안 놓이는지 머뭇거리셨다. 사실 말이지 그때만 해도 내 나이

스물에 북경만도 벌써 두셋차례나 나들이 했는지라 그렇게까지 할 필요
는 없었다. 아버님은 끝내 그래도 당신이 직접 전송해야 되겠다고 고집
을 부리는 것이었다. 몇번이나 그럴 것 없다고 말씀드려도,

"쓸데없는 소리, 여관 보이가 무엇 한담?"

하면서 고개를 흔드는 것이었다. 우린 강을 건너고 역으로 바삐 걸었다.
내가 차표를 사는 동안 아버님은 짐을 지키고 계셨다. 짐이 많아서 역부
에게 팁이라도 주어야 옮길 수 있었다. 아버님은 역부들과 또 흥정을 하
시는 거다. 서툴게 말씀하시는 품이 내가 보기엔 너무 매끈하지 못해 오
히려 내가 참견해야만 했다. 내 소견엔 내가 똑똑한 거라 생각이 되었
다. 아버님 고집대로 흥정이 떨어지자 돈 몇 푼을 쥐여주고 짐을 찻간에
실어 올렸다. 아버님은 찻간에까지 따라 오르시더니 차창쪽으로 자리를
잡아주셨다. 나는 아버님이 주신 자색 오버를 자리에 깔고 앉았다. 나더
러 밤중에 짐 조심하고 감기 안 들게 조심하라고 당부하신다. 그런가 했
더니 또 판매원을 붙들고 나를 좀 보살펴 주라고 허리를 연신굽히며 당
부하셨다. 나는 속으로 아버님의 어두운 물정을 비웃고 있었다. 돈 보고
돈이나 빼앗아 먹는 그네들에게 왜 저리 일을 하는가고. 그런가 하면 나
도 이젠 나이께나 먹은 주제에 설마 자기 코앞의 일도 치러내지 못하지
는 않을 텐데 생각하면 정말 우쭐대던 소년이었다.

"아버지 이젠 들어가세요."

돌아가시라는 청을 들은 척도 않으시면서 창 밖을 한참이나 지켜보던
아버지는,

"애 귤이나 몇 개 사올 테니 여기 앉았거라."

하셨다. 아버지가 걸어가는 플랫홈 저쪽 울타리 밖으로 장수 서넛이 어
정거리고 있었다. 저쪽 홈으로 가려면 철도를 건너야 하고, 이쪽 홈을
뛰어 내려서 또 저쪽 홈을 기어 올라야 한다. 뚱뚱하신 아버지에겐 힘든
일이었다. 내가 가야 마땅할 걸, 한사코 당신이 가신다니 어쩔 수 없는
일이었다. 까만 베로 지어 만든 작은 모자를 쓰신데다 까만 말괄(馬掛)
에 진한 쪽빛 무명두루마기를 입고 기우뚱거리며 철도를 건너느라 조심

스럽게 허리를 굽히는 품은 그렇게 어려워 보이지 않았다. 그러나 철도
를 건너고 난 뒤 저쪽 홈을 오르려고 온몸을 비비적거리면서 기는 모습
은 여간 힘들어 보이지 않았다. 아버지는 두 손을 홈 바닥에 밀착시키고
두 발 끝을 위쪽으로 오므리다가는 그 뚱뚱한 궁둥이가 왼쪽으로 기우뚱
할 때는 앗차하게 내 손에 땀을 쥐게 했다. 여기서 나는 아버지의 뒷모
습을 처음으로 확연히 볼 수 있었다. 나도 모르게 뜨겁게 뺨을 적시게
하는 일이 있었다. 나는 얼른 눈물을 닦았다. 내 눈물이 아버지에게 들
킬까 두려웠고 또 남들이 볼까 두려웠다. 내가 다시 바깥쪽으로 눈길을
멍하니 돌리고 있을 때 아버지는 주홍색 귤을 보듬고 이쪽으로 걸음을
옮기고 계셨다. 철도를 다시 건널 때 이번에는 귤을 땅에다 놓더니만 먼
저 서서히 기어내려서는 다시 그 귤을 보듬고 기우뚱거리며 오는 것이
다. 이쪽으로 겨우 기어 오르셨을 때 나는 얼른가서 부축해드렸다. 같이
찻간에 올라 귤을 내 오버 위로 와르르 쏟았다. 아버지는 흙 묻은 옷을
털더니만 한숨 섞인 목소리로,
 "나 간다. 도착한 즉시 편지하렴."
하셨다. 승강구를 뛰어내려 몇 발을 옮기더니만 또 뒤를 돌아보며,
 "덜어가거라, 내 자리 살피렴!"
 아버지의 뒷모습이 오가는 인파 속에 파묻히자 다시 찾을 수 없었다.
내 자리로 돌아와 앉자 눈물은 기다렸다는 듯이 흘러내렸다. 우리 부자
가 몇 해를 두고 동분서주해 봤지만 집안꼴은 갈수록 기울어 갔다. 젊었
을 적엔 살림을 늘리시느라 혼자서 타관 하늘을 떠돌며 많은 일도 저질
러 보셨지만, 노년에 들어 이렇게 참담할 줄은 미처 생각지 못하였으리
라. 어버님 심경이야 어디를 보나 어디를 가나 스스로를 질정할 수 없는
실의 그것뿐이었다. 가슴에 맺힌 울분은 더러는 화가 되어 밖으로 터져
나오기도 했다. 나를 대하는 것도 옛날과는 달라졌다. 그러나 뵙지 못한
2년 동안 내 잘못은 잊어 버리시고 나를 걱정하시고 그리고 내 아들을
걱정하는 그런 노파심으로 변해 가는 것이다. 어느날 북경으로 보내온
편지는 이러했다.

'늙은 몸이지만 그런 대로 편안하게 지낸다. 다만 어깨쪽이 무겁고 아파서 견딜 수가 없구나. 젓가락을 들거나 붓을 잡기에도 제대로 말을 안 들으니 말이야, 아마 갈 날이 멀지 않은 모양이지.'

여기까지 읽었을 때 내 치렁한 눈망울엔 또 한번 그 쪽빛 무명두루마기와 까만 말괄의 뒷모습이 뜨겁게 덤벼오고 있었다. 아아! 다시 뵈올 날은?

이 수필 1편은 중국 사람 주자청(周自淸 : 1898~1948 시인. 수필가)이 쓴 〈뒷 모습〉이라고 하는 글이다. 필자 부자 간의 마음이 면면히 들어있다. 늙은 아버지가 아들을 대하는 마음 또 아들이 아버지를 느끼는 솔직한 심정이 너무 잘 나타나 있다. 한마디로 바로 이같은 것이 수필이라고 할 수가 있고, 독자는 이 글을 읽음으로써 공감과 더불어 은연 중 나도 부모에 대한 효심을 새롭게 한다. 그렇다면 글을 쓰는 내용을 비교해 보기로 하자.

이 〈뒷 모습〉이라고 하는 경수필에는 1항 원고지 15~6매의 글로 되어 있어 짧지도 길지도 아니하는 글이 되었다. 2항도 이 글을 읽는데 조금도 힘이 들거나 부담이 가지 않았다. 오히려 읽는 이로 하여금 빨려들고 깊은 인간미에 공감을 느끼게 하였다. 3항 ⓐ 꾸밈 없이 솔직하게 썼다. ⓑ 어렵지 않고 다루기 쉬운 장면을 그대로 조명하였다. ⓒ 구성면에 있어서도 처음은 어려운 가정 이야기로부터 시작하여 역플랫홈과 객실 안의 묘사와 아버지 모습을 리얼하게 그려 나갔다. ⓓ 사상도 들어있다. 본능적인 부자의 마음이 잘 드러나 있다. ⓔ 감정도 적절하게 조화하면서도 한편 독자로 하여금 가슴 뭉클하게 하였다. ⓕ 문학적 가치성을 보여 주고 있다.

이상 글을 쓰는 요령은 전부 갖추어졌다고 보아 좋은 수필로 평가를 한다.

일전에, 아서 랜섬(영국의 현대문학자) 씨가 페트로그라드에서 보낸 소식에 재미있는 이야기가 있다. 한 늙은 부인이 바구니를 들고 거리 한 복판을 걷고 있었다. 교통이 혼잡해지고, 본인도 적잖이 위험했다. 보행 자는 따로 포장된 보도를 걸어야 한다고 경고를 했지만, 그 부인은 "나 는 내가 좋아 하는 곳을 걷겠어요. 오늘날 우리는 자유를 가지고 있습니 다"라고 대답하는 것이다.

이 노부인은 '자유'라고 하는 것이 보행자에게 길 한복판을 걷는 권리 를 부여한다는 식으로 이해를 한 것이다. 그러나 그와 같은 이치로 따진 다면 자동차 운전사에게도 보도를 달리는 권리를 부여할 것이며, 따라 서 그런 자유는 전면적인 혼란을 초래하게 되는 것을 미처 생각하지 않 았던 것이다. 그 결과는, 상호 간에 남의 앞길을 방해하여 아무도 자신 의 방향대로 앞으로 나가지 못하게 될 뿐이다. 개인의 자유는 사회의 혼 란을 초래하고 만다.

요즈음 세상에서는 사람마다 이 바구니를 든 부인처럼 자기 한사람의 자유에 도취될 염려가 있으므로, '통행규칙'이 무엇을 의미하는가를 각 자가 스스로 반성해 볼 필요가 있다. 교통규칙이 의미하는 것은 모든 사 람의 자유가 보장되기 위해서 모든 사람의 자유가 제한을 받아야 한다는 이치다. 이를테면, 교통순경이 피카디리 광장에서 도로 한복판에 들어 가 한 손을 치켜들 때 그는 전제의 상징이 아니라 자유의 상징이라고 할 수가 있다. 어쩌면 여러분은 그렇게 생각하지 않을지도 모른다. 여러분 의 차가 그 순경의 손짓으로 저지를 당하는 경우 나의 자유가 침해당한 것처럼 느낄지도 모른다.

하지만, 여러분이 분별 있는 사람이라면 그때는 이렇게 반성을 해야 한다. 즉 순경이 나에게 간섭을 하지 않는다면 또한 아무에게도 간섭을 하지 않을 것이니, 그 결과 광장은 도저히 내가 건너가지 못할 혼란의 도가니가 되고 말 것이다라고.

다시 말하면, 여러분은 각자 자기의 자유를 현실화해 주는 사회질서 의 혜택을 받기 위해서 사적인 자유의 제한에 복종하는 것이다. 자유라 는 것은 단순히 개인적 문제에 그치는 게 아닌 사회적인 약속이다. 약속에 의해서 모든 사람의 이해관계를 조화시키는 것이다. 남의 자유에 저촉되지 않는 문제에 있어서는 마음껏 자유를 행사할 수 있다.

내가 실내복을 입고 맨발로 스트랜드 가를 걸어간다 해서 누가 말리겠는가. 여러분은 나를 보고 웃을 자유가 있을 것이고, 나에게는 여러분의 비웃음을 무시할 자유가 있다. 내가 머리를 염색하거나 수염에 초를 바르거나, 늦게 자거나, 일찍 일어나거나 내 멋대로 할 뿐이며 어느 누구의 허가를 받을 필요가 없다.

또한 여러분도 신교도여야 할지 구교도야할지, 검은 머리의 부인과 결혼할 것인지, 노랑머리의 부인과 결혼할 것인지, 그런 문제에 관해서 나의 의견을 묻지 않을 것이다. 이런 일에 있어서는 여러분이나 나나 자기 좋은 대로 하면 그만이지 누구의 허락을 받을 필요가 없다. 우리는 각자 자신이 통치하는 하나의 완전한 나라를 가지고 있으며, 그 영토 안에서는 하고 싶은 일을 하며 현명하거나 어리석거나, 엄격하거나 너그럽거나, 인습에 매여 지내거나 신기한 생활을 하거나 자기 마음대로이다.

그러나 그 왕국에서 한 걸음 밖으로 나가자 마자 우리의 개인적 행동의 자유는 남의 자유와 조화되기 위해 제한을 받는다.

한밤중에 트럼본을 연습하고 싶은 생각이 들었다고 하자. 물론 헬벨린 산꼭대기에 가서 한다면 그야 내 자유겠지. 하지만 침실에서 한다면 집안 사람들의 반대를 받을 것이고, 거리에 나가서 한다며 나의 트럼본을 부는 자유로 인하여 이웃들에게 수면의 자유를 방해해서는 안 된다고 경고를 받을 것이다.

세상에는 많은 사람이 살고 있으므로, 나는 내 자유를 그들의 자유에 순응시키지 않으면 안 된다. 남의 권리나 감정에 대해서 상당한 고려를 베푸는 게 사회적 행동의 기초이다. 이 점에 있어 세상에서는 흔히 여자가 남자만큼 예절이 바르지 못하다는 말을 하는데, 역시 경험에 비추어 출찰구에서 남을 앞지르고 나타나는 것은 여자, 그것도 으레 옷을 잘 차려입은 여자라는 사실을 지적하지 않을 수 없다.

남자는 그런 짓을 하지 않을 것이다. 남이 그런 짓을 할 적에 용납하지 않으리라는 것을 스스로 알고 있기 때문이며, 또한 사회관계의 세밀한 면에서 양보하는 훈련이 잘 되어 있기 때문이다.

남자는 세상의 넓은 물결 속에서 여러가지 기회에 부딪치므로 사회적 행동의 표준에 순응하는 도리를 배우게 된다. 남자는 그의 학교생활, 클럽활동, 각종 운동경기 등을 통하여 훈련을 받아오고 있는데 여자들은 겨우 이제부터 그 훈련을 받기 시작한 것이다.

알프레드 가드너(Gardiner, alfred Geore : 1865~1946)는 영국의 수필가이자 평론가이다. 〈교통규칙〉이라고 하는 이 수필은 중수필(에세이)이다.

교통규칙을 이야기하면서 자유에 대한 개념을 담았다. 대체로 이론적이고 비평적 성격을 띤 에세이이다. 그러나 여기서는 정연한 비평과 논리가 담겨 있다.

◐ 수필의 종류
경수필(輕隨筆)과 중수필(重隨筆)로 나눈다.

① 경수필(미셀러니) : 일상생활에서 일어나는 일을 바탕으로 하여 개인 취향, 체험, 느낌, 인생 등을 자유롭게 글 쓴 것으로 개인적이며, 체험적이고 예술성이 내포되어 있는 주관적인 글을 두고 하는 말이다.

② 중수필(에세이) : 사회적 수필로서, 지적인 내용을 비교적 무게 있게 다룬 글이다. 보편성이 있는 일정한 주제를 객관적인 관찰을 바탕으로 체계적 논거를 세워서 쓴 글로서 비교적 이론적, 사색적, 비평적 성격을 띤 글이다.

◐ 경수필과 중수필의 비교

경수필	문장흐름이 경쾌하다	감성, 정서로 전개	자기 고백적	주관적, 개성적 표현	정서적, 신변 잡기적	예술적 가치 추구
중수필	문장흐름이 무겁다	보편적 논리와 이성을 중시	논증적	객관적, 사회적 표현	사색적, 지적, 비판적	실용적 가치 추구

◑ 형식에 의한 분류

① 서술체 수필(敍述體隨筆) : 사상과 감정을 형식의 제한없이 자유롭게 쓴 수필을 두고 말한다.

② 서간체 수필(書簡體隨筆) : 가상적 대상 인물을 설정하고 그에게 편지하는 형식으로 쓰는 수필.

③ 일기체 수필(日記體隨筆) : 일기 형식으로 적은 수필을 두고 말한다.

④ 기행문 수필(紀行文隨筆) : 기행문 형식으로 쓴 수필을 두고 말한다.

◑ 수필의 표현

수필은 작자가 쓰는 목적이나 의도에 따라서 여러가지 표현방법을 사용할 수가 있다.

① 설명(說明) : 글쓴이가 알고 있는 것을 독자에게 알리어 이해시키거나, 글쓴이가 생각하고 있는 것을 독자가 받아 들이도록 진술하는 표현방법이라고 할 수가 있다.

예 '카뮈'라는 프랑스의 소설가는 구두닦이가 열심히 일하는 모습을 보고 무한한 희열을 느꼈다고 한다.

② 논증(論證) : 글쓴이가 믿고 있는 사실을 독자에게 믿게 하거나 받아들이도록 설득, 논증하는 표현 방법을 두고 말한다.

예 아들이여, 무엇인가 요즘 사람들이 참을성 있게 닦고 또 닦아서 사물로부터 광택을 내는 일을 볼 수 있다면, 그것은 구두닦이 정도가 아닐까 싶다.

◑ 수필의 묘사(描寫)

어떤 대상을 눈에 보이듯 귀에 들리듯 실감있게 그려 보는 것을 말하며, 어떤 대상에서 감동을 받은 인상을 전달하고자 하는 데 그 목적이 있다.

198

① 대상을 목적이나 특징 등을 진술해서 독자의 감각과 상상력에 호소를 한다.

② 설명에 비해 구체적, 비론리적, 주관적인 진술방식이다.

◗ 수필의 서술(敍述)

어떤 사물의 움직임이나 이 움직임을 연속 표현하여 독자의 마음 속에 어떤 느낌을 주려는 표현방법을 두고 말한다.

① 묘사가 고정된 모습을 보여 주는데 비하여, 서술은 주로 움직이는 모습을 보여 준다.

② 과정에 비해 설명하거나 정보를 제공하는 것이 아니라 그 과정 자체를 직접 눈 앞에 제시한다.

예 내가 다시 밖으로 눈을 돌렸을 때, 아버지께선 귤을 한아름 안고 이쪽으로 오고 계셨다. 나는 밖으로 나가서 아버지를 부축해 드렸다.

5. 기행문을 이해하고 쓰는 요령

여행처럼 신선하고 여행처럼 다정다감한 생활은 없다. 보고 듣는 모든 것들이 새 것들이다. 새 것들이니 호기심이 일어나고, 호기심이 일고 보니 무슨 감상이고 떠오른다. 이 객지에서 얻는 감상을 쓰는 것이 기행문이다.

객지에서 얻은 감상, 그러니까 우선 떠나야 한다. 가만히 자기 처소에 앉아서는 쓸 수 없는 글이다. 멀든 가깝든, 처음이든 여러 번째든, 어디로고 떠나야 객지인 것이니 기행문에는,

첫째로, 떠나는 즐거움이 나와야 한다. 그래야만 독자도 기대를 가지고 읽게 되는 것이다.

둘째로, 노정(路程)이 보여야 한다. 그 기행문을 읽으면, 독자가 따라 다니는 것과 같이 노정이 눈에 선하면 그만큼 독자에게 친절해서 좋다. 그렇게 친절한 필자면 좋은 구경꺼리를 결코 빼놓지 않고 보여줄 것같이 믿어지는 것이다. 그러나 이 노정에 관

한 친절이 지나쳐서 여행안내소, 관광사업체 같은 데에서 주는 안내기나 설명문처럼 느껴지면 안 된다.

셋째로, 객창감(客窓感)과 지방색(地方色)이 나와야 한다. 기행문은 바로 나그네의 글이다. 글의 배경은 모두 산 설고 물 설은 객지다. 공연히 여수만을 하소연 할 것이 아니로되, 그래도 객지에 나와 몇 일 지나면, 더더구나 일행이 없이 혼자라면 길손으로서 애수가 없을 수가 없다. 이 애수란 기행문만이 가질 수 있는 미(美)의 하나다. 그리고 타관다운 눈에 설은 풍경이 전폭적으로 풍겨져야 한다. 그러자면 기이한 것을 어느 점으로는 묘사해야 한다.

넷째로는 노래나 그림을 넣어도 좋다. 흥취와 경이가 돌발적으로 나오는 글이 또 기행문(紀行文)이기도 하기 때문이다. 이미 안지 오랜 고적도 당해 놓으면 감회가 새삼스럽고, 여태 기어오르던 산이라도 한걸음 더 오르므로 말미암아 전혀 다른 안계(眼界)가 되는 수가 있다. 그런 돌발적으로 격해지는 감회, 그리고 흥취, 경의를 산문으로만 서술하기엔 너무나 늘어질 뿐만 아니라 감격을 온전히 전할 수 없으니 뜻보다 정의 표현인 운문(韻文)을 이용하게 되는 것이다.

그리고 방위를 위해서나, 실경을 위해서나 그림을 그려 글 속에 끼는 것도 일취(一趣)가 있는 솜씨이다. 그러나 노래나 그림에 상당한 실력이 없이는 본문에 손색이 될 만한 정도면 차라리 단념하는 것이 현명하다.

다섯째로 고증(考證)을 일삼지 말 것이다. 기행문에는 흔히 여행지의 역사적 회고(懷古)와 학술적 견해가 있기 마련이어서 독자에게 가르침과 일깨워짐이 따른다. 그러나 이것은 모두 취미 범위 내에서이기 때문에 좋다. 기행문에 나오는 학문이나 역사는 취미와 회고 정도에서 의미가 있지, 무슨 강의를 하듯 고증과 주장을 일삼아서는 기행문이 아니라 학술논문이다.

　기행문에서는 흥취로 교(驕)하되 지식으로 교할 것은 아니다. 이 외에 더욱 주의할 것은 감각이다. 감각이 날카로와야 평범한 데에서도 맛있게 인상적이게 느낄 수가 있다.

　그리고 노정과 일정이 장원(長遠)한 데에서는 형식을 일기 형식으로 취함이 좋은 방법의 하나이다. 또 당일로 다녀오는 조그만 소풍기(逍風記) 같은 데에서는 다음과 같은 몇 가지에 관심을 깊이 두는 것이 요령을 잃지 않는 방법일 것이다.

① 날씨.
② 가는 모양.
③ 가는 곳과 나.
④ 상상하던 것과 실제.
⑤ 새로 보고 들은 것.
⑥ 가장 인상 깊은 것.
⑦ 거기서 솟은 무슨 추억과 희망.
⑧ 이날 전체의 느낌 등.

　유럽을 방문하려는 미국인에게는 그가 앞으로 해야 하는 하나의 훌륭한 준비 과정이다. 일시적이나마 세간과 속무(俗務)를 떠나기 때문에 마음은 새롭게 활발한 인상을 받아들이기에 특별히 알맞은 상황이 된다. 두 반구를 나누는 광대한 해면은 인생의 공백 그대로다. 점차적인 추이라고 하는 것은 없다.

　유럽에서처럼 한 나라의 지세와 인구가 다른 나라의 것들과 깨닫지 못할 정도로 뒤섞이는 그러한 추이라고 하는 것은 없다. 한번 떠난 땅이 눈에서 사라지는 순간부터 다른 기슭에 발을 디디고, 당장에 다른 세계의 훤소(喧騷)와 긴장 속에 휩쓸려 들 때까지 모두 허허공간이다.

　바다에서는 모두 허허공간이라고 나는 앞서 말했다. 그러나 나는 이 표현을 정정해야 하겠다. 백일몽(百日夢)에 잠기는 사람에게는, 즐겨 몽상에 빠지는 사람들에게는 항해란 명상의 대상에 꽉 차 있다. 그렇다면 이 명상의 대상들은 심해의, 대기의 불가사의이며 속세로부터 정신을 떼어 놓으려 한다.

나는 고물의 구명대에 기대기를 좋아했고, 또는 파도가 잔잔한 날에는 큰 돛대의 망루에 올라서 몇 시간이고 항해의 고요한 가슴 위에서 생각에 잠기기를 좋아했다.

수평선 위에 막 나타나는 황금빛 구름의 층층다리를 바라보면서 그 구름이 선경(仙境)인 양 공상하며 그 구름에 내가 상상하는 인물을 살게 하는 것을 즐겼고, 점잖게 너울거리는 놀이 마치 저 행복한 기슭에서 사라지려는 듯이 은빛 두루마리를 말아 붙이는 광경을 즐겨 지켜 보았다.

우리는 어느날, 멀리 떠다니는 어떤 형태없는 물체를 발견하였다. 바다에서는 광막한 주변의 단조로움을 깨뜨리는 것이라면 무엇이나 주위를 끄는 법이다.

그것은 완전히 난파한 선박의 돛대임에 분명했다. 왜냐하면 선원들이 파도에 휩쓸리지 않으려고 그들의 몸뚱이를 묶었던 손수건들이 돛대에 남아 있었으니 말이다. 선명(船名)을 확인할 만한 흔적도 하나 없었다. 그 난파물은 여러달 동안 표류했음이 틀림없었다. 조개 껍질들이 돛대에 달라 붙었고, 긴 해초들이 돛대에서 나풀거렸다. 하지만 선원들은 어디 갔을까. 그들의 고투는 이미 끝난지 오래였고, 그들은 태풍의 노호 속에서 가라앉았고, 그들의 시체는 심해의 동굴 속에 드러누워서 백골이 드러났다. 정적이, 망각이 파도처럼 그들 위에 장막을 드리웠고, 그들의 종말을 이야기할 수 있는 사람은 아무도 없다.

그 배를 쫓아서 얼마나 긴긴 탄식이 떠내려 왔던고! 이 심해의 방황자의 소식을 행여나 하면서 알아보려고 애인이 아내가, 어머니가 얼마나 자주 일간신문의 뉴스에 덤벼 들었을까? 기대가 우려로, 우려는 위구로, 그리고 위구는 절망으로 얼마나 악화되었을까! 슬프다! 유품이 하나 돌아와 그리움을 못 받게 되리라! 알 수 없는 것은 배가 항구를 떠났는데 '영영 소식이 없었다'라고 하는 것뿐이다.

이 난파물의 발견은 으레 그렇듯이 음산한 일화들을 화제로 오르게 했다. 더구나 갑작스럽게 물결이 일었다. '우리는 다시는 그들을 보지 못했고 그들이 외치는 소리를 듣지 못했다'는 선장의 이야기를 들었을 때 나의 아름다운 공상은 잠깐동안 뚝 끊어졌다. 폭풍은 밤이 깊어지면서 더욱 심해졌다. 바다는 파도끼리 부딪쳐 대혼란이었다. 파도는 무시무시하게 음산한 소리를 내며 덤벼 들었다가는 이내 부서졌다.

심연(深淵)이 서로 호응했다. 시커먼 구름장은 간간이 번갯불에 조각조각 찢어지는 듯했고, 거품을 뿜는 놀과 더불어 떨었다. 번갯불 뒤의 암흑은 겹으로 무시무시한 것 같았다. 천둥소리는 사나운 누리에 울렸고, 산더미 같은 놀이 메아리치며 그칠새가 없다. 배가 으르렁거리는 구렁텅이 속으로 뛰어드는 것을 본 나는 이 배가 균형을 유지하면서 계속 떠 있는 게 기적 같기만 했다.

돛의 가름대들이 물 속에 들고, 이 물은 거의 파도 밑에 파묻혔다. 때때로 덤벼드는 유람선을 삼킬 듯했으나, 키를 교묘하게 조종하여서 간신히 전복을 면했다.

내가 선실로 돌아온 뒤에도 그 무서운 장면은 내게서 떠나지 않았다. 동아줄을 울리는 바람소리는 마치 장례식의 곡성과 같았다. 못 하나가 빠져도, 조그만 틈이 생겨도 죽음의 신은 침입할지 모른다. 그러나 날이 개어선 조용해지고 산들바람이라도 불어주면 이 모든 음산한 생각은 순식간에 구름이 걷히듯 하고 만다.

해상에서 쾌청한 순풍을 받으면 기분이 좋아지지 않을 수 없다. 돛을 모조리 달고(돛은 모두 바람에 부풀고) 물결치는 바다를 쾌주할 때 배는 얼마나 고매하게, 얼마나 호화롭게 어쩌면 이다지도 배는 심연에 대해서 거만하게 보일까!

햇살이 눈부신 어느 맑은 아침, 돛대 꼭대기로부터 '육지가 보인다' 하고 온몸을 떨면서 외치는 소리가 들려 왔다. 이 경험이 없는 사람은 미국인이 처음으로 유럽을 보았을 때 그의 가슴에 복받치는 향긋한 감정의 소용돌이를 상상할 수 없을 것이다.

유럽이라는 바로 그 이름에는 숱한 영상이 붙어 있다. 유럽은 희망의 나라이며 그가 어렸을 때 들었던, 또는 학생 때 들었던 모든 것으로 꽉

차 있는 나라이다. 그때부터 도착하는 순간까지는 그저 흥분뿐이었다. 수호의 거인처럼 연안을 돌아다니는 전함들이며, 해협으로 돌출한 아일랜드 곶들이며, 구름 위에 솟아 있는 웨일즈의 산들이며, 모두 강렬한 흥미의 대상들이다.

우리가 머지강을 거슬러 올라갈 때, 나는 망원경으로 양쪽의 해안을 정찰했다. 손질한 과목 숲과 잔디밭을 가진 조촐한 농가에 눈을 붙이고 있으니 유쾌한 기분이 들었다. 나는 승원의 폐허에 담쟁이가 기어다니며 마을 교회의 첨탑이 이웃산의 가장자리로부터 솟아오른 것을 보았다. 모두 잉글랜드의 특색을 나타내고 있었다.

물때와 바람이 순조로와서 배를 곧장 부두에 댈 수 있었다. 부두에는 사람들이 몰려 있었다. 그저 막연히 구경하는 패들도 있었고, 친구나 친척을 열심히 찾는 패들도 있었다.

나는 이 배에 실은 상품의 위탁판매를 맡은 상인을 식별할 수가 있었다. 궁리를 하는 이마이며 초조한 기색을 미루어 보아 나는 그 사람인 줄 알았던 것이다. 그는 주머니에 두 손을 찌르고 휘파람을 불면서 어정거리고 있었다. 군중이 그에게 조금이나마 자리를 내주고 있기 때문이다. 그가 당장에 있어서는 중요한 존재라는 사실에 대한 경의의 표시로서 그랬던 것이다.

서로의 눈을 마주친 친구들의 갈채와 인사의 말들이 배와 기슭 사이를 오고 갔다. 의복은 초라하지만 태도가 흥미로운 한 묘령의 여성이 유독 눈에 띠었다. 그녀는 군중 속으로부터 몸을 앞으로 내밀고 있었다. 그녀는 배가 기슭에 다가갈 때 부산하게 배를 훑어 보면서 누군지 기다리는 사람의 얼굴을 찾고 있었다. 그녀는 실망하고 당황한 듯이 보였다.

이때 나는 힘없는 목소리가 그녀의 이름을 부르는 것을 들었다. 이 목소리는 항해 중 내내 앓아 누워서 모든 선객의 동정을 끌었던 한 불쌍한 선원의 목소리였다. 날씨가 좋을 때면 그의 동료들이 갑판의 그늘에 밀집 요를 깔아서 그를 눕게 했었다. 그러나 요사이는 병이 심해져서 그는 그 물침대에 매달려 죽기 전에 아내를 한번 보고 싶다는 소원을 말할 뿐이다. 배가 강을 거슬러 오를 때 그는 갑판 위에 부축을 받고 올라와서 지금 돛대 밧줄에 기대고 있다. 그의 얼굴이 하도 여위고 창백하고 송장 같아서 아무리 애정이 담긴 눈일지라도 그를 분간하지 못하는 것이 무리가 아니었다.

그러나 그의 목소리를 듣고서 그녀는 쏜살같이 그의 얼굴을 보았다. 그녀는 당장에 온갖 슬픔을 그의 얼굴에서 읽었던 것이다. 이제 모두가 난장판이었다. 친지와 재회, 친구 사이의 인사, 상인 사이의 상담. 그러나 나는 혼자만이 외톨이처럼 할 일이 없었다. 내게는 만날 친구도 없고, 갈채해 주는 사람도 없었다. 나는 나의 조상의 나라에 발을 디뎠으나 나는 이 나라의 이방인임을 깨달았다.

워싱턴 어빙(1783~1859)은 미국의 소설가이다. 위의 기행문은 〈항해(航海)〉라는 제목으로 쓰여진 글이다.

불국사를 보고서, 곧 석굴암을 향하여 다시 걸음을 옮겼다. 여기서 10리 안팎이라니 그리 멀지 않건마는, 가는 길이 토함산을 굽이굽이 돌아 오르는 잿길이요, 날은 흐려 빗발까지 오락가락하건만은, 이따금 모닥불을 담아 붓는 듯한 햇발이 구름을 뚫고 얼굴을 내미는 바람에 두어 모퉁이도 못 접어들어서, 나는 벌써 숨이 차고 전신에 땀이 흐른다.

울창한 송림은 볼 수 없건만은, 우거진 잡목 사이에 다람쥐가 넘나드는 것은 또한 버리지 못할 정취이다. 숨이 턱에 닿고 온몸이 땀으로 멱을 감는 한 시간여를 허비하여, 나는 겨우 석굴암에 섰다.

멀리 오는 순례자를 위하여 미리 준비 해놓은 듯한 석간수는 얼마나 달고 시원한지! 연거푸 두 구기를 들이키매, 피로도 잊고, 더위도 잊고, 상쾌한 맑은 기운이 심신을 엄습하여 표연히 티끌 세상을 떠난 듯도 싶다. 돌층대를 올라서니, 들어가는 좌우 돌벽에 새긴 인왕과 사천왕들이 흡뜬 눈과 부르걷은 팔뚝으로 나를 위협한다. 어깨는 엄청나게 벌어지고 배는 뿔쭉하고, 사지의 울퉁불퉁한 세 찬 근육! 나는 힘의 예술 표본을 보는 듯하였다.

문 안으로 들어서매, 돌 연대 위에 올라 앉으신 석가의 석상은 그 의 젓하고도 봄 바람이 도는 듯한 화한 얼굴이, 저절로 보는 이의 불심을 불러 일으킨다. 한 군데 빈 곳 없고 빠진 데 없고, 어디까지나 원만하고 수려한 얼굴, 알맞게 벌어진 어깨, 뚜렷이 내민 가슴, 통통하고도 점잖은 두 팔의 곡선미, 그 장중한 모양은 정말 천추에 빼어난 걸작이라 하겠다.

좌우 석벽의 허리는 열다섯 칸으로 구분되었고, 각 칸마다 보살과 나한의 입상이 병풍처럼 새겨져 있는데 그 모양이 다 각기 달라, 혹은 예쁘고 혹은 영절하고, 늠름한 기상과 온화한 자태는 참으로 성격까지 빈틈없이 표현하였으니, 신품이란 말은 이런 예술을 두고 이름이리라.

더구나, 뒷벽 중앙에 새긴 십일면 관음보살은 더할 나위 없는 육체미를 나타내었다. 어디까지나 아름답고 의젓한 얼굴 모양은 그만두고라도, 곱고도 부드러운 곡선을 그리며 드리운 오른팔 엄지와 장지 사이로 사뿐히 구슬줄을 들었는데, 그 예쁜 손가락이 곰실곰실 움직이는 듯, 병을 추겨 쥔 포동포동한 왼팔뚝! 종교 예술품으로 이렇게 곡선미를, 여성미(女性美)를 영걸스럽게도 나타낼 수 있으랴?

그나 그뿐인가. 수없이 늘인 구슬 밑에 하늘하늘 하는 옷자락은 서양 여자의 야외복을 생각케 한다. 그 아른아른 하는 옷자락 밑으로 알맞게 불룩한 젖가슴, 조붓하면서도 밋밋한 허리를 대어 둥그스름하게 떠오른 허벅다리, 토실토실한 종아리가 뚜렷이 들어났다.

그는 살아 움직인다! 그의 몸에 맥이 뛰고 피가 흐른다. 지금이라도 선뜻 벽을 떠나 지그시 감은 눈을 뜨고 빙그레 웃을 듯, 고금의 예술품을 얼마쯤 더듬어 보았지만은, 이 묵묵한 돌부처처럼 나에게 감을 주고, 법열을 자아낸 일은 드물었다.

나는 마치 일생을 두고 그리고 그리던 님을 만난 것처럼, 그 팔뚝을 만지고, 손을 쓰다듬고, 가슴을 어루만지며, 어린 듯 취한 듯, 언제까지나 차마 발길을 돌릴 수는 없었다.

벽 위에는 둘러가며 좌우 각각 다섯 곳에 불좌를 만들었고, 왼쪽에 네

분 보살님, 오른쪽에 두 분 보살님과 지장보살 및 유마거사의 좌상을 모셨는데 그 솜씨 또한 심상하지 않았다.

석굴암의 옛 이름은 석불사로, 신라 경덕왕 때 이룩한 절이라고 한다. 석굴이라 함은 곧 돌을 파내어 절을 지은 때문이니, 부처님을 새기고 모신 것은 모두 돌이요, 땅바닥도 돌이요, 천장도 물론 돌이다.

굴의 구조는 동남으로 향하여 평면 원형으로, 좌우 지름이 23자 6치, 앞뒤 지름이 21자 7치 2푼, 들어 가는데 넓이가 11자 5푼, 옆벽의 두께가 약 9자라 한다.

천여 년의 바람과 비에 귀중한 옛 솜씨가 더러 이지러지고 무너진 것도 아깝기 한량 없지만은, 근자에 와서는 크게 수리한 탓으로 도리어 옛 것과 이젯것을 분간하기 어렵게 된 것은 더욱 한할 노릇이다.

그러나 앞문은 손질이 많았지만, 정작 굴 속은 별로 고치고 다듬은 것이 없고, 아직도 옛 윤곽이 뚜렷이 남았음은 불행 중 다행이라고 할까? 그 안에 모신 부처님, 관세음보살, 나한들의 좌상과 입상이 어느 것 하나 세상에 뛰어난 신품 아님이 없다는 것은 이미 말한 바이로되, 석가님이 올라 앉으신 돌 연대도 훌륭하거니와, 더구나 천장의 장치에 이르러서는 정말 찬란하다 할 밖에 없다.

하늘 모양으로 궁륭상을 지었고, 그 복판에 탐스러운 연꽃 모양을 떠놓은 것은, 또 얼마나 그 의장이 빼어나고, 솜씨가 능란한가! 온전히 돌이란 한 가지 원료로 이렇도록 공교하고 굉걸하고 아름다운 건축물을 만들어낸 것은, 모르면 몰라도 동서양 건축사에 가장 영광스러운 한 장을 점령할 것이다.

굴 문을 나서니, 밖에는 선경이 또한 나를 기다린다. 훤하게 트인 눈 아래 예쁜 산들이 띄엄띄엄 둘레둘레 머리를 조아리고, 그 사이사이로 흰 물줄기가 굽이굽이 골안개에 씌었는데 하늘 끝 한자락이 꿈결 같은 푸른 빛을 드러낸 어름이 동해라 한다.

오늘 같이 흐리지 않는 날이면, 동해의 푸른 물결이 공중에 달린 듯이 떠 보이고, 그 위를 지나가는 큰 돛 작은 돛까지, 나비의 날개처럼 곰실

곰실 움직인다 한다. 더구나, 이 모든 것을 배경으로 아침 해가 둥실둥실 떠오르는 광경은 정말 선경 중에도 선경이라 하나, 화식(火食) 하는 나 같은 속인에겐 그런 선연(仙緣)이 있을 턱이 없다.

빙허(憑虛) 현진건(玄鎭健 : 1900~1943, 소설가)의 기행문 〈석굴암(石窟庵)〉이다. 그의 언어적 구사와 표현력이 뛰어나다고 할 수가 있다.

◑ 기행문의 구성 요소

① 여정(旅程) : 언제 어디서, 어디를 거쳐 여행했다고 하는 경로를 말한다.

② 견문(見聞) : 여행하면서 보고 듣고 겪은 것으로, 그 고장의 경치, 풍속, 문화와 역사, 인심이나 사투리 등 경험한 내용을 서술하다.

③ 감상(感想) : 여행하면서 보고 듣고 경험한 사실에 대하여 자신의 생각과 느낌을 서술한다.

◑ 기행문의 구성 방법

기행문의 구성은 여정에 따라 이루어진다.

① 처음(출발) : 여행의 동기, 목적, 출발시의 사항.

② 중간(여행지) : 여정과 체험 내용.

③ 끝(귀로) : 여행에 대한 감상이나 생각.

A. 시간 순서에 의한 구성

시간 변화에 따른 자연의 느낌을 시간 순서로 전개하는 것을 두고 말함.

● 현재 − 현재의 순서로 순행하는 것.

● 과거 − 과거의 순서로 역행하는 것.

● 순행과 역행이 섞인 방법.

B. 공간 순서에 의한 구성

어느 한 지방의 자연 환경, 생물의 생태 등을 지역 순서대로 전개하는 것을 말한다.

C. 추보식에 의한 구성

시간 순서에 의한 구성과 공간 순서에 의한 구성을 병행해서 한다.

◑ 기행문의 표현방법

기행문은 여행하는 동안의 사건과 장면 관찰로 이루어지므로, 주로 묘사와 서술로 표현된다.

① 서술 : 시간 속에 벌어지는 움직임과 사건을 기술하는 것으로, 구체적인 서술은 독자의 마음 속에 사건을 명료하게 하며 느낌을 일으키게 한다.

② 묘사 : 대상이 된 사물, 장소, 풍경 등을 그림을 그리듯이 자세히 표현하는 것을 말한다. 현진건의 석굴암에서는 이 묘사가 그림를 그리듯 자세히 표현되어 있다.

6. 일기문을 이해하고 쓰는 요령

자신이 겪은 하루의 일기문, 이것은 한마디로 말해서 하루의 중요한 견문, 처리사항, 감상, 사색 등의 사적인 생활을 적는 기록이다. 누구에게나 그날이 있고, 그날 하루의 생활이 있다. 이 그날은 자신의 일생의 하루요, 그날 하루의 생활은 자기의 전 생명의 한 토막이라고 할 수가 있다.

즐겁거나 슬프거나, 즐겁지도 슬프지도 않거나, 그날의 하루를 무조건 말소하지는 못하는 만큼 그날이란 언제 어느 날이든 자신에게는 의의가 있는 것이다. 하물며 즐거워 잊어버리기는 아까운 날, 또 슬퍼서 못견디겠다는 날이라면 말해서 무엇하랴.

우리는 이같은 의의가 있는 날이라면 가끔 사진을 찍어 기념하거나 아니면 비디오 카메라로 찍어 남겨 놓기가 일쑤다.

그러나 사진이나 비디오 카메라 같은 것은 결혼식이나 아니면 장례식 같이 눈으로 볼 수 있는 형태가 있는 사건이 아니고는 촬영을 할 수가 없다.

인생의 고락, 중대하고 작은 사건이 반드시 형태를 갖는 것에만 있지 않으니, 가령 실연한 사람의 아픈 마음이 이 렌즈에 비쳐질 리 없고, 부처님이나 그리스도가 대오(大悟)를 얻은 것은 형태 없는 마음 속에서였다.

누구나 그날그날의 잊어버리기 아까운, 의의 있는 생활을 기록하는 것이 즉 일기이다. 보고 들은 것 가운데에서, 또 생각하고 행동한 것 가운데서 중요한 것을 적어둔 것은 형태가 있는 것이나, 형태가 없는 것이나 모조리 촬영을 한 생활 전부의 앨범일 것이다.

그러나 인기 있는 앨범과 같이 과거를 기념하는 데만 의미가 다하지 않는다. 과거보다는 오히려 장래를 위해 의의가 더욱 크다.

첫째, 일기를 쓰면 수양이 된다. 그날 자기가 한 일을 가치를 붙여 생각하게 될 것이니 자기를 반성하는 날마다의 기회가 되고 사무적으로도 정리와 청사를 얻는다.

둘째, 문장 공부가 된다.

'오늘은 여러 날만에 해가 들어 내 기분이 다 상쾌해졌다.'

이런 한마디를 쓰더라도, 이것은 우선 생각을 정리해서 문자를 표현한 것이다. 생각이 되는 대로 얼른얼른 문장화하는 습관이 생기면, 글을 쓴다는데 새삼스럽거나 겁이 나거나 하지는 않는다.

더구나 일기는 남에게 보이려고 하는 것이 목적이 아니기 때문에, 쓰는데 자유스럽고 자연스러울 수가 있다. 글 쓰는 것이 어렵다는 압박을 받지 않고 글 쓰는 공부가 된다.

셋째, 관찰력과 사고력이 예리해진다. 보고 듣고 한 바에서 중요한 것을 취하자면 우선 경미한 사물에도 치밀한 관찰과 사고가 필요하게 될 것이다. 관찰과 사고가 치밀하기만 하면 모든 만물의 진상, 오의(奧意)를 모조리 밝혀 나갈 수가 있을 것이다. 다시 말하자면 일기는 훌륭한 인생 자습이라고 할 수가 있다.

다음 일기 쓰는데 주의할 점 몇 가지를 들어 설명해 보자.

◐ 일기와 기상(氣象)

누구에게나 그날 하루 기분에 날씨처럼 영향을 주는 것은 없다. 더구나 우리 나라처럼 춘하추동의 사계절이 오고 가는데 있어서는 기상의 변화가 우리 생활에 직접, 간접으로 미치는 영향은 결코 적은 것은 아니다. 그냥 맑음, 흐림, 비, 이렇게 표만할 것이 아니라 좀더 자기 생활에 들어온 기상을 인상적이게 써야 하겠다.

◐ 일기와 사건

우리가 하루 세 끼 밥을 먹듯, 이것은 당연한 일과다. 즉 상식화된 일이다. 또 학생이면 매일같이 등교를 하게 된다. 회사원이면 날마다 출근을 한다는 것은 별다른 사건은 아니다. 한마디로 예사로 있는 일이라고 할 수가 있다. 작거나 크거나 날마다 있는 일이 아닌 일이라야 우리는 이것을 사건이라고 할 수가 있다.

흔히 있는 날마다의 일이 아니므로 이것은 사건이 된다. 그런데 여기서 무슨 사건이든 비판의식이 없이 기록하기만 하는 것은 신문의 기사처럼 자기라고 하는 것은 없는, 보도문인 따름이다. 그러니 이 일기는 자기가 없으면 아무런 의의도 없다.

◐ 일기와 감상

누구에게 있어서나 생활, 이것처럼 절실한 것은 없다. 절실한 생활이니까 생활에서 얻는 감상은 모두가 절실하다. 공연히 꾸밀 필요는 없다. 돌을 다듬으면 오히려 돌의 무게가 없어 보이듯 위낙 자체가 절실한 것을 수식하다가는 오히려 절실미를 죽이기 일쑤다. 문득 깨닫고 느껴지는 생각을 솔직하고 진술하게 적을 일이다.

◑ 일기와 서정

거리에 나가 여러 사람에게 소리쳐 자랑하고픈 타오르는 정열, 그러나 자랑하자면 말로 표현할 수 없는 비밀스러운 기쁨이 있는 반면에 또 그런 슬픔도 없지 않을 것이다. 더욱 일기는 누구에게 보이고자 하는 것이 아니니까 희비 간에 그 정서의 동기를 적을 필요는 없다. 그 정서에 가장 큰 자극을 주는 상태, 물정을 묘사하면 그 사물의 음영에는 자기의 정서가 반드시 깃들여지는 것이다.

◑ 일기와 관찰

일기는 사생활기라 관찰도 대개 자기 주변을 범위로 한다. 신변 묘사가 많은 것이 일기의 특징이라고 할 수가 있다. 나무 잎 하나 떨어짐을 보고 천하의 가을을 느끼는 것도 신변적이라고 할 수 있는 일기적 관찰이라고 하겠다. 꽃씨 하나를 묻고, 이것이 싹 터 나오고, 그것이 자라는 것을 들여다 보는 것도 일기에서나 맛볼 수 있는 관찰미인 것이다.

◑ 일기와 사교

누군가 찾아온 것, 누구를 찾아간 것, 편지를 보내고 받은 것, 누구와 무슨 약속을 한 것, 대략 요건과 인상을 적어 둘 필요가 있다. 당시에는 아무 소용이 없을 것 같아도 먼 훗날에는 참고가 될 뿐만 아니라 읽을 재미도 나기 마련이다.

〈여행일기 초(旅行日記抄)〉

오늘 오전 9시 반야암으로 있을 곳을 옮겼다. 금운악(金雲岳) 스님의 호의로 이때까지 전혀 생각치 않았던 새 생활이 시작되는 것이다. 나는 지금 불도에 들어선 것도 아니요, 다만 이 분위기 속에서 나의 맡은 바

일을 행해 나가려는 것뿐, 그러나 이 분위기가 훨씬 강하게 내 마음 위에 움직여지는 것이다. 내가 배울 것은 이 정적을 이겨 나가는 것, 명상 가운데 동요되지 않는 생에 대한 힘을 얻는 일이다.

속된 바 모든 일, 그것은 밥 먹는 것 외에는 이곳에 있을 수 없다. 정결과 무언과 소박과 근고, 이 네 가지가 이 분위기를 끌어 나간다. 나는 담배마저 끊었고, 드러누워 방종한 생각, 이념(離念)에 묻히는 타성도 없어졌다. 나의 이 긴장이 더 한층 힘있게 꾸준히 내 생활의 위에 뿌리 박기를 간절히 마음 속으로 빌어마지 않는다. 번역(앙드레 지드의 《좁은 문》)을 좀 했고, 밤은 아홉시에 자리에 누웠다. 곧 잠이 들지 않는다. 잠에 대한 새로운 습성을 가져야 한다.

• 7월 11일

종일 번역에 매달리다시피 했다. 아침 일찍 일어나는 것이 좀 괴롭다. 가랑비가 사흘째 온다. 저녁에 큰절 앞에서 여인을 만났다. 이상한 감이 난다. 일종 신기해 보인다고나 할까.

• 7월 13일

오늘부터 날이 개기 시작. 정적 속에 안온무언(安穩無言)한 하루가 지나갔다. 좀더 이 분위기에 젖어지기까지 나의 할 말은 없을 듯도 하다. 규칙적 생활이 오래간만이다. 이것만이라도 여행(勵行)해야겠다. 달도 뜨련만 8시 30분만 되면 덧창이 닫아진다. 그리고 아홉시 전으로 자리에 눕는다. 꿈에 광섭이 나와서 분주한 이야기, 어찌되어 있는지.

위의 글(일기)은 소천(宵泉) 이헌구(李軒求 : 1905~1983, 불문학자, 평론가)의 일기초다.

《안네의 일기》

• 1942년 6월 20일

나 같은 사람이 일기를 쓴다고 하니 좀 쑥스러운 감이 든다. 그것은 내가 지금까지 일기를 써 본 일이 없을 뿐만 아니라, 열세 살밖에 안 된

여학생의 고백 같은 것에 흥미를 느낄 사람이 없기 때문이다. 그렇지만 그런 것쯤은 문제가 아니다. 나는 그저 일기가 쓰고 싶을 뿐이다. 내 가슴 속 깊이 사무친 모든 사실을 숨김없이 털어 놓고 싶다.

• 7월 11일

너는 몸을 숨기고 산다는 것이 어떤 것인 알고 싶겠지! 솔직히 말하면 나도 그 기분을 뭐라고 해야 좋을지 모르겠다. 지금 내가 살고 있는 집은 도무지 마음이 안정되지 못한다. 그렇다고 해서 이 집에서 살고 싶다는 말은 아니다. 낯설은 하숙집에서 방학을 보내는 그런 기분이다. 좀 철없는 생각일지 모르지만 불현듯 그런 기분이 느껴지곤 한다. 이 '밀실'이란 우리들의 이상적인 은신처이다. 반단 씨 댁에서 이사를 오신다는 화요일이 어서 왔으면 좋겠다. 그 부부가 오면 이렇게 적적하지는 않을 것이니까. 저녁 때와 밤이 되면 정말 쓸쓸해서 죽을 지경이다. 누구든지 한 사람만이라도 와서 자 주었으면 좋겠다. 밖으로 한 발자국도 나갈 수 없다는 이 기막힌 사실을 너는 아직 모를 거다. 우리가 만일 발각이 되어 총살을 당하면 어쩌나 하는 조바심이 난다. 이런 것은 확실이 생각만 하기에도 유쾌한 일이 아니다.

• 8월 14일

……오전 9시반, 조반을 먹고 있을 때 반단 씨댁 아들 피터가 왔다. 아직 열 여섯살도 안 된 얌전하고도 꽤 수줍음을 잘 타는 소년이다. 그리고 귀찮게도 고양이 한 마리를 데리고 왔다.

• 1944년 1월 5일

어제는 시스 헤이스터가 쓴 〈낯 붉는 일〉에 관한 논문을 읽었다. 그 여자가 나를 두고 쓴 것 같은 논문이다. 나는 좀체로 낯을 붉히지 않지만 이 점만 빼놓고는, 모두 내게 해당되는 말뿐이었다. 글의 내용은 다음과 같았다.

여자가 사춘기를 당하면 성격이 온화해지고 자기 몸에 일어나는 생리적 현상에 눈을 뜨기 시작한다.

내게도 놀랄 만한 현상이 일어 났다. 몸에 나타나는 것뿐만 아니라 마음 속에도 생기는 것을 알 수 있다. 나는 내 몸에 나타나고 있는 생리적 현상을 누구와도 상의해본 적이 없다. 그런 것은 내 자신과 의논해야 한다.

나는 생리를 할 때마다(아직 세 번밖에 없었다), 고통스럽고 불쾌하고 우울하다. 그러면서도 나는 어떤 비밀 같은 것을 느끼고 있다. 어디를 보나 비록 거추장스러운 일이기는 하지만 나는 어서 바삐 그 비밀을 맛볼 날이 오기만을 기다리고 있을 뿐이다. 시스 헤이스터 씨는 다음과 같이 말했다.

'여자들이 이런 나이가 되면 자기 자신을 확실히 자각하지는 못하지만 이상과 감정과 습관을 가진 하나의 인간임을 자연 깨닫게 된다.'

내가 이곳으로 왔을 때는 불과 열세 살밖에 안 됐지만 다른 소녀들보다는 좀더 빨리 나 자신에 대한 자각이 생겼고 내가 또한 한 사람의 인간이라고 하는 것을 깨닫게 되었다. 잠자리에 누워 있을 때면 나는 가끔 내 가슴을 만져 보고 싶은 때가 있었고 심장 뛰는 소리를 듣곤 한다. 내가 여기 오기 전부터 이미 이런 종류의 잠재의식이 있었던 것 같다. 왜냐하면 어느날 여자 친구와 함께 잠을 자고 있을 때 어떤 충동에 못 이겨 그를 왈칵 끌어안고 키스를 한 적이 있었다. 그리고 그녀는 내 앞에서 늘 몸을 감추려고 했기 때문에 나는 그녀의 육체에 호기심을 느껴 왔다. 그래서 나는 다정한 뜻에서 서로 가슴을 만져 보고자 했으나 그녀는 거절하고 말았다. 나는 비너스와 같은 여자의 나체상을 볼 때마다 마음이 황홀해지곤 한다. 그뿐이 아니다. 나에게는 너무나 경이롭게 보이기 때문에 눈물을 흘리지 않을 수가 없었다. 아! 여자친구가 하나만 있었으면!

• 1월 6일

누구와 이야기하고 싶어 못 견딜 지경이다. 그래서 상대를 피터로 정했다. 가끔 그의 방으로 가서 말을 건넬 구실을 생각해내느라고 무척 애를 써보기도 했지만 별로 신통한 생각이 나지 않는다. 그런데 마침 좋은 기회가 왔다. 피터는 빈 칸 채우기 놀이에 정신이 팔려 딴 일에는 통 마음을 두지 않았고 나는 벽에 붙여 놓은 긴 의자에 앉았다. 그의 푸른 시선과 마주칠 적마다 이상한 감정이 생기곤 했다. 그리고 수줍어하는 그를 대하고 앉으면 내 마음도 따라 부드러워지는 것 같았다. 나는 몇 번이고 그의 안색을 살피다가 "제발 말 좀 해봐요. 지금 무슨 생각을 하고 있는지 시원히 좀 가르쳐 줘요. 그 속없는 얘기 대신 달리 할 말이 없어요." 하고 나는 한번 호소해 보고 싶었다. 그러나 그날 밤은 별일없이 지나갔다. 내가 '낯 붉히는 일'에 관한 이야기를 한 것밖에는 신통한 이야기도 주고 받지 못했다. 내가 그 이야기를 해주게 된 이유는 그가 어서 자신에 대한 자각을 좀더 갖게 하기 위해서였다. 자리에 누워서 이것저것 생각해 봤으나 위로 되는 일은 하나도 없었다.

• 1월 7일
……거울에 얼굴을 비쳐보니, 도무지 내 얼굴 같지가 않았다. 눈은 맑고 뺨은 혈색이 돌았다. 지난 몇 주일은 그렇지 못했지만, 입술에도 윤이 돌았다. 나는 행복해 보였다. 그러나 내 안색에는 어느덧 슬픈 빛이 감돌았고 웃음이 피었다가는 곧 사라지곤 했다. 아무래도 나는 외로운가 보다. 언젠가 우리가 성에 관한 이야기를 했을 때, 아버지는 나더러 아직 어려서 그리움이 무엇인지 모를 거라고 말씀하셨다. 그러나 나는 그 뜻을 충분히 이해하고 있다고 생각을 했다.

• 2월 12일
태양이 빛나고 푸른 하늘 아래는 산들바람이 불어오고 있다. 나는 또 무엇을 동경하고 있다. 이야기가 하고 싶고, 자유와 친구가 그리워진다. 혼자 있고 싶다. 그리고 실컷 울어 봤으면 좋겠다. 금새 울음이 터질 것만 같다. 한바탕 울고 나면 속이 시원할 것만 같다(자꾸 마음이 초조해져서 방을 거닐어도 보았고 닫혀 있는 문틈에 코를 대고 호흡을 해 보았다).
봄이 분명 찾아 왔는가 보다. 내 마음에서 봄을 느낄 수 있다. 나는 보통 때와 같이 예사로운 행동을 할 수가 없다. 내 마음은 자꾸 혼란스러워진다. 무엇을 읽고 무엇을 써야 할지, 도무지 마음을 가다듬을 수가 없다. 그저 무엇이 하고 싶다고 하는 간절한 마음뿐이다.

● 2월 13일

지난 토요일 이후로 나에게 많은 변화가 왔다. 그건 다른 것이 아니다. 나는 모든 것이 그리워졌다. 지금도 역시 그렇다. 그러나 내 앞에 전개되고 있는 어떤 사실로 해서 내 그리운 마음이 약간 풀어진 것 같기도 하다. 오늘 아침 피터가 나만 쳐다보고 있었으므로 나는 너무도 기뻐서 가슴이 설레었다. 바른대로 말하겠다. 아무리 보아도 보통 눈으로 본다고 할 수가 없다. 뭐라고 해야 좋을지 표현할 말이 없다.

나는 되도록이면 그를 보지 않으려 했다. 왜냐하면 내가 볼 적마다 그도 지나치게 나를 바라보고 있기 때문이다.

안네 프랑크(Anne Frank : 1929~1945). ≪안네의 일기≫라고 하는 제목으로 씌어진 일기이다. 그는 폴란도 태생의 유태인 소녀로서 2차대전 당시 씌어진 그녀의 일기는 많은 사람에게 감동을 불러 일으켰다. 더구나 이 일기 기록은 유태인들이 집단수용소로 끌려가던 와중에 쓰여진 사춘기 소녀의 감정을 솔직하게 그려 놓았다고 할 수가 있다.

◑ 일기의 종류

① 단체의 일기 : 공적인 내용을 일정한 체계에 맞추어 기록한 일기로 정부기관, 회사, 학교, 공장 등에서 그 단체의 공적인 일을 기록하는 근무일지를 두고 말한다. 즉 생산일지, 작업 일지 등이 다 여기에 해당이 된다. 일체의 개인적 감정을 배제한 채 그 단체에 관계된 공적인 사항만을 기록하게 된다. 흔히 일지라고 부르기가 일쑤다.

② 개인의 일기 : 사적일기. 개인의 생활을 기록한 일기로 관찰일기, 실험일기, 사육일기, 채집일기, 여행일기 등등이 포함된다고 할 수가 있다.

◑ 일기를 쓰는 요령

① 평범한 사실에서 새로운 의의를 찾아 쓴다.

② 뒷날 읽어도 어떤 내용인지 알 수 있게 적는다.

③ 대개 시간경과의 순서로 적으면서 지나친 과장이나 수식은 피해야 한다.

④ 자신의 생활을 솔직하고 자유롭게 쓴다.

⑤ 일기는 그날 생긴 일을 기록하는 것이므로 잠자리에 들기 전에 쓰는 것이 좋다.

7. 편지글을 이해하고 쓰는 요령

편지를 쓴다고 하는 일, 이것은 어렵고도 쉬운 일이다. 그러나 사람들은 붓을 잡으면 무슨 글을 써야 하는지가 자연 망망해진다. 그래서 어쩔줄 몰라 하다가 그만 붓을 내던지고 만다.

이제 일반적인 편지의 공통된 순서, 이것을 설명해 보겠다.

지금 가령 우리가 어떤 용무로 누구를 방문했다고 가정을 해본다.

우리는 우선 이 집 문전에서 '실례합니다'라고 하는 양해를 구하기 시작하는 것부터가 상식으로 되어 있다. 그리고는 그 다음은 '그동안 안녕하셨습니까?' 아니면 혹은 '요즘 그래 어떻게 지내십니까?' 하는 상대방에 대한 문안 인사를 들이게 된다.

그리고는 다음에는 비로소 이쪽에서 찾아온 용건을 이야기하게 된다. 다시 말하자면 '이러이러한 용건이 있어 찾았습니다'라고 하며, 비로소 용건을 이야기하게 된다. 용건이 다 끝나면 비로소 '바쁘신데 실례가 많았습니다'라고 하고는 돌아서서는 '안녕히 계십시오'라는 작별 인사를 하게 된다.

이것이 대부분의 순서라고 할 수가 있다. 그렇다면 이제 이상의 순서를 다시 나열해 보면, '실례합니다. 그동안 안녕하셨습니까. 이러이러한 용건이 있어서 찾아 왔습니다. 바쁘신데 실례가

많았습니다. 안녕히 계십시오.'

대략 이렇게 된다. 이상은 방문할 경우의 순서라고 할 수가 있지만 동시에 편지 쓰는 글의 양식도 될 수가 있다. 그렇다면 편지 글은 이런 순서로 적어가면 된다. 어느 집안을 방문하는 경우에는 상대방과 서로 면대하고 응답할 수 있으나 편지에서는 이것을 할 수가 없는 것이다.

말하자면 방문하는 경우엔 '요즘 어떻게 지내십니까?' 하면 즉시 무사하다든지, 재미를 많이 본다든지 등등의 답변을 들을 수 있으나 편지에서는 그럴 수가 없으니까 '안부를 묻습니다'라는 말을 첨부하지 않으면 안 되게 마련이다.

혹은 또 경우에 따라서는 '저도 건강하게 잘 지내고 있습니다' 라고 써야만 할 때도 있는 것이다.

그리고 또 한 가지 편지에서는 용건에 대한 적답을 얻을 수 없으므로 '여러가지 수고 많으셨습니다'라거나 아니면 '바쁘신데 이렇게 찾아 뵙고 참 실례 많았습니다' 등등의 과거사로 끝맺는 사례의 말을 쓸 수 없는 점이다.

편지에는 그 대신으로 '괴로우시더라도 널리 양찰하여 주십시오'라든지 '허물 없이 생각하와 이같이 부탁합니다' 등으로 써야 하는 것이다.

이상의 편지 쓰는 요령을 더 명확히 하기 위하여 어떤 학생이 선생님께 자기 문장을 고쳐 달라는 의뢰 편지를 보낸 것을 예로 들어 보기로 하자.

'그동안 안녕하셨습니까. 오랫동안 찾아뵙지 못하고 죄송스럽습니다. 널리 양해하여 주십시오. 저는 염려해 주신 덕택으로 늘 몸 튼튼히 건강하게 공부 잘하고 있습니다.

그런데 다름 아니오라 동봉하온 원고를 선생님께서 보시고 틀린 점, 미비한 점, 가르쳐 주셨으면 합니다. 저는 별로 급할 것 없사온즉 바쁘신 중 괴로우시더라도 틈 나시는 대로 보아 주시면 고맙겠습니다. 선생

님께 건강과 행복이 내내 함께 하실 것을 기도 드리옵니다.'

편지 쓰는 법이란 대략 요약하면 이와 같은 것이다. 이 요령만 잘 습득해 놓으면 편지를 쓸 때 별로 불편함을 느끼지 못할 것이다.

그러면 이상의 편지 구성을 다시 정리해 보면 어떨까 싶다. 위에서 예로 문장 수정을 의뢰한 편지를 보면, '그동안 안녕하셨습니까'라는 문안으로부터 시작하여 '저는 언제나 몸 튼튼히 건강하게 공부 잘하고 있습니다'라고 끝내는 한 대목과 또 '그런데 다름 아니라'로부터 '보아 주시면 영광이겠습니다'까지, 또 다음은 '건강과 행복이 내내 함께 하실 것을 기도 드리옵니다'까지의 이 세 가지 단(段)으로 나누어져 있음을 알 수가 있다.

즉 다시 말하면 초두(初頭)의 인사, 그리고 용건, 다음은 끝머리 인사, 이렇게 쓰면 된다고 본다. 이 1단은 전문(前文) 또는 전부(前部), 2단은 본문(本文) 혹은 본부(本部)라고 한다. 3단은 말문(末文) 혹은 말부(末部)라고 하는데 이것을 정리해 보면 아래와 같다.

① 전문(前文) : 그동안 안녕하셨습니까, 오랫동안 찾아 뵈옵지 못하고 죄송스럽습니다, 널리 양해해 주십시오. 저는 언제나 몸 튼튼히 공부하고 있습니다.

② 본문(本文) : 그런데 다름 아니오라 동봉하온 원고를 보내시고서 틀린 점, 미비한 점, 가르쳐 주셨으면 합니다. 저는 별로 급한 것이 없사온즉 바쁘신 중 괴로우시더라도 틈 나시는 대로 보아 주시면 고맙겠습니다.

③ 말문(末文) : 선생님께 건강과 행복이 내내 함께 하실 것을 기도 드립니다.

일반적으로 전문에서는 계절과 날씨에 관한 인사나 혹은 상대방의 인사나 안부 등을 묻고 본문에서는 가장 중요한 용건을 간

220

단하고도 명료하게 적은 다음 말문에 가서 상대방의 건강을 빌거
나 축원해 끝내는 상례가 보통이다.

　이상의 3단 분류는 제일 간략하게 구분해 본 것이나 사람에 따
라서는 첫머리의 인사와 끝머리의 인사를 따로 독립을 시켜서 간
혹 5단으로 구분하는 일도 있다.

◑ 편지를 쓰는 요령을 요약하면

　① 쓰는 목적을 분명히 따져 볼 것, 가령 결혼 축하 편지를 쓰
는 경우라면 저 편을 축하해 주기 위함인가? 교훈이나 충고를 주
기 위함인가? 똑똑히 그 경우와 자기의 분수에 맞추어 목적을 선
명히 가지고 쓸 것이다.

　② 편지 받을 사람을 잠깐이라도 생각해서 그와 지금 마주 앉
은 듯한 기분부터 얻어 가지고 붓을 들 것.

　③ 가능한 한문식 문귀를 무시하고 말하듯 글을 쓸 것.

　④ 예의를 갖출 것. 말하듯 쓰라고 한다고 품이 없이 함부로 말
을 한다든지, 문안을 잊어버리고 제 소식부터 쓴다든지 해서는
안 된다.

　⑤ 감정을 상하게 써서는 절대 안 된다. 마주 대해서 말을 할
때는 얼굴의 표정이 있어 말은 비록 날카롭더라도 표정으로 중화
시킬 수가 있다. 그러나 이 글에는 표정이 따라가지를 못한다. 그
러므로 이쪽은 심한 말이 아닌 줄로 쓴 것도 저편에서는 오해를
하게 되는 수가 있다. 그러기에 중대한 일에는 편지로 하지 않고
만나러 가는 것이 그 예라고 할 수가 있다.

　⑥ 저편을 움직여 놓을 것. 무슨 편지나 상대인 저편을 움직여
놓아야 한다. 아무 자극없는 글은 아무 가치가 없다. 심상히 왔나
보다 하고 접어 놓게 되면 헛한 편지가 되게 된다. 더구나 무슨
청이 있어서 한 글이라면 저편을 움직이지 못하고는 완전히 실패
한 것이다.

예

〈겨울을 맞으며〉

어머님에게!

어머니 비록 학업을 닦기 위해서라고는 하나 오랫동안 어머니 곁을 떠나 객지에 머물러 있다 보니 죄송스럽기 그지 없습니다. 한편 어머니 어진 사랑 멀리하고 있으니 그리운 정 한량 없습니다. 낙엽이 떨어지는 계절도 어언 다 가고 한풍이 살을 예이는 동절기가 다가 왔사온데 어머니 조석으로 얼마나 고생스러우실른지 멀리 떨어져 있어도 보는 듯싶습니다. 또 어린 동생들도 어머님께 괴로움이나 끼치지 않고 몸성히 잘 있으며, 일이 모두 다 순조로운지 알고 싶습니다.

여식은 객지에서 몸만은 건강하옵고, 어머니께서 항상 일러 주신 대로 몸 가짐에 조심하고 학업에 열중하고 있사오니 염려하시지 마시기 바라옵니다.

이번 학기말 시험에도 머리를 싸매고 준비를 했던 보람이 있어 각 과마다 답안에 자신이 있어 좋은 성적이 나올 것으로 믿습니다. 앞으로 열흘만 지나면 겨울방학이오니 방학이 시작되는 대로 집에 돌아가겠습니다. 동기방학 한 달 반 동안에는 정월도 끼어 있고 어머님 생일도 들어 있어서 벌써부터 가슴이 설레입니다. 어머니께서 평소 잘 만드시는 수정과가 벌써 혀끝에 감도는 듯싶습니다. 이번 학기에는 잡비를 절약하고 또 절약하여 조금 남기기도 하였습니다. 그것으로 어머님 생일에 올릴 선물을 마련해 가려고 합니다. 즐거이 기다려 주시기 바라옵니다. 드릴 말씀은 많사오나 돌아가 드리겠사옵니다.

여식 순애 올림.

〈고향에서〉

선생님! 먼 옛날 같은 망상 속에서 선생님을 불러보는 시각이 있습니다. 오늘의 병차도는 어떠 하신지요? 몹시 걱정이 됩니다. 이곳 저는 항상 끊임없이 아껴주시는 선생님의 넘친 사랑으로 10일에 무사히 목적지에 도착을 하였습니다. 생각하면 생각할수록 한없이 그립고 아쉬운 선생님 모습이기도 합니다. 어느 때, 어디에서든 마구 선생님 곁으로 달려가고픈 마음도. 무엇인가 선생님께 묻고 싶은 마음도 막상 선생님을 상면하면 웬일인지 제 스스로를 망각하는 타성이 그만 저를 휘몰아 가곤 했습니다.

선생님!

지금도 저는 상상해요. 그 어느날 제가 선생님에게 과거를 이야기했을 때, 그렇게도 선생님은 다정다감하게도 저를 애무(愛撫)해 주셨습니다. 참말 선생님은 저의 영원한 Hope입니다. 아니 영원히 잊을 수 없는 저의 심원(心園)이기도 합니다. 선생님! 저를 영원히 기억해 주십시오. 그리고 영원히 사랑해 주십시오. 선생님께 은혜 입은 저로서는 결고 죄인은 되지 않을 겝니다. 언제 어느 때 사형언도(死刑言渡)를 받을지도 모르는 제 슬픈 위치에서나마 그대로 마음은 더 푸르러진답니다.

그럼 부디 선생님 건강 하시옵기를 기원하면서 두서 없는 글을 멈출까 합니다. 안녕히 계십시오.

고향에서 仁貴 올림.

⟨기다림⟩

D 씨에게!

지금 막 전화 수화기를 놓았습니다.

먼 거리를 두고 공간을 타고 날라오는 전파(電波) 속에 뭔가 달콤함이 곁들여져 있습니다. 그 달콤함이란 무엇일까요? 은은한 향기 같기도 하고 아니면 계절의 봄소식과 같은 것이었습니다. 무엇이거나 거친 황량한 사막 속에 찾아 헤매든 '오와시스'와 같은 영혼의 샘물 같게만 느껴집니다. 기다린다는 것은 확실히 생활의 활력소라고 할 수가 있습니다. 행여나 하고 기다린다는 말씀은 이심전심(以心傳心)인 것 같습니다. 고달프다는 삶에 있어서 기다린다고 하는 보람되고 희망찬 일은 없을 것입니다. 물론 생각하는 각도에 따라 다르다고 할 수는 있겠사오나 뭔지 '기다린다'고 하는 의미에는 행운, 기쁨, 즐거움, 이런 것들로 점철되어 있다고 하겠습니다. 특히나 외로운 사람에게 있어서는 아마 기다린다고 하는 것처럼 아마 보람되는 일은 없을 것입니다.

더구나 고향을 멀리 두고 거친 전쟁터나 다를 바 없는 도시(都市)에서 하루하루 살아가야 하는 시골 사람으로서는 어쩌면 시골 고향에 돌아가 양지바른 담 밑에서 햇볕을 쪼이던 그 시절을 언제 다시 돌아갈 수 있을까 하는 기다림도 있을 것이고, 한때 작은 꿈이겠으나 그 꿈(理想)을 그리워하면서 그날을 아직도 기다리고 있는 것인가는 모릅니다. 그러나 가까운 사람에게서 올 소식을 기다린다고 하는 일처럼 더 큰 기다림은 없을 것입니다. 그렇잖아도 막연히 지금쯤 하다가 문 밖에 '벨'이 울리면서 목소리를 대할 때 그토록 즐겁고 반가운 일은 없을 것입니다. 이것이 허송세월만 하고 있는 이 사람에게 활력소가 된다고 한다고 하면 D 선생의 목적은 다 달성했다고 봅니다.

전화 속에 내 고향 경주의 계절 소식을 물었습니다. 지금 나무 잎새가 발아(發芽)를 해서 눈을 티우고 있다고 하셨죠. 얼마나 감격스럽고 보람찬 일인지 모릅니다. 그것은 자연이 우리에게, 기다림을 갖는 사람에게 주는 가장 즐거운 선물도 될 수 있을 것입니다. 그러한 깨달음은 곧 우리 인생에 있어서는 희망과 용기가 된다고 할 수가 있을 것입니다. 금년은 D 선생께서 원하시는 소원 성취하심을 기다리면서 멀리서 지켜보고 있겠습니다. 앞으로 1주일쯤 뒤면 경보문단지 가는 가로수 벚꽃들로 활짝 피리라 믿습니다. 봄이면 벚꽃이 언제나 먼저 삼삼한 거리를 그려놓던 모습이 눈앞에 선합니다.

이 글을 쓰다 보니 조금 전 통화된 그 목소리가 자꾸 이 사람 귀에 맴돌고 있어서 이 소리 때문에 글 쓰는 일이 방해가 되고 있습니다. 이만 붓을 놓아야 하겠습니다. 오히려 이 글을 쓰기 보다 그 허스키한 목소리를 익히면서 즐거운 나래를 펼치고 싶습니다.

졸저 단편소설 〈행복의 테이블〉 읽으셨으면 감상을 평해 주십시오. 밤이 깊었습니다. 잘 주무십시오.

1994년 3월 19일, 서울에서.

◗ 편지의 종류

① 문안편지(問安片紙) : 고향에 계신 부모 형제에게 멀리 있는 친구에게, 또는 오래 못 뵈온 선생님께, 안부를 묻고 소식을 전하는 글로 가장 많이 이용이 된다.

② 위문편지(慰問片紙) : 앓고 있는 사람에게, 시험에 낙방한 사람에게, 불행한 일로 실의에 빠진 사람에게 격려를 하는 글이다.

③ 축하편지(祝賀片紙) : 합격, 결혼, 졸업, 생일, 개업 등에 함께 기쁨을 나누며 축하의 뜻을 전하는 편지.

④ 초대편지(招待片紙) : 회갑, 결혼, 졸업, 생일, 출판 등을 알리고 초대하는 편지.

⑤ 사무편지(事務片紙) : 용무편지, 어떤 내용을 문의하거나 주문하거나 독촉하는 사무적 성격을 띤 편지를 두고 말한다.

8. 연설문을 이해하고 쓰는 요령

하나의 연설문, 이것이 웅변을 구성하여 청중에게 들려주기까지의 순서는 마치 한 채의 집을 건축하는 것과 흡사하다. 집을 지으려고 할 때 우리는 대체적으로 집의 그림을 구상하듯이 맨 처음에는 대체적으로 구상이 시작된다. 대지는 몇 평이나 될지, 그 평수에 따라 이층으로 지을까 아니면 단층으로 지을까 하고는 다음으로 층이 결정이 되면 한식으로 할까, 아니면 서양식으로 할까를 결정한다.

다음에는 집 지을 재료를 수집하고 이 재료가 수집이 되면 그것을 지을 차비를 대개 차린 다음에 비로소 건축을 시작하게 된다. 주춧돌을 놓거나 지하를 파거나 골조나 기둥을 세우고 지붕을 둘러 덮으면 벽도 발라야 할 것이고 구들도 놓아야 한다. 문짝도 만들어 달아야 할 것이다.

이와 같이 연설에 있어서도 처음에는 무엇을 말해야 할까 하는 구상부터 하게 된다. 그 연설문을 초안을 해서 조리있게 말하는

것이 좋다. 그저 초안도 없이 그냥 불쑥 연단에 서서 횡설수설한
다고 하면 이것은 결코 연설이 아니다. 그래서 이 안(案)을 세움
에 있어서 대체로 4가지 기본조건을 가져야 한다. 즉,

① 사건의 관찰.
② 사건의 추억.
③ 사건의 추량.
④ 사건의 단정.

등이 필요로 하다.

가령 손 쉬운 예를 들면, 중학교 입학 시험에 대해서 연설을 행
해야 하겠다는 경우에는, 이 중학교 입학시험이라고 하는 사건을
충분히 관찰하여 현재 어떠한 상태로 시행되고 있는지부터 알아
야 하고 생각해 보아야 한다.

그로 말미암아 고통을 받는 아동이나 부형은 없는지, 그것을
이용하여 부정행위는 없는지, 그것이 아동에게 주는 심각한 영향
은 없는지? 건강에 대한 영향은? 등등 각 방면으로 빈틈을 두지
말아야 한다. 이것이 바로 관찰인 것이다.

다음에 과거를 추억하여 이 입학시험제도로 말미암아 교육계
에 불미한 풍조를 가져 오지 않았나? 아동의 순조로운 성장을 방
해하지나 않았나? 하고 여러가지 역사적 사실에 근거하여 검토해
본다. 이것이 추억이다.

또 그 다음에는 이 제도로 말미암아 장차 교육계에 어떤 결과
를 가져올지, 과거의 역사적 사실과 현재의 실제적인 상태로 미
루어 장래를 추척한다. 이것이 추량이다.

장래에 대한 추량이 선 다음에는 입학시험제도란 존속해야 할
것이냐, 아니냐를 단정하고 이 단정으로서 테마를 삼아 연설문을
구성하는 것이다. 이것이 어떠한 문제에 있어서든지 모두 동일하
다.

이상 연설의 기초적인 이론을 말하였거니와, 이 이론만 분명히

체득하면 어떠한 연설문의 구성에도 적용할 수 있는 것이다.

◑ 연설 재료 선택

연설 재료를 선택함에는 세 가지 표준이 있다고 본다.

첫째, 어떠한 재료를 택하면 청중으로 하여금 알아 듣기 쉽게 할 수가 있을까?

둘째, 어떠한 재료를 택하면 청중으로 하여금 감명을 깊게 할 수가 있을까?

셋째, 어떠한 재료를 택하면 자기 소론을 밝힐 수 있을까?

이 세 가지 표준을 가지고 재료를 택하게 된다. 첫째로 나오는 방법은 비유(譬喩)이다. 이 비유라고 하는 것은, 말하려는 사상과 비슷한 다른 방면의 사실을 가지고 자기 소론의 설명을 살지게 하는 것이다.

가령 예를 든다고 하면, '사람의 일생은 태어났다가 죽는 하나의 과정인데, 이 과정 속에서 사업을 경영함은 사람의 도리인 것이다.'

이렇게 말해 치우면 무미건조하여 청중에게 아무런 감흥도 주지 못할 뿐만 아니라 자기가 말하려는 의도를 넉넉히 양해시킬 수도 없다.

그러나 여기에 비유를 써서, '사람의 일생은 나서 죽음에 이르는 중로에 여관에서 숙박하는 것과 같은 것인데, 사람이 세상에 나와 사업을 경영한다고 하는 것은 이 여관에 지급할 숙박료이다. 만일 이 인생이라는 여관에 숙박하면서 남을 위해 하는 일도 없고 그냥 세월을 보내다가 죽고 마는 사람이 있다고 한다면 그는 숙박료도 내지 아니하고 달아나 버린다고 할 수가 있는 무전취식자와 같은 것이라고 할 수가 있을 것이다.'

이렇게 같은 값으로 말을 한다고 하더라도 비유를 통해 문장에 살을 붙이게 되면 감명도 깊을 뿐만 아니라 알아 듣기도 쉬울 것이다. 그 좋은 예를 우리는 저 유명한 미국의 웅변가 '웨스부스트'가 워싱턴의 백년 축하회에서 행한 연설을 들 수가 있다.

우선 제일 처음에는 워싱턴의 공을 말하고, 그 다음은 그 정신을 길이 전하지 않으면 안 되는 뜻을 말하여 가로되,

'여러분! 저 언덕 위에 솟아 있는 의사당을 보십시오. 설사 그 벽은 떨어지고, 기둥은 기울고, 찬란한 장식은 먼지 속에 파묻혀 버릴지라도 다시 이것을 건설할 수가 있는 것입니다. 그러나 여러분! 누가 하루 아침에 쓰러진 정부의 썩은 재목을 주어다 다시 이것을 조직할 수가 있겠습니까? 누가 다시 국가의 주권, 여러 주(州)의 권리, 개인의 안전과 그 번영으로써 구성된 교묘한 건축을 경영할 수가 있겠습니까?

여러분! 우리는 다시 이것을 경영할 수는 없는 것입니다. 그렇습니다. 다시 이것을 건설할 수도 없는 것입니다. 로마의 가루시아마의 극장이나 아테네의 바아세온 전당 같은 미술품의 파괴를 보고도 우리는 눈물을 금치 못합니다. 하물며 지금 말씀드린 파괴물에 대한 눈물이 더욱 애절하고 비참하지 않겠습니까? 이 파괴물은 일찍 그리스에서는 보지 못하던 대전당입니다. 그것은 워싱턴의 손으로 이루어진, 미국 자유의 전당입니다. 우리로 하여금 개량을 바라게 하였고 우리들로 하여금 발전을 생각하게 하였습니다. 또한 우리들로 하여금 오늘에 이르도록 이 나라를 가호하신 신을 믿게 하였습니다. 우리들은 워싱턴의 전례를 모방하여 그 위풍을 사모하여야 하겠습니다.'

이 미국을 전당으로 비유하여 감명을 깊게 한 것이다. 비유의 효과는 이상과 같은 것이니, 웅변가의 연설에 비유 없는 것이 없다. 다만 이 비유를 씀에 있어서 유의할 것은 감정이 너무 격동되었을 경우에는 사용하지 않음이 좋다고 하는 것이다. 설혹 감정이 너무 격동되었을 경우에는 직접적인 비유를 사용하지 말고 간접적인 비유를 사용함이 좋다. 저 유명한 시저의 죽음에 대한 부르터스의 연설, 그것이 좋은 예이다.

'로마시민과 동포 여러분! 조용히 제 말을 들어주시기 바랍니다. 여러분은 부르터스의 인격을 믿고 나와 시저에 대한 행동을 공명정대히 판단해 주시기 바라옵니다. 여러분! 여러분 중에 시저를 사랑하는 분이 계신다면 나는 그분에게 내가 시저를 사랑하는 정은 결코 당신만 못잖다고 대답하겠습니다. 여러분은 단 한 사람의 시저가 살아 있기 때문에 여러분이 죄다 노예가 되어 죽을 것을 바라십니까? 시저가 죽음으로써 자유의 시민이 되기를 바라십니까?

나는 시저를 사랑했기 때문에 그를 위해서 웁니다. 시저는 행운아였기 때문에 이것을 즐거워합니다. 시저는 용감했기 때문에 그를 존경합니다. 그러나 시저는 야심을 품었기 때문에 나는 그를 죽였습니다. 그의 애정에 대하여는 눈물로써 보답하고, 그의 행운을 축복함에는 기쁨으로써 하고, 그의 용기를 찬양함에는 존경으로써 하였으나, 양심에 대하여는 죽음으로써 벌했습니다. 여러분! 여러분 중에 단 한사람이라도 노예가 되기를 원하는 사람이 있습니까? 있다면 나는 그 사람에 대해서 죄를 진 것입니다. 여러분, 여러분 중에 로마인이 되기를 원치 않는 천한 사람이 있습니까? 있다면 나는 그 사람에게 죄를 진 것입니다. 여러분! 여러분 중에 이 나라를 사랑하지 않는 야비한 인간이 있습니까? 있다면 나는 그 사람에게 죄를 진 것입니다. 자, 있다면 이리로 나오십시오. 나는 그분들에게 죄를 범했습니다(청중 속에서 '없다! 그런놈은 없다' 하는 흥분된 소리가 들린다). 그러면 나는 누구에게 대해서도 죄를 짓지는 않았습니다. 여러분! 이같이 말한 부르터스가 야심을 위하여 나라를 팔고 여러분 시민을 파는 일이 있다면 여러분은 마땅히 내가 시저에게 한 것처럼 나를 죽여 주십시오. 나는 로마를 사랑하는 까닭에 가장 사랑하는 벗을 죽였습니다. 만일 조국이 내게 죽음을 바란다면 다른 날 이 비수가 내 가슴에 꽂힐 것을 사양하지 않겠습니다.'

이렇게 한마디로 손바닥을 뒤엎듯하여 군중의 심성을 사로잡고 다시 자기의 정당성을 공포하기에 이른다.

이것은 같은 물건을 두고 시장에서도 파는 사람에 따라 훌륭한 물건을 만들 수도 있고 이와는 반대로 잘 팔리지 않는 물건이 될 수도 있는 것과 같은 것이 되는 것이다. 그러므로 사람의 마음을 사로잡는 것, 이것은 참으로 어려운 기술이라고 할 수가 있을 것이다. 그러므로 웅변문을 초안할 때 이것을 염두에 두고 작성함이 좋을 것이다.

◑ 웅변가의 자질

우리가 남의 연설을 들을 적에 흔히 저 사람은 왜 그런지 재미가 없다든지, 저 사람이 나타나면 저절로 웃음이 터져 나온다든지, 아니면 저 사람이 나타나기만 하면 자연 존경심이 발동한다는 따위의 인상을 받게 된다.

이것은 온전히 그 연사의 인격으로 말미암아 그런 것이다. 아무리 표정이 엄숙해 보인다 하더라도 그 인격이 경솔한 사람은 결코 청중으로 하여금 존경의 마음을 불러 일으키지 못할 것이다.

다시 아무리 유머스러운 언사를 사용하다고 할지라도 숭고한 인격을 지닌 사람에게는 스스로 엄숙한 태도를 갖게 되는 것이다. 즉 연설은 글 대신 표정인 것이다.

이와 같은 차이는 외모보다는 인격에 달려 있다고 할 수 있다. 훌륭한 웅변가의 글을 만들자면 훌륭한 인격의 소유자가 되어야 한다. 물론 훌륭한 인격의 소유자가 된다는 것은 무슨 일에라도 필요한 것이라고 할 수 있겠으나 특히 연설은 여러 청중 앞에 연사의 전모를 드러내고 하는 것이므로, 숨길래야 숨길 수 없는 것이다. 즉, 웅변가의 자격에 으뜸가는 것은 훌륭한 인격의 소유자라는 것이다.

그 가장 좋은 실례(實例)로 미국 대통령을 지낸 링컨의 일화를 소개하기로 한다.

1863년 미국 펜실바니아 주 게티스버그에서 격전이 있었다. 이 것은 남군(南軍)의 리이 장군과 북군의 머트 장군과의 교전으로 남북전쟁 중 가장 중대한 전투였다. 이 전투로 말미암아 남북의 승패는 거의 결정되었다고 볼 수가 있다.

전투가 끝난 이후, 그곳에 전사자들을 매장하고 추도의 대집회 가 있었다. 이때 당시 대통령이었던 링컨과 에드워드, 에베렛트 (하바드 대학교수로서 후에 국무장관이 된 사람)도 참석을 했는데 그 들은 이 추도회에 있어서 중요한 연설자였다고 평한다.

링컨은 격전 후 여러가지 일에 분망하여 연설준비를 채 못하고 스스로 기차 안에서 비서관으로부터 연필을 빌려서 수첩에 적은 것을 가지고 그곳에 닿았다. 추도 식장에 임하자, 에베렛트가 먼 저 연설을 하게 되었다. 그는 무려 1시간 반 동안이나 걸린 대연 설을 행했다. 당시 그는 유명한 정치가요, 웅변가였으므로 그의 교묘한 연설은 수만 청중을 사로잡았고 박수를 받아 천지가 진동 하는 것 같았다.

이 연설은 과연 하나의 명연설이었다. 다음에 링컨이 단에 올 라 섰다. 그의 연설은 겨우 5분밖에 걸리지 않았던 짧은 글이었 다. 청중은 정숙, 긴장만 할 뿐 아무런 반영이 없었다. 링컨은 이 연설에 대해서 실패감을 느끼고 자리에 물러섰다. 그런데 먼저 연설을 마치고 기다리고 있었던 에베렛트는 뜻밖에도 링컨의 연 설을 지극히 찬양하였다.

'귀하의 연설은 실로 숭고 절묘하여 나의 1시간 반이나 걸려서 한 연설 같은 것은 더불어 비교할 가치조차 없었습니다.' 고 솔직하게 말하였다. 링컨은 전혀 뜻밖의 말이라 자신을 위로 해 주는 말쯤으로 생각을 하였다.

그 훗날 링컨은 종일 대통령 관저에서 사무를 보고 나서 피곤 해지면 저녁 산책을 나서곤 했다. 해는 이미지고, 거리는 어둑어 둑 해지는 때였다. 어디만큼 갔을까? 갑자기 달려오던 청년 하나

가 링컨과 마주치자 무엇에 몹시 흥분한 표정으로 링컨을 쳐다
보았다.

"무엇 때문에 그리 흥분하시오."
라고 링컨이 말하자 청년은,

"각하, 게티스버크의 연설은 참으로 고금에 없었던 명연설이었
습니다."
하고 고개를 조아렸다.

비로소 링컨은 자신의 연설이 확실히 관중을 사로잡았다는 사
실을 알게 되었다. 이렇게 명연설은 관중은 물론 국민에게 오래
오래 기억에 남겨지게 되는 것이다.

예

〈나의 소원 민족 국가〉
네 소원이 무엇이냐고 하고 하나님이 내게 물으시면 나는 서슴치 않
고 '내 소원은 독립이오' 하고 대답할 것이다.

그 다음 소원은 무엇이냐고 하면 나는 또 '우리나라의 독립이오' 할 것
이다. 또 그 다음 소원이 무엇이냐 하는 세 번째 물음에도 나는 더욱 소
리를 높여서 '나의 소원은 우리나라 대한의 완전한 자주독립이오' 하고
또 대답할 것이다.

동포 여러분! 나 김구의 소원은 이것 하나밖에 없습니다. 독립 없는
나라의 백성으로 칠십 평생의 설움과 부끄러움과 애탐을 받은 나에게는
세상에 가장 좋은 것이 완전하게 자주독립한 나라의 백성으로 살아 보다
가 죽는 일이다.

나는 일찍이 우리 독립정부의 문지기가 되기를 원하였거니와 그것은
우리 나라가 독립국만 되면 나는 그 나라에 가장 미천한 자가 되어도 좋
다는 뜻이다. 왜 그런고 하면 독립한 제 나라의 빈천이 남의 밑에 사는
부귀보다 기쁘고 영광스럽고 희망이 많기 때문이다.

옛날 일본에 갔던 박제상이 '내 차라리 계림의 개, 돼지가 될지언정 왜

장의 신하로 부귀를 누리지 않겠다' 한 것이 그의 진정이었던 것을 나는 안다. 제상은 제왕의 높은 벼슬과 많은 재물을 준다는 것을 물리치고 달게 죽음을 받으니 그것은 '차라리 내 나라의 귀신이 되리라' 함이었다.

근래 우리 동포 중에는 우리 나라를 어느 큰 이웃 나라의 연방에 편입하기를 소원하는 자가 있다 하니 나는 그 말을 차마 믿으려 아니 하거니와 만일 진실로 그러한 자가 있다면 그는 제 정신을 잃은 미친 놈이라 할 밖에 볼 길이 없다.

나는 공자, 석가, 예수의 도를 배웠고, 그들을 성인으로 숭배하거니와 그들이 합하여서 세운 천당, 극락이 있다 하더라도 그것이 우리 민족이 세운 나라가 아닐진댄 우리 민족을 그 나라로 끌고 들어가지 아니할 것이다. 왜 그런고 하면 피와 역사를 같이 하는 민족이란 완연히 있는 것이어서 내 몸이 남의 몸이 못 됨과 같이 이 민족이 저 민족이 될 수 없는 것이 마치 형제가 한 집에서 살기 어려움과 같은 것이다. 둘 이상 합하여서 하나가 되자면 하나는 높고 하나는 낮아서 하나는 위에 있어서 명령하고 하나는 밑에 있어서 복종하는 것이 근본문제가 되는 것이다.

이에 대하여 일부 소위 좌익의 무리는 혈통의 조국을 부인하고 사상의 동무와 프롤레타리아의 국제적 계급을 주장하여 민족주의라면 마치 이미 진리권 외에 떨어진 생각인 것같이 말하고 있다. 심히 어리석은 생각이다. 철학도 변하고, 정치경제의 학설도 일시적이거니와 민족의 혈통은 영원적이다.

일찍이 어느 민족 내에서나 혹은 종교로 혹은 학설로 혹은 경제적, 정치적 이해의 충돌로 인하여 두 파, 세 파로 갈려서 피로서 싸운 일이 없는 민족이 없거니와 지나고 보면 그것은 바람과 같이 지나가는 일시적인 것이요, 민족은 필경은 바람이 잔 뒤에 초목 모양으로 뿌리와 가지를 서로 걸고 한 수풀을 이루고 살고 있다.

오늘날 소위 좌, 우익이란 것도 결국 영원한 혈통의 바다에 일어나는 일시적인 풍파에 불과한 것을 잊어서는 아니 된다. 이 모양으로 모든 사상도 가고 신앙도 변한다. 그러나 혈통적인 민족만은 영원히 성쇠흥망의 공동운명의 인연에 얽힌 한몸으로 이 땅 위에 나는 것이다. 세계 인류가 네오, 내오 함이 없이 한 집이 되어 사는 것은 좋은 일이요, 인류의 최고요, 최후인 희망이요, 이상이다. 그러나 이것은 멀고 먼 장래에 바랄 것이요, 현실의 일은 아니다.

사해동포의 크고 아름다운 목표를 향하여 인류가 향상하고 전진하는 것과 노력하는 것은 좋은 일이요, 마땅히 할 일이나 이것도 현실을 떠나서는 안 되는 일이니 현실의 진리는 민족마다 최선의 국가를 이루어 최선의 문화를 낳아 길러서 다른 민족과 서로 바꾸고 서로 돕는 일이다. 이것이 내가 믿고 있는 민주주의요, 이것이 인류의 현 단계에서는 가장 확실한 진리이다.

그러므로 우리 민족으로서 하여야 할 최고의 임무는 첫째로 남의 절제도 아니 받고 남에게 의뢰도 아니 하는 완전한 자주독립의 나라를 세우는 일이다.

이것이 없이는 우리 민족의 생활을 보장할 수 없을 뿐더러, 우리 민족의 정신력을 자유로 발휘하여 빛나는 문화를 세울 수가 없기 때문이다.

이렇게 완전독립의 나라를 세운 뒤에는, 둘째로 이 지구상의 인류가 진정한 평화와 복락을 누릴 수 있는 사상을 낳아 그것을 먼저 우리나라에 실현하는 것이다. 나는 오늘날 인류의 문화가 불안전함을 안다.

나라마다 안으로는 정치상, 경제상, 사회상으로 불평등, 불합리가 있고, 밖으로는 국제적으로 나라와 나라의, 민족과 민족의 시기, 알력, 침략 그리고 그 침략에 대한 보복으로 작고 큰 전쟁이 끊일 사이가 없어서 많은 생명과 재물을 희생하고도 좋은 일이 오는 것이 아니라 인심의 불안과 도덕의 타락은 갈수록 더하니 이래 가지고는 전쟁이 끊일 날이 없어 인류는 마침내 멸망하고 말 것이다.

그러므로 인류 세계는 새로운 생활원리의 발견과 실천이 필요하게 되었다. 이야말로 우리 민족이 담당할 천직이라고 믿는다. 이러하므로 우리 민족의 독립이란 결코 삼천만의 일이 아니라, 진실로 세계 전체의 운명에 관한 일이요, 그러므로 우리 나라의 독립을 위하여 일하는 것이 곧 인류를 위하여 일하는 것이다.

만일 우리의 오늘날 형편이 초라한 것을 보고 자굴지심을 발하여 우리가 세우는 나라가 그처럼 위대한 일을 할 것을 의심한다 하면 그것은 스스로 모욕하는 일이다. 우리 민족의 지나간 역사가 빛나지 아니함이 아니나 그것은 아직 서곡이었다.

우리가 주연배우로 세계 역사의 무대에 나서는 것은 오늘 이후이다. 삼천만의 우리 민족이 옛날의 그리스 민족이나 로만 민족이 한 일을 못한다고 생각할 수 있겠는가?

내가 원하는 우리 민족의 사업은 결코 세계를 무력으로 정복하거나 경제력으로 지배하려는 것이 아니다. 오직 사랑의 문화, 평화의 문화로 우리 스스로 잘 살고 인류 전체가 의좋고 즐겁게 살도록 하는 일을 하자는 것이다.

어느 민족도 일찍이 그러한 일을 한 이가 없으니 그것은 공상이라고 하지 말라. 일찍이 아무도 한 자가 없길래 우리가 하자는 것이다.

이 큰 일은 하늘이 우리를 위하여 남겨 놓으신 것임을 깨달을 때에 우리 민족은 비로소 제 길을 찾고 제 일을 알아 본다. 나는 우리 나라의 청년 남녀가 모두 과거의 조그맣고 좁다란 생각을 버리고 우리 민족의 큰 사명에 눈을 떠서 제 마음을 닦고 제 힘을 기르기로 낙을 삼기로 바란다.

젊은 사람들 모두 이 정신을 가지고 이 방향으로 힘쓸진댄 20년이 못하여 우리 민족은 괄목상대하게 될 것을 나는 확신하는 바이다.

― 김 구.

〈자유가 아니면 죽음을 달라〉

(나에게는 앞길을 밝혀 주는 등불이 하나밖에 없습니다)

하원 의장과 의원 여러분! 여러분들의 애국의 열정과 국민을 구하고져 하는 노력을 나보다 더 높이 평가하는 사람은 없을 것입니다. 그러나 사람들은 같은 문제라도 저마다 의견이 각각 다릅니다. 따라서 내가 여러분들의 의견과 반대되는 의견을 갖고 자유롭게 말하더라도, 그점을 널리 양해하시고 들어주시기 바랍니다.

나는 내가 생각하는 바를 사실 그대로 솔직하게 말하고자 합니다. 오늘은 사소한 격식에 사로잡힐 때가 아니라 우리 조국의 흥망에 관계되는 중대한 일이므로 때로는 말이 지나치더라도 양해해 주시기 바라옵니다.

우리들이 지금 토론하고 있는 문제는 자유를 얻느냐, 노예가 되느냐? 둘 중 하나입니다. 이와 같이 중대한 문제이기 때문에 토론 또한 자유라고 생각합니다.

우리들은 언론의 자유를 통해서만 비로소 진실에 도달할 수 있고, 하나님과 조국에 대해 우리들의 사명을 다할 수 있는 것입니다. 만일 이렇게 위급한 시기에 남의 감정을 해치지나 않을까 염려하여 침묵만 지킨다면, 우리들은 민족에 대해 반역자가 되고, 국가에 대해 불충이 될 것입니다.

여러분! 우리는 자칫하면 환상적인 희망에 사로잡히기 쉽습니다. 우리가 고통스러운 진실을 보지 않으려고 눈을 감는다면 그것은 우리들을 위해 고군분투하고 있는 선각자나 선배에 대한 도리가 아닐 것입니다. 국가의 중대사에 직면하여 눈이 있어도 보지 않고, 귀가 있어도 듣지 않고 그대로 국난을 방관하여야만 되겠습니까?

나는 정신적 고통의 대가가 아무리 크더라도 진실의 전체를 알려고 하며, 최악의 사항에 대한 대비책을 기꺼이 마련하겠습니다. 나에게는 앞길을 밝혀주는 등불이 하나밖에 없습니다. 그것은 경험등불입니다. 나는 과거를 거울 삼아 미래를 판단하는 방법만을 알고 있습니다. 과거에 의해 판단하여 지난 10년 동안의 영국정부의 정책을 검토해 보면 우리들은 온통 함정에 빠지고 있습니다.

조용히 가슴에 손을 얹고 냉정하게 생각해 봅시다. 여러분! 믿지 마십시오.

영국은 우리들의 간청을 기꺼이 정중하게 받아들이면서도 무엇 때문에 우리의 바다를 뒤덮고 우리 땅을 어둡게 하는 전쟁 준비를 하는지 참으로 이해할 수 없습니다.

군함과 군대와 대포와 칼이 사랑의 사업과 동정의 사업에 필요하다는 말입니까? 우리가 화해하려고 하지 않기 때문에, 우리 환심을 다시 얻으려고 무력 개입이 불가피하다는 것입니까? 아니 그것은 결코 사랑의 사업도 동정의 사업도 우리의 환심을 얻기 위한 것도 아닌 것입니다.

여러분! 이것은 명백히 영국의 개전준비입니다. 우리들을 정복할 준비를 하는 것이지, 다른 나라를 두고 하는 것은 아닙니다. 이것이 영국이 우리에게 대하는 최후의 무력 외교정책이 아니고 무엇이겠습니까? 여러분! 영국은 확실히 우리를 정복하려고 하고 있습니다. 그렇지 않다면 이 전쟁준비는 무엇을 의미하는 것입니까?

대영제국이 세계 각 지역에 해군과 육군의 총병력을 보낼 만한 무슨 다른 적국이라도 있다는 말입니까? 아닙니다. 나는 단언하건대 영국은 확실히 우리 미국을 적으로 간주하고 있습니다. 저 군함과 군대는 영국 정부가 오랜 세월을 두고 단련한 쇠사슬을 가지고 우리들을 묶어서 꼼짝도 하지 못하게 하기 위해서 파견되는 것입니다. 그러면 여러분! 우리들은 무엇을 가지고 그들에게 대항하면 좋겠습니까? 논의를 해보려는 것입니까?

여러분 지난 10년 동안, 우리는 논의를 계속해 왔습니다. 그 문제에 관해서 어떤 새로운 제안이라도 있습니까? 아무것도 없습니다. 우리는 그 문제를 가능한 한 모든 각도에서 검토해 보았습니다. 그러나 모두 헛수고였습니다. 그렇다면 애원과 굴욕적인 탄원에 호소할 수 있겠습니까? 무슨 조건이라도 남아 있습니까?

여러분 이제는 제발 헛된 희망을 가지지 맙시다. 여러분, 우리는 지금 이쪽으로 휘몰아쳐 오는 폭풍을 피하기 위해 할 수 있는 온갖 노력을 다해보았습니다. 우리는 진정도 해보았고, 항의도 해보았고, 애원도 해보았습니다. 우리는 영국 국왕의 왕좌 앞에 꿇어 엎드리기도 했고, 영국 내각과 의회의 포악스런 학정을 막아 달라고 왕의 중재를 간청도 해보았습니다. 그러나 우리의 청원은 번번이 무시되었으며, 우리의 간언은 가중된 폭력과 치욕을 초래했을 뿐이며, 우리의 탄원은 일축되고 말았습니다.

우리는 왕좌 밑에서 모욕과 멸시를 받으며 걷어 차이고 쫓겨 났습니다. 이렇게 되고서는 따뜻한 평화에 대한 꿈을 가져 본다는 것은 허사인 것입니다.

여러분! 희망의 등불은 완전히 꺼졌습니다. 만약 우리들이 자유를 얻고자 원한다면, 이 소중한 투쟁의 빛나는 목적을 다하고자 원한다면, 우리들은 이렇게 말하지 않을 수 없습니다. 우리는 싸워야 합니다. 무력으로 정의의 신에게 호소하는 것이야말로 우리들에게 남아 있는 최선의 방법입니다.

여러분 이렇게 말하면 어떤 사람은 '우리 나라는 약하다. 저 무서운 강적과 싸워 이길 능력이 없다'라고 말할 것입니다. 그러나 여러분! 그러면 어느 때, 어느 시기에 우리들은 강대하게 됩니까? 다음 주일입니까? 다음 달입니까? 내년입니까? 우리가 완전히 무장해제 당하고 영국군이 우리 집집마다 배치될 그때입니까?

우리가 우유부단과 무의무책으로만 있어서는 힘을 한 곳에 집중시킬 수 없습니다. 만일 하나님께서 주신 정의의 힘을 적절하게 잘 사용하면 우리 미군은 결코 약하다고 할 수는 없습니다. 자유의 거룩한 정신으로 무장한 3백만의 동포가 합심하여 무기를 들고 무장을 하고 총궐기 하면, 저 밀어 닥치는 영국군도 두려울 것이 없습니다. 더우기 우리는 단독으로 전투를 하는 것도 아닙니다.

모든 운명을 맡아 가지고 계신 하나님이 있습니다. 하나님은 우리의 전투에서 우리편이 될 지원군을 일으켜 보내 줄 것입니다. 여러분! 이번 전투는 강자에게만 유리한 것만은 아닙니다. 신중하고 민활하고 용기있는 자에게도 유리한 것입니다. 우리는 논쟁하고, 표결할 시간이 없습니다. 우리들은 좋든 싫든 어쨌건 간에 싸우지 않으면 안 됩니다. 싸우는 것을 피하고자 해도, 피하기는 이미 시기가 지났습니다. 자, 전쟁이여 오겠으면 오라! 거듭 말하거니와 오겠으면 오라!

하원 의장, 이 문제를 단순하게 본다고 하는 일은 있을 수 없는 일입니다. 여러분은 평화, 평화하고 평화를 외칠지도 모르겠습니다. 그러나 평화는 없습니다. 전쟁은 사실상 시작되었습니다. 북방으로부터 휘몰아 쳐 오는 다음의 질풍은 우리들의 뇌리에 울려 퍼지는 전쟁의 포성을 전할 것입니다. 우리 용사들은 이미 전쟁터에 나가 있습니다! 그런데 우리는 무엇 때문에 여기서 한가롭게만 서 있다는 말입니까? 쇠사슬의 노예의 대가로 얻어지는 고귀한 생명입니까? 달콤한 평화입니까?

단연코 그런 일이 없기를 바랍니다. 나는 다른 사람들이 어떤 길을 택하려는지는 알지 못합니다. 다만 나에게 자유를 달라!라고 말하겠습니다.

                                           -페트릭 헨리.

우리는 이상의 김구 선생과 페트릭 헨리의 연설문을 읽었다.

어디 그것뿐이겠는가? 우리가 지금도 기억하고 있는 20세기의 최고 군사전략가였던 맥아더 원수며 남북전쟁을 승리로 이끈 링컨 대통령을 비롯하여 루즈벨트, 케네디, 처칠, 히틀러, 나폴레옹 등의 연설을 들으면 실로 손에 땀이 나게 하고 가슴이 뛰며 말할 수 없는 충격과 희열감을 동시에 느끼게 된다. 한마디로 말해서 명연설문은 인간 드라마의 극치라고 할 수가 있다.

부르터스의 저 유명한 연설문을 보면 시저를 죽이고도 나는 시저를 사랑한다고 하는, 말 한마디로 손바닥을 뒤집듯 해버리고는 천연덕스럽게 로마를 사랑한다는 말로 정당성을 주장하여 국민의 심정을 사로잡아버리고 만다.

이것이 유명한 연설문이요, 인간의 마음을 사로잡는 글이라고 할 수가 있다. 김구 선생의 글도 그렇고 헨리의 글도 그렇다. 모두 군중의 심정을 사로잡는 데에 있어서 충분하다고 할 수가 있다.

제8장

서술(敍述)에 관하여

1. 문장의 구성

◑ 기본 문형

서술이란 도대체 무엇인가? 한마디로 말하면 차례를 좇아 말하거나 적음을 말하는 것이다.

다시 말하면 '구름이 산을 넘는다'라고 하는 문장이 있다고 가정해 보자. 이것은 주어와 목적어 그리고 서술어인 문장의 근간 요소만으로 이루어진 문장이다.

여기서 가령 '흰'이나 '푸른'과 같은 수식 요소를 첨가하여 보면 '흰 구름이 푸른 산을 넘는다'와 같이 차례를 좇아 말하는 것이 된다.

◑ 문장의 구성

기본문형을 알기 위해서 예문을 먼저 본 후에 국어의 기본 문형으로서는 어떠한 문장들이 있고, 그 특징은 어떤 것이 있는가를 살펴 보기로 하자.

경이, 건이는 내 동료요, 동무의 하나가 지난 봄 내 집 앞으로 이사온 이래 새로 생긴 어린 두 친구다. 경이는 다섯살, 건이는 세 살. 경이는 아버지를 닮아 귀엽고 건이는 어머니를 닮아 귀엽다. 얼굴이 귀여운 것은 아래 건일까? 그러나 경이는 이마 바로 위에 이 세상에 아무도 갖지 못한 귀엽고 귀여운 가마를 가졌다.

① 경이, 건이는 내 동료요, 동무의 하나가 지난 봄 내 집 앞으로 이사온 이래 새로 생긴 어린 두 친구다.
② 경이는 다섯 살, 건이는 세 살.
③ 경이는 아버지 닮아 귀엽고 건이는 어머니 닮아 귀엽다.
④ 얼굴이 귀여운 것은 아래 건일까?
⑤ 그러나 경이는 이마 바로 위에 이 세상에 아무도 갖지 못한 귀엽고 귀여운 가마를 가졌다.

우선 여기서 ① 문장부터 살펴 보기로 하자.

①에서 '친구'를 수식하는 '두'와 '어린' 및 '내 동료요, 동무의 하나가 지난 봄 내 집 앞으로 이사온 이래 새로 생긴'이라는 수식 요소를 제거한다면 문장의 근간성분으로 남는 것은 '경이, 건이 는 친구다'가 될 것이다. 문장의 뼈대가 이와 동일한 예는 ②, ④ 에서도 발견된다.

이들은 모두 주어(主語)와 서술어(敍述語)가 체언(體言)이라는 공통된 특성을 가지고 있는 것이다. 그러나 ③과 ⑤에서는 이러 한 특성이 발견되지 않는다. ③은 형용사 서술어를 가지고 있고 ⑤는 목적어와 동사 서술어를 가지고 있기 때문이다.

이때 ①, ②와 ③, ⑤는 기본 문형을 달리한다고 한다. 다시 말 하면 기본 문형이란 주어, 목적어, 보어, 서술어와 같은 문장의 뼈대 성분으로 이루어진 문장의 기본유형으로서, 이를 기초로 하 여 수많은 다른 문장들이 생성(生成), 변형(變形)되는 문장의 핵 심 구조를 말한다. 국어의 기본문형에 대해서는 학자들 사이에 의견의 일치를 보지 못하고 있으나, 편의상 다음과 같이 분류해 보기로 하자.

① 아이가 운다.

② 꽃이 곱다.

③ 그것이 사실이다.

④ 아이가 꽃을 꺾는다.

문장 ①은 하나의 주어와 하나의 서술어로 이루어진, 문장 가 운데 가장 기본적인 문장이라고 할 수가 있다. 동사 '운다'는 완전 자동사로서 그 단독으로 완전한 서술성을 가진다고 할 수가 있 다. 즉 다른 문법성분의 도움이 없이도 그 자체로써 자족적이라 고 하는 것이다.

문장 ②는 성분상으로는 ①과 동일하나, 서술어가 형용사이며, 문장 ③은 '그것이' 명사이다. 그러나 ③과 ①, ②와는 완연히 구별된다. ③에는 많은 문제점이 내포되어 있는데, 이는 종래 수없이 논란의 대상이 되어 왔다. 학교문법에서는 '이다'를 서술격 조사로 취급하여 ③에서 '사실'과 '이다'를 분리하고 있지 않으나 실제에 있어서는 이를 분리하여 '사실'을 보어(補語)로, '이다'를 계사(繫辭)로 취급하는 것이 설명의 편리를 위해서도 유익한 결과를 낳게 된다.

그것은 결국 '이다'를 불완전 자동사로 다룰 수 있게 하는 것이다. 그렇게 되면 이러한 분류의 문장에 다시 아래와 같은 예를 추가할 수 있게 된다.

- 문장 ⑤는, 아기가 어른이 된다.
- 문장 ⑥은, 아들이 아버지와 닮았다.
- 문장 ⑦은, 호랑이가 사자와 싸운다

즉 ⑤의 '어른이', ⑥ '아버지'와 ⑦의 '사자와'는 ③에서 '사실'이란 성분이 행하고 있는 것과 같은 보어(補語)의 기능을 행한다고 할 수가 있다.

문장 ④는 목적어를 가지는 구성으로 '아이가'는 행동의 주체로서 주어이며, '꽃을'은 행동의 객체로서 목적어이며 '꺾는다'고 하는 주체가 객체에 미치는 어떤 행위를 나타내는 동사로서 서술어라고 할 수 있다. 목적어를 필요로 하는 '꺾는다'와 같은 것을 타동사라고 한다.

국어의 기본 문형은, 가령 그것은 국어의 모든 가능한 문장의 생성이라는 면에서 본다면 몇 가지 문장이 더 설정될 수 있을 것이나, 이 외의 세론(細論)은 피하기로 한다. 여하튼 국어의 모든 문장은 이상의 문형에서부터 발전되어 간 것이라고 할 수가 있다.

그만큼 이들은 국어문장의 핵(核)을 이루는 기본적 문형이라고 할 만하다. 그리고 문장을 이루고 있는 구성 요소들 주어, 서술어, 목적어, 보어는 근간요소라 하여 관형사나 부사와 같은 수식요소와 구별하는 것이 보통이다.

◑ 수식요소(修飾要素)의 첨가

주어, 서술어, 목적어, 보어와 같은 문장의 근간요소를 문장의 뼈라고 한다고 하면, 수식어(관형어), 한정어(부사어), 독립어와 같은 수식요소는 문장의 살이라고도 할 수가 있다. 다시 말하면 살은 뼈대를 살찌게 하고 풍부하게 하며 윤택하게 한다.

예를 들면 '구름이 산을 넘는다'와 같은 문장이 있다고 생각을 하자. 이것은 주어와 목적어와 서술어라는 문장의 근간요소만으로 이루어진 문장이다. 여기에 '흰'이나 '푸른'과 같은 수식요소를 첨가하여 '흰 구름이 푸른 산을 넘는다'와 같은 문장으로 고칠 수가 있다. '흰'은 '구름'을 수식하여 그 의미를 한정하게 되고, '푸른'은 '산'을 수식하여 그 의미를 한정하게 된다. 주어나 목적어를 수식할 수 있는 요소로서는 '흰'이나 '푸른'과 같은 형용사의 관형사형 외에도 '이, 그, 저, 새, 헌, 어떤' 등과 같은 관형사와 팔(집), 잡은(범인) 등과 같은 동사의 관형사형과 관형절(冠形節) 등이 있다.

이 밖에도 수식요소로서는 서술어의 '아!'는 뒤에 오는 문장에 감탄과 고통스러움의 어떤 의미를 첨가, 그 의미를 제한하게 된다. 이러한 수식요소들이 하는 역할은 부차적이어서 흔히 생략되어도 문장의 존립에 어떠한 영향도 미치지 않는 것으로 되어 있으나, 반드시 그렇지만은 않다. 때에 따라서는 그러한 요소가 없이는 문장이 성립되지 않는 경우도 있다.

예를 들면, '그런 곳이 어디 있습니까?'에서 '그런'을 제거해 보자. 듣는 사람은 그것이 무슨 뜻인지 모르게 될 것이다. 또 '너를 찾은 것은 라디오의 덕택이다' 할 때에도 '라디오의'란 성분이 없이는 문장이 성립되지 않는다. '김 선생은 그럴 분이 아니다' 라는 문장에서도 '그럴'을 제거한다면 말이 되지 않게 된다.

◑ 근간요소(根幹要素)의 생략

주어, 술어, 목적어, 보어와 같은 성분을 문장의 근간 요소라고 하는 것은 문장의 구성에는 그들의 존재가 필수적으로 요구된다고 하는 의미다. 이것들은 문장의 뼈와 줄기요, 기둥이기 때문에 어느 한 성분이 부족할 때에는 온전한 문장이 성립될 수 없다.

그러나 이 문장을 따로 떼내어 고립시켰을 때의 문제다. 실제에 있어서는 반드시 이러한 원칙이 지켜지지 않는다. 한 문장만이 언어의 장에서 고립되어 쓰일 경우란 하나의 가정이요, 허구에 불과한 것이다. 문장이란 일정한 사항을 전제로 하여 쓰인다고 할 수가 있기 때문이다. 너와 내가 공동으로 참여를 하고 말 속에 암암리에 전제되어 있는 모든 것을 같이 의식하고 있지 않다면, 말하자면 우리가 참여하고 있는 어떤 현실 문맥 속에서가 아니라면, 언어에 의한 전달 및 의사 소통과 같은 것은 이루어질 수 없을 것이다.

예를 들면 어떤 사람이 '문을 닫아라!'라고 말을 했다고 가정을 해보자.

이와 같은 발언이 아무 뜻이 없는 말이 아니라면 거기에는 적어도 아래와 같은 현실 문맥이 가정되어야 한다.

첫째, 문이 열려 있어야 한다. 그렇지 않다면 적어도 말하는 사람은 그것이 열려 있는 것으로 알아야 할 것이다. 물론 이 경우는 말하는 사람이 착각을 할 경우도 있을 것이다. 만약 그렇다고 하더라도 그는 나중에(혹은 곧) 그 말을 철회해야 할 것이다.

둘째, 어떤 다른 사람의 존재가 말하는 사람 가까이 있어야 한다. 적어도 그의 말소리가 들릴 만한 어떤 거리에 있어야 한다. 이것은 아마 가장 기본적이요, 필수적인 현실 문맥이 될 수가 있을 것이다. 그렇기 때문에 가령 그것이 문장의 근간요소라고 하더라도 현실 문맥이나 글의 전후 문맥에 의하여 보완될 수 있는 경우에는 흔히 생략될 수가 있다.

아래의 예를 들어 보기로 하자.

우리 부부는 숙명적으로 발이 맞지 않는 절름발이인 것이다. 내가 아내나 제 거동에 로직을 붙일 필요가 없다. ⓐ 변해 갈 필요도 없다. ⓑ 사실은 사실대로 오해는 오해대로 그저 끝없이 발을 절뚝거리면서 세상을 걸어가면 되는 것이다. ⓒ 그렇지 않을까? 그러나 나는 이 발길이 아내에게 돌아가야 옳은가, 이것만은 분간하기가 좀 어려웠다. ⓓ 가야 하나? ⓔ 그럼 어디로 가나? 이때 뚜하고 정오 사이렌이 울었다. 사람들은 모두 네 활개를 펴고 닭처럼 푸드덕거리는 것 같고, 온갖 유리와 강철과 대리석과 지폐와 잉크가 부글부글 끓고 수선을 떨고 하는 것 같은 찰나! ⓕ 그야말로 현란을 극한 정오다. 나는 불현듯이 겨드랑이가 가렵다. 아하 그것은 내 인공의 날개가 돋았던 자국이다. ⓖ 오늘은 없는 이 날개, 머리 속에는 희망과 안심이 말소된 페이지가 딕셔너리 넘어가듯 번뜩였다. 나는 걷던 걸음을 멈추고 그리고 일어나 한번 이렇게 외쳐 보고 싶다. ⓗ 날개야 다시 돋아라. ⓘ 날자, 날자, 날자, 한번만 더 날자구나. 한번만 더 날아 보자구나.

—이상(李箱) 〈날개〉에서.

윗글의 밑줄친 부분을 예의 주시해 보면 그들이 온전치 못한 문장임을 알게 된다. ⓐ에는 '내가'라는 주어가 생략되어 있고, ⓑ에는 '우리'란 주어가 상정되어 있고, ⓒ에도 '그것은' 정도의 주어가 설정될 수가 있다. ⓓ와 ⓔ에도 '나는'이라는 주어가 생략되어 있음을 발견할 수가 있다. ⓕ에도 '시간은' 혹은 '때는' 등의 주어가 생략되어 있음을 알 수가 있다. ⓖ는 특이한 문장이다. '날개'를 수식하는 '오늘은 없고'와 '이'를 제외하다면, 그것은 결국 '날개'란 한 단어로 이루어진 문장이기 때문이다. 문장, 이것이 반드시 주어와 술어를 가져야 한다는 것은 문법적인 고정관념에 불과한 것이다. 하나의 단어만으로 만약 다른 문장이 갖는 것과 같은 의미의 완결성을 갖추기만 한다면, 하나의 단어만으로도 문장이 됨에 부족함이 없는 것이다.

그것은 '불이야!' 한마디 말이 온전한 의미의 말을 내포하고 있는 것과 같은 것이다. 그것은 '불이 났으니 피하라!' 혹은 달리 말하면 '불이 났으니 꺼달라!'는 등의 외침으로 이해가 된다. ⑧의 경우는 '나는 오늘은 없는 이 날개를 생각해 본다'는 정도로 단어에 문장의 형태를 부여할 수가 있다.

ⓗ와 또 ⓘ는 이제까지 말한 분류의 문장들과 구별된다. ⓐ~⑧의 문장들을 문맥에 의한 결합문이라고 한다라고 하면 ⓗ와 ⓘ는 문법적인 것이라고 할 수가 있다.

즉 ⓗ는 2인칭 단수, 그것은 의인화(擬人化)된 '날개'이다에 대한 명령이며, ⓘ는 청유법이다. ⓗ와 ⓘ의 경우, 주어가 생략되는 것은 문법적인 것으로서 문맥에 의해 보완될 필요가 없는 것이다.

이상에서의 몇 가지 예에서 검토된 것은 주로 주어의 생략에 관한 것이다. 주어가 이렇듯이 쉽게 문장의 표면에서 사라지는 것은 국어의 특징인 한 현상이라 할 것이다.

왜냐하면 서구어, 특히 영어와 같은 언어에서는 주어가 필요없는 경우에도 가주어와 같은 것을 설정하고 있기 때문이다. 주어 외에도 실제의 회화에서는 다른 성분이 쉽게 은현되어 나타난다고 할 수가 있다.

'우리 학교가?' 할 때에는 술어가 생략된 예로 볼 수가 있으며 '만났나?', '아니 못 만났어' 할 때에는 목적어가 생략된 것으로 볼 수가 있다.

2. 문장의 변형(變形)

기본 문형의 문장이 실제로 쓰이는 문장에 이르기 위해서는 변형과 확대의 과정을 거쳐야 한다. 물론 기본문형이 그대로 쓰이는 경우도 많다. 그러나 기본 문형만으로는 실제의 모든 문장을 모두 포괄할 수는 없다.

먼저 변형과정을 살펴 보기로 하자.

◗ 서법(敍法)

국어의 문장은 그 서법에 의해 다음과 같이 분류된다.

① 평서문(平敍文).

② 의문문(擬問文).

③ 명령문(命令文).

④ 청유문(請誘文).

⑤ 감탄문(感歎文).

이들 사이의 구별은 거의 전적으로 문장의 끝에 오는 용언 어미(語尾)의 활용에 의존한다.

형이 꽃을 사랑합니다. / (평서문)

형이 꽃을 사랑합니까? / (의문문)

형, 꽃을 사랑하십시오. / (명령문)

형, 꽃을 사랑합시다. / (청유문)

형이 꽃을 사랑하시는구나. / (감탄문)

소녀가 꽃을 심는다. / (평서문)

소녀가 꽃을 심느냐? / (의문문)

소녀여, 꽃을 심자. / (청유문)

소녀가 꽃을 심는구나. / (감탄문)

마당이 넓다. / (평서문)

마당이 넓으냐? / (의문문)

마당이 넓어라. / (명령문)

마당아 넓자. / (청유문)

마당이 넓구나. / (감탄문)

이것이 책상이다. / (평서문)

이것이 책상이냐? / (의문문)

이것이 책상이어라. / (명령문)

이상의 몇 가지 예가 보이듯이 평서법(平敍法)과 의문법(疑問法)에 있어서는 평칭과 경칭에 있어 큰 차이를 보이며 술어가 형용사이거나, 명사문의 경우에 있어서는 명령법이나 청유법이 성립되기 어렵거나 성립되지 않는다는 것을 알 수 있다.

◗ 주제화(主題化)

국어는 아래와 같은 특이한 문장을 가지고 있다.

①-ⓐ : 여우는 꾀가 많다.
②-ⓐ : 코끼리는 코가 길다.

이같은 구문(構文)은 서구쪽 언어에 대한 상식에 비추어 볼 때는 신기롭고 이상하기까지 하는 것으로, 일찍부터 여러 학자들의 주목을 받아 왔다. 그래서 그 해석에 대하여는 여러가지 분분하다고 할 수가 있다. 근자 일반적이라고 할 수 있는 통석으로서는 '여우는'이나 '코끼리는'과 같은 요소를 '소주어(小主語)'로 인정하는 경우가 있다. 그러나 이같은 설명방법에는 무엇인가 석연치 못한 점이 많은 것이다. 왜냐하면 ①, ②는 문장 구조상에 있어 근본적으로 다른 양상을 보이고 있기 때문이다. 예를 들어서 아래와 같이 고쳐 보기로 하자.

①-ⓑ : 여우에게는 꾀가 많다.
②-ⓑ : 코끼리의 코가 길다.

즉 ①-ⓐ의 '여우는'은 ①-ⓑ에서와 같이 '~에게'를 취함이 자연스럽고, ②-ⓐ의 '코끼리는' ②-ⓑ에서와 같이 '~의'를 취함이 자연스러운 것이다. 이렇게 볼 때 ①-ⓐ와 ②-ⓐ가 똑같이 '총주어＋소주어＋술어'라는 동일한 구조를 가진 것으로 해석한다는 일은 납득하기 어려운 일처럼 보인다.

①-ⓐ, ②-ⓐ와 같은 문장의 구조를 거짓없이 드러내기 위해

서는 무엇보다도 '은, 는'에다 주의를 각별히 기울이지 않으면 안 된다. '은/는'이 수상한 요소이기 때문이다. 흔이 '은/는'을 특수 조사로 취급하여 이를 주격, 속격, 대격, 처격 등으로 환산하는 등으로 쓰지만 우리는 이를 주제화와 밀접한 관련을 가진 것으로 해석하는 견해를 받아들이도록 한다.

그렇다면 우선 주제란 무엇인가? 라는 문제부터 살펴 보기로 하자.

흔히 주제라고 하면 '문장에 있어서 새로이 주의를 환기시킬 필요가 있는 어떤 주어진 부분'을 가리키는 것이다.

그러나 이와 같은 정의에 있어서는 심상치 않은 문제가 왕왕 제기되고 있다. '새로이 주의를 환기시킨다'고 하는 말은 이미 전제된 다른 문장을 요구하고 있기 때문이다.

이것은 결국, 주제를 문장 이상의 수준의 문제로서 취급하는 결과를 맺게 된다. 그러나 국어에 관한 한 주제에 대한 이러한 정의가 별로 유익한 공헌을 하지 않게 된다.

국어의 경우, 주제화의 모든 논의를 문장 이하의 수준에서 소진시킬 수 있기 때문이다. 특히 국어에 있어서의 주제화는 서구어의 경우와 같이 한 예외적인 특수한 사건으로서가 아니라 언어 전체에 걸치는 일반적인 현상으로 존재한다고 보며, 아주 독특하면서도 특이한 발달을 보이고 있는 것이다.

국어에 있어서의 주제 특성을 살려 보면, 무엇보다도 주제화된 어떤 요소가 주제화되지 않는 다른 요소를 이루는 근원적인 대립에 각별히 주의를 모아야 한다. 우선 아래의 예를 들어 보기로 하자.

③ 어제 공원에서 싸움이 일어났다.
④ 어제는 공원에서 싸움이 일어났다.
⑤ 어제 공원에서는 싸움이 일어났다.
⑥ 어제 공원에서 싸움은 일어났다.

⑦ 어제 공원에서 싸움이 일어나기는 했다.

위의 각 예를 주제와 비주제 사이에서 빚어지는 근원적인 대립의 관점에서 본다면, ④의 '어제'는 '어제' 외의 일체의 시각과 대립되며, ⑤의 '공원'은 '공원' 외의 다른 장소와 대립되며, ⑥의 '싸움'은 '싸움' 외의 다른 모든 행위와 대립되며, ⑦의 '일어나기'는 동작 외의 다른 모든 동작과 대립된다.

이와 같은 근원적인 대립에서부터 주제화된 요소에 포함되는 의미론적(意味論的)인 여러 특성이 유도된다. 예컨대 '한정, 배제, 상의, 강조' 등의 특성이 바로 그것이다. 다시 아래의 예를 들어보기로 하자.

⑧ 술잔을 비우고 긴 한숨을 내쉬었다.
⑨ 하늘을 우러러 보고는 땅을 굽어 보았다.
⑩ 살아서는 돌아오지 못한다.
⑪ 나는 돈을 훔치지 않았다. 다만 좀 빌었을 뿐이다.
⑫ 극장에 간다고는 했지만 오늘 간다고는 하지 않았다.

⑧의 '술잔을 비우고'는 '술잔을 안 비운' 여러 상태와 대립을 이루고, ⑨에서 '하늘을 우러러 보고'는 '하늘을 우러러 보지 않는' 여러 행위와 대립을 이루며, '살아서'는 '죽어서'와 대립이 된다. 또 ⑪에서 '돈을 훔치지'는 '빌었다' 행위가 포함되는 '도둑질 아닌' 행위와 대립되며, ⑫에서 '극장에 간다고는'은 '극장에 안 간다고'와 대립이 된다. 이들 예에 출현하는 '은/는'은 격조사라는 술어로는 도저히 포괄할 수 없을 것이다.

국어의 주제의 특성 가운데 또 특이할 만한 것은 주제가 편재의 능력을 갖는다는 사실이다. 이것은 주제의 지배영역, 단순한 주어가 갖는 영역보다도 큼을 의미한다. 또 아래의 예를 들어보기로 하자.

⑬ 그 사람이 돈이 없을지라도 구걸하지는 않는다.

⑭ 그 사람은 돈이 없을지라도 구걸하지는 않는다.

⑮ 그가 부산에 도착하자 어느 호텔에서 짐을 풀었다.

⑯ 그는 부산에 도착하자 어느 호텔에서 짐을 풀었다.

⑬은 '구걸하지 않는 사람'의 정체가 분명치 않으며, ⑮는 '호텔에서 짐을 푼 사람'의 정체가 분명치 않다. 이에 대해서 ⑭와 ⑯에는 그러한 모호성이 존재하지 않는다. 이는 ⑭의 '그 사람이'가 '돈이 없을지라도'에 걸릴 뿐 아니라, '구걸하지 않는다'에도 걸리며, ⑯의 '그'가 '부산에 도착하자'에 걸릴 뿐만 아니라 '어느 호텔에서 짐을 풀었다'에도 걸림을 의미한다.

이러한 사실은 궁극적으로 하나의 주제는 한 문장의 경계를 뛰어 넘어 다른 문장까지도 지배할 수 있다는 주제 편재의 능력을 알려 주는 것이 된다. 국어의 문장에서 주어가 그렇게도 쉽사리 사라질 수 있다는 특성은 순전히 이러한 사실에서 연유하고 있는 것이다.

⑰ ⓐ 그는 거리에 나섰다. ⓑ 아침식사도 제대로 못하고 허둥지둥 밖으로 뛰어 나왔기 때문에 열두 시가 되려면 아직도 멀었는데도 허기를 느꼈다. ⓒ 점심을 먹으려는 생각으로 거리 이쪽저쪽으로 둘러보았으나 음심점을 쉽사리 찾을 수가 없었다. ⓓ 좀더 걸어가야 요기를 할 수 있을 것이라고 생각을 했다.

위에는 ⓐ, ⓑ, ⓒ, ⓓ가 이른바 주어 없는 문장이다. 그러나 우리의 논의에 의하면 그들이 주어 없는 문장이라는 결론에 이르게 되지 않는다. 주어가 지닌 편재(偏在)의 능력에 의하여 ⓐ의 '그는'이 ⓑ, ⓒ, ⓓ를 지배하고 있기 때문이다. '은/는'은 문장의 거의 모든 성분을 주제화할 수 있는데, 그 예를 살펴 보기로 하자.

⑱-ⓐ 형의 취미가 등산이다.

⑱-ⓑ 형의 취미는 등산이다.

⑲-ⓐ 역사는 새로 써야 한다.

⑲-ⓑ 역사는 새로는 써야 한다.

⑳-ⓐ 미경이가 나에게 선물을 주었다.

⑳-ⓑ 미경이가 나에게는 선물을 주었다.

⑳-ⓒ 미경이가 나는 선물을 주었다.

㉑-ⓐ 여름에 날씨가 덥다.

㉑-ⓑ 여름에는 날씨가 덥다.

㉑-ⓒ 여름은 날씨가 덥다.

㉒-ⓐ 밀가루로 빵을 만든다.

㉒-ⓑ 밀가루로는 빵을 만든다.

㉒-ⓒ 밀가루는 빵을 만든다.

㉓-ⓐ 고속버스가 빨리 달린다

㉓-ⓑ 고속버스는 빨리는 달린다

㉔-ⓐ 고양이가 생선을 다 먹어 치웠다.

㉔-ⓑ 고양이가 생선을 다 먹어는 치웠다.

㉕-ⓐ 학교에 가서 공부를 한다.

㉕-ⓑ 학교에 가서는 공부를 한다.

㉖-ⓐ 카라마조프가 아버지를 죽였다.

㉖-ⓑ 카라마조프가 아버지를 죽이기는 죽였다.

㉖-ⓒ 카라마조프가 아버지를 죽이기는 했다.

㉗-ⓐ 동생 녀석이 곰이다.

㉗-ⓑ 동생 녀석이 곰은 곰이다.

㉗-ⓒ 동생녀석이 곰이기는 곰이다

㉘-ⓐ 방은 깨끗하다.

㉘-ⓑ 방이 깨끗은 하다.

⑱-ⓐ는 속격의 주제화를,

⑲-ⓐ는 대격의 주제화를,

⑳－ⓐ는 여격의 주제화를,

㉑－ⓐ는 처격의 주제화를,

㉒－ⓐ는 조격의 주제화를,

㉓－ⓐ는 부사의 주제화를,

㉔－ⓐ는 부동사의 주제화를,

㉕－ⓐ는 종속절의 주제화를,

㉖－ⓐ는 동사의 주제화를,

㉗－ⓐ는 명사 서술어의 주제화를,

㉘－ⓐ는 단어 내부에서 일어나는 '은/는' 주제화를 각각 예시하고 있다.

'은/는'만이 주제화의 예외적인 기능을 가지고 있는 것은 아니다. 흔히 주격조사로 알려져 있는 '이/가'에도 주제화의 능력이 있다. '롯데가 양복값이 만원이 싸다'라는 문장을 보라. 얼마나 국어다운 문장인가? 그것은 '이/가' 주제화의 한 예에 불과하다. 예를 다시 들어 보기로 하자.

㉙－ⓐ 그의 마음이 약하다.

㉙－ⓑ 그가 마음이 약하다.

㉚－ⓐ 꽃을 가꾸기가 어렵다.

㉚－ⓑ 꽃이 가꾸기가 어렵다.

㉛－ⓐ 그에게 부채가 많다

㉛－ⓑ 그가 부채가 많다.

㉜－ⓐ 쇠고기에 흰자질이 많다.

㉜－ⓑ 쇠고기가 흰자질이 많다.

㉝－ⓐ 밀가루로 빵이 된다.

㉝－ⓑ 밀가루가 빵이 된다.

㉞－ⓐ 종이 울지 않는다.

㉞－ⓑ 종이 울지가 않는다.

'이 /가' 주제화는 ㉞-ⓐ의 경우를 제외한다면 거의 체언에만 한정되어 일어난다. 또 그것이 정적인 표현에 한정되어 일어난다고 하는 것은 한 특징이라고 할 수 있다. 주제화를 유도하는 요소로서는 이 외에도 흔히 대격조사로 알려져 있는 '을 /를'이 있다.

㉟-ⓐ 미경이가 나의 손을 잡았다.

㉟-ⓑ 미경이가 나를 손으로 잡았다.

㊱-ⓐ 김선생님 내게 영어를 가르친다.

㊱-ⓑ 김선생이 나를 영어로 가르친다.

㊲-ⓐ 지렁이가 땅에 기어다닌다.

㊲-ⓑ 지렁이가 땅을 기어다닌다.

㊳-ⓐ 모래로 담을 쌓았다.

㊳-ⓑ 모래를 담으로 쌓았다.

이러한 '을 /를'의 주제화는 '이 /가' 주제화와는 반대로 동적인 표현에 쓰인다. 주제화를 위해서는 이들 외에도 '~로 말하면, ~에게는, ~로서는, ~도' 등의 방법이 사용된다.

◗ 피동(被動)과 사동(使動)

어떤 행동이나 동작을 서술할 경우, 말하는 사람의 시선이 어디 있느냐에 따라 동일한 의미 내용이라고 한다손 치더라도 표면적으로는 능동과 피동(被動), 그리고 사동(使動)과 같은 다른 방법을 얻게 된다.

가령 이 능동문에 있어서는 동작이나 행동을 받는 객체가 주어지게 된다. 예를 들면 '포수가 호랑이를 잡았다'라고 하는 문장이 있다고 가정해 보기로 하자. 여기서 '포수'는 윗 문장의 주어이며, '호랑이를 잡는' 주체인 것이다.

이에 대해 '호랑이'는 목적어로서 '포수'가 한 행동의 객체인 것이다. 행동의 객체가 주어로 쓰인 이와 같은 문장을 능동문이라고 한다.

이번에는 윗 글을 '호랑이가 포주에 잡혔다'로 고쳐 보기로 하자. 능동문에서 목적어요, 행동의 객체인 '포수'가 한정어의 위치로 떨어졌으며 '잡았다'라고 하는 동사 어간에는 피동보조간(被動補助幹)인 '~히'가 끼어들어감을 써 동사가 피동형으로 바뀌었다. 이러한 문장을 피동문이라고 한다. 이것도 다시 예를 들어 보기로 하자.

① 동생이 아버지를 보았다. 아버지가 동생에게 보였다.

② 벌이 손등을 쏘았다. 손등이 벌에 쏘였다.

③ 볏단을 논둑에 쌓았다. 볏단이 논둑에 쌓이었다.

④ 철수가 잉어를 낚았다. 잉어가 철수에게 낚이었다.

⑤ 그를 대통령으로 뽑았다. 그가 대통령으로 뽑히었다.

⑥ 울타리에 못을 박았다. 못이 울타리에 박히었다.

⑦ 처녀가 아이를 업었다. 아이가 처녀에게 업히었다.

⑧ 반지를 선반 위에 얹었다. 반지가 선반 위에 얹히었다.

⑨ 할아버지가 아기를 안았다. 아기가 할아버지에게 안기었다.

⑩ 젓국을 항아리에 담았다. 젓국이 항아리에 담기었다.

⑪-ⓐ 김 선생이 낚시줄을 감았다. 낚시줄이 김 선생에 의해 감기었다.

⑫ 나는 뗏목을 끌었다. 뗏목이 나에게 끌리었다.

⑬-ⓐ 권 주사는 궐련을 말았다. 궐련이 권 주사에 의해 말리었다.

⑭-ⓐ 소녀가 창문을 열었다. 창문이 소녀에 의해 열리었다.

⑮-ⓐ 철수는 연필심을 갈았다. 연필심이 철수에 의해 갈리었다.

이로써 우리는 국어에 있어서의 피동문 형성의 기본을 살핀 셈이다. ⑪, ⑬, ⑭, ⑮는 국어의 피동문에 있어 행동의 주체가 '에게'란 조사만을 배타적으로 취하는 것이 아님을 말해 준다. 여기에 만약 '에게로'를 쓴다면 다른 뜻의 문장이 될 것이다.

⑪-ⓑ 낚시줄이 김 선생에게 감기었다.

⑬-ⓑ 궐련이 권 주사에게 말리었다.

⑭-ⓑ 창문이 소녀에게 열리었다.

⑮-ⓑ 연필심이 철수에게 갈리었다.

⑪-ⓑ는 '김 선생님'이 '에게'를 취함으로써 행동의 주체의 위치에서 벗어나 다시 그것이 피동체가 되고 있음을 보여 주며,

⑬-ⓑ는 우리로 하여금 '궐련'에 휘말린 '권 주사'를 상상하게 하며,

⑭-ⓑ는 어떤 다른 사람이 '소녀'를 위해서 '창문'을 연 경우를 뜻하게 되며,

⑮-ⓑ는 '철수'가 자신의 몸으로 '연필심'을 가는 장면을 연상하게 한다.

또 피동문에는 반드시 '이, 히, 기, 리'와 같은 보조어간이 삽입된 피동사만이 쓰이는 것이 아니다. '지다'나 '되다'를 이용한 피동문의 형성이 가능한 것이다. 예를 들어보면,

⑯ 사람이 다 죽게 되었다.

⑰ 어쩌다 집에 가게 되었다.

⑱ 그 집에서 저녁을 먹게 되었다.

⑲ 토요일 저녁 영화를 보게 되었다.

⑳-ⓐ 역사책 한 권이 다 써졌다.

㉑-ⓐ 밥 한솥이 다 지어졌다.

㉒-ⓐ 어떻게 발길이 그리로 가졌다.

㉓-ⓐ 창문이 부수어졌다.

⑳-ⓐ, ㉓-ⓐ의 예들은 다시 '지게 되었다'란 형태를 이용하여 표현할 수도 있다.

⑳-ⓑ 역사책 한 권이 다 써지게 되었다.

㉑-ⓑ 밥 한 솥이 지어지게 되었다.

㉒-ⓑ 어떻게 발길이 그리로 가지게 되었다.

㉓-ⓑ 창문이 부수어지게 되었다.

물론 '지다'를 이용한 피동문과 '되다'를 이용한 피동문이 의미론적으로 똑같은 의미를 갖는 것은 아니다. 아마도 '지다'는 자연적 혹은 인위적이 아닌 피동화 상태를 가르쳐 주고, '되다'는 그러한 과정을 문제시하지 않는 피동 서술을 말해 주는 듯이 여겨진다. 이 외에 피동의 뜻을 갖는 구문으로는 다음과 같은 것이 있다.

㉔ 그날 밤에 습격을 <u>당했다.</u>

㉕ 그의 아버지에게 꾸중을 <u>들었다.</u>

㉖ 바람에 피해를 <u>입었다.</u>

㉗ 그 자가 속이는 바람에 결국 손해를 <u>보았다.</u>

또 피동문 가운데에는 주어가 주격조사 '가' 대신에 '을 / 를'을 취하려는 특이한 예들이 있다.

㉘ 그 아이가 손을 잘렸다

이는 아마도 앞서 말한 주격의 '을 / 를' 주제화한 것으로 해석될 수 있을 것이다.

다음은 국어의 사동문(使動文)의 특성을 살펴 보기로 하자. 예를 들어서 '아기가 젖을 먹는다' 라고 하는 문장이 있다고 하자. 이 문장은 능동문이다. '아기'는 행동의 주체로서 주어이다. 그러나 이 문장을 젖을 먹이는 '어머니'의 입장에서 볼 때 '어머니가 아기에 젖을 먹인다'와 같이 고칠 수 있다. 이 문장을 '어머니'가 '아기'에게 무슨 행동을 시킨다는 의미에서 사동문이라고 한다. '먹이다'의 '~이'를 사동보조어간이라고 한다. 다시 이러한 예 몇 개를 더 들어 보기로 하자.

㉙ 아기가 웃는다.

아버지가 아기를 웃긴다.

㉚ 아기가 논다.

어머니가 아기를 놀린다.

㉛ 집이 선다.

집을 세운다.

㉜ 칼을 찬다.

아들에게 칼을 채운다.

그러나 사동문의 형성이 반드시 사동보조어간에 의한 동사 형성에 의해서만 유도되는 것은 아니다. '하다, 시킨다, 만들다'를 이용한 사동문의 형성이 가능하다.

㉝-ⓐ 밥을 먹게 한다.

㉝-ⓑ 밥을 먹게 만든다.

㉝-ⓒ 밥을 먹게 시킨다.

㉞-ⓐ 집에서 놀도록 한다.

㉞-ⓑ 집에서 놀도록 만든다.

㉞-ⓒ 집에서 놀도록 시킨다.

㉟-ⓐ 학교에 가게끔 한다.

㉟-ⓑ 학교에 가게끔 만든다.

㉟-ⓒ 학교에 가게끔 시킨다

'하다'를 이용한 사동문은 '허락'의 의미를, '만들다'를 이용한 사동문은 '강제'의 의미를 나타내며 '시킨다'를 이용한 사동문은 강한 '지시성'의 의미를 띤다.

◗ 부정에 대하여

우리는 '어떠한 사실이 어떠하다'고 긍정할 수 있을 뿐만 아니라, '어떤 사실이 어떠하지 않다'고 부정할 수 있는 능력을 가지고 있으며, 그것을 언어로 표현할 수 있는 기교를 발전시키고 있다. 부정의 가장 보편적인 수단은 '아니'를 이용하는 방법이다. 그런데 '아니'를 이용하는 부정법에도 두 가지가 있다

① 그는 우유을 먹이지 않는다.
② 그는 우유를 안 먹는다.

즉 ①과 같이 '아니하다'를 이용하는 방법이 있고, ②와 같이 '아니'만을 이용하는 방법이 있다. ①과 ②가 어떤 차이를 가지고 있는지에 대하여는 아직 명백히 밝혀지지 않고 있다. 전혀 차이를 갖지 않는다고 보는 견해가 지배적이다. 부정문은 과연 부정의 요소가 어느 성분에 따라 달라지느냐에 따라 다음과 같은 차이가 생겨 난다.

ⓐ-그는 우유를 먹지 않는다.
ⓑ-그는 우유를 먹지 않는다.
ⓒ-그는 우유를 먹지 않는다.

ⓐ와 같이 '그는'에 힘을 주면, '다른 사람은 우유를 먹는다'란 뜻을 내포하게 되며, ⓑ와 같이 '우유를' 강조하면, '그는 우유 외에 다른 것은 먹는다'란 뜻을 갖게 되며, ⓒ와 같이 '먹지'를 강조하면 '그는 우유를 먹는 것이 아니라 마신다'라는 의미(뉘앙스)를 띨 수가 있다. '아니' 외에도 '못'을 이용한 부정법이 가능한데 '아니'가 사실 부정이라면 '못'은 능력 부정이라고 할 것이다.

3. 문장의 확대

앞에서 국어의 단문이 가지는 몇 가지 특성에 대하여 살펴 보았다. 그러나 이같은 단문들은 둘 또는 그 이상이 모여서 보다 큰 문장을 이루는 수가 많다. 이에는 두 가지 방식이 있다.

그 하나는 둘 이상의 문장이 수직으로 병렬되는 방식이요, 다른 하나는 한 문장 속에 다른 문장이 그 한 문법성분으로 포유되

는 방식이다.

◗ 병렬(竝列)에 관하여

① 그는 아름다운 여인이다.

(병렬) 그는 지적인 여인이다.

그는 아름답고 지적인 여인이다.

② 그는 아름다운 여인이다.

(병렬) 그는 아름다운 숙녀이다.

그는 아름다운 여인이고 숙녀이다.

③ 그는 잘 먹는다.

(병렬) 그는 많이 먹는다.

그는 잘 그리고 많이 먹는다.

④ 그는 잘 걷는다.

그는 잘 뛴다.

(병렬) 그는 잘 간다.

그는 잘 걷고 뛰고 간다.

⑤ 그 소녀는 매우 귀엽다.

(병렬) 그 소녀는 매우 부지런하다.

그 소녀는 매우 귀엽고 부지런하다.

예들은 둘 또는 그 이상의 문장이 통사론적으로 똑같은 구조를 가지며, 어느 한 성분만을 달리할 때 그 요소를 병렬시킴으로써 문병렬(文竝列)이 된다는 사실을 말해 준다.

①은 수식어의 병렬을, ②는 명사 서술어의 병렬을, ③은 한정어의 병렬을, ④는 동사 서술어의 병렬을, ⑤는 형용사 서술어의 병렬을 예시하고 있다.

이들 예에서 체언(體言) 외의 요소가 병렬될 때는 '그리고'나 '~고'를 이용한 형태가 이용되며 '와/과'는 출현할 수 없다는 국어의 한 경험적인 사실을 확인할 수가 있다. 잠시 여기서 우리는 혼동되고 있는 '접속'이란 개념과 '병렬'이란 개념을 구별해 보기로 하자.

우선 '접속'은 연쇄적인 것이며, 수평적인 것을 말하는 것이다. '병렬'은 평행적이며 수직적인 관계를 말하는 것임을 분명히 해두자. 다시 말해 '접속'은 앞뒤 문장 사이에 성립하는 모종의 논리적 연결을 전제로 하는 개념이며, 병렬은 이러한 논리적 연결이 불가능한 관계라 하는 것이다. 이때의 논리적 연결이란 시간적인 선후관계, 인과관계, 그리고 대립관계 등을 가리키는 것으로, '병렬'이 논리적인 연결이 아니라는 유보 조건 아래에서 성립이 된다.

예를 들어 보면 '그는 집에 가고 나는 학교에 왔다'라고 하는 문장은 병렬이 아니라 접속이다. 우선 거기에는 시간적인 선후관계가 있다. 왜냐하면 그것은 '나는 학교에 오고 그는 집에 갔다'라는 문장과는 다른 가치를 가지고 있는 것으로 보이기 때문이다.

거기에 비록 이러한 관계가 없다고 한다고 하더라도 적어도 '그'는 '나'와 대립되며, '집'은 '학교'와 대립되며, '가다'는 '오다'에 대립이 된다. 문병렬(文竝列)의 대표적인 수단이 되고 있는 것은 '와 / 과'이다. '와 / 과'에 의한 문병렬의 예를 들어 보기로 하자.

⑥ 나는 그에게 책을 주었다.
　(병렬) 나는 그에게 연필을 주었다.
　나는 그에게 책과 연필을 주었다

⑦ 나는 철수에게 책을 주었다.
　(병렬) 나는 영호에게 책을 주었다.
　나는 철수와 영호에게 책을 주었다.

⑧ 철수의 책은 팔렸다.
　(병렬) 영호의 책은 팔렸다.
　철수와 영호의 책은 팔렸다.

⑨ 나무로 책상을 만들었다.

(병렬) 철판으로 책상을 만들었다.

나무와 철판으로 책상을 만들었다.

⑩ 집에 그림이 있었다.

(병렬) 학교에 그림이 있었다.

집과 학교에 그림이 있었다.

⑪ 영호는 부산에 도착했다.

(병렬) 철수는 부산에 도착했다.

영호와 철수는 부산에 도착했다.

①~⑤의 경우와는 달리 ⑥~⑪은 체언의 병렬을 예시하고 있다. ⑥~⑪에 '와/과' 외에 '그리고'가 쓰일 수 있다. ⑥은 대격(對格)의 병렬을, ⑦은 여격의 병렬을, ⑧은 속격의 병렬을, ⑨는 조격의 병렬을, ⑩은 처격의 병렬을 ⑪은 주격의 병렬을 각각 예시하고 있다.

이들 문장에서 모호성이 지적된다. 즉 ⑥에 있어서는 '책'과 '연필'을 동시에 주었느냐, 각각 다른 시각에 따로 따로 주었느냐고 하는 모호성이 있으며, ⑦에도 '철수'와 '용호'에게 동시에 '책'을 주었느냐, 각각 다른 시각에 주었느냐 하는 애매성이 있으며, ⑧에도 '철수의 책과, 영호의 책'이 동시에 팔렸느냐, 각각 다른 시각에 팔렸느냐 하는 애매성이 있다.

이러한 종류의 애매성은 ⑨, ⑩, ⑪에서도 동일하게 지적이 된다. 그러나 이러한 모호성은 병렬되는 문장 A와 B가 문법적으로 그 시제가 동일하다고 하더라도 경험 세계의 시간성에 있어서 차이를 가지고 있으므로 야기되는 것으로 보인다.

그것은 국어의 문병렬에서는 어떠한 경우라도 점출되는 모호성이며, 아마도 이는 문병렬이 가능한 모든 언어에서 보편적으로 성립하는 공통적인 모호성일 것이다.

◗ 중문(重文)에 관하여

여러 단문이 동일한 자격으로 접속된 문장을 가리켜 중문이라고 한다. 이들은 우리가 앞서 말한 병렬문과는 다른 성격을 띠고있다. 예문을 들어 보면 다음과 같다.

ⓐ 나는 것은 비행기요, 달리는 것은 기차다.

ⓑ 나비는 춤추며 꽃은 웃는다.

ⓒ 아이들은 글을 읽고 지아비는 밭을 갈고 아내는 밥을 짓는다.

ⓓ 줄기는 붉고 잎은 푸르고 꽃은 희다.

ⓔ 뫼는 높고 물은 깊다.

ⓕ 여름은 덥고 겨울은 춥다.

이 중문의 특이성은 접속된 각 단문들 사이에 논리적 관계가 성립되지 않는다는 사실이다. 그러한 의미에 있어 그것은 '병렬적'이다. 그러나 자세히 살펴보면 거기에는 대립관계가 엄연히 도사리고 있다. 이는 우리가 앞서 '접속'과 '병렬'이란 두 개념을 구분하면서 분명히 하였다.

◗ 포유(包有)에 관하여

이는 하나의 문장이 다른 문장에 끼어들어 주문장(主文章)의 한 종속문장이 됨을 말하는 것이다. 포유에 의해 이루어지는 문장을 흔히 반복문이라고 한다.

복문, 이것은 종속문장이 문장 끝의 어미를 명사형 어미(名詞形語尾), 관사형 어미(冠詞形語尾), 부사형 어미(副詞形語尾) 등으로 바꾸어 그 문장 전체를 명사나 관형사나 부사에 대당(對當)되는 자격을 갖도록 하여 주문장에서 주어나 수식어나 목적어나 한정어의 역할을 하게 된다.

A. 문장의 명사화(名詞化)

⑫ 영희는 꽃 한 송이를 샀다.

그것은 사실이다.

영희가 꽃 한송이를 샀음은 사실이다.

⑬ 어머니가 내일 온다.

딸은 그것을 바란다.

딸은 어머니가 내일 오기를 바란다.

⑭ 그분은 유명하였다.

그분은 인품이 높았다.

그분은 인품이 높기로 유명하였다.

⑮ 그것이 문제다.

누가 죽고 누가 사느냐?

누가 죽고 누가 사느냐가 문제다.

⑯ 나는 그것을 몰랐다.

그가 위인이었다.

나는 그가 위인인 것을 몰랐다.

⑫는 'ㅁ'을 이용한 명사절이 주문장의 주어가 되고 있음을 보여 주며, ⑬은 '기'를 이용한 명사절이 주문장의 목적어가 되고 있음을 보여 준다. ⑭는 한정어의 위치에 온 명사절의 예이다. ⑮는 의문문이 그대로 명사절화하고 있음을 보여 준다. ⑯은 '것'을 이용한 명사절의 예를 보여 준다.

B. 문장의 관형사화(冠形詞化)

⑰ 이분이 그 사람이다.

나는 이분을 찾고 있다.

이분이 내가 찾고 있는 사람이다.

⑱ 나는 소년시절이 그립다.

나는 소년시절에 야망이 컸다.

나는 야망이 컸던 소년시절이 그립다.

문장의 관형사화 경우에는 시제(時制)의 대응이 중요하다. 대

개 '간다-가는, 부드럽다-부드러운, 갔다-간, 부드럽다-부드
러웠던, 갔었다-갔었던'과 같이 동사와 형용사가 차이를 갖기는
하지만 대체로 일정한 대응관계를 지키게 된다. 문장의 관형사화
는 종결어미를 그대로 둔 채로 가능하다.

⑲ 이것이 그 증거다.
　　지구는 돈다.
　　이것이 지구는 돈다는 증거다.

C. 문장의 부사화(副詞化)
⑳ 나는 공부한다.
　　나는 학교에 간다.
　　나는 학교에 가서 공부한다
㉑ 솟아날 구멍이 있다.
　　하늘이 무너진다.
　　하늘이 무너져도 솟아날 구멍이 있다.
㉒ 나는 그를 가만히 봐 두었다.
　　그는 도망갔다.
　　나는 그가 도망가도록 가만 봐 두었다.

　문장을 부사화하는 데 쓰이는 어미(語尾)에는 이 외에도 '-게,
-니, -아서, -야, -아도, -만큼, -다가, -면, -되, -나,
-ㄴ들, -ㄹ뿐더러' 등 여러 종류가 있다.

㉓ 개는 동물이지만 의리가 있다.
㉔ 세우기는 어렵되 깨뜨리기는 쉽다.
㉕ 겨울이 되면 눈이 온다.
㉖ 바람이 부니까 배가 빨리 간다.

4. 시제(時制)의 실제

언어 속에 반영된 경험세계의 시간성을 가리켜서 시제라고 한다. 그러므로 시제는 단순히 시간이라 이름하는 것과는 구별된다.

말하자면 시제는 문법적인 시간이라 이를 수 있다. 그것은 의미론적인 세계 구분으로서, 어떤 언어 사회가 시간을 어떻게 구분해서 언어를 표현하느냐 하는 것은 언어 사회의 자의성(恣意性)에 의한 우연의 문제라고 할 것이다.

모든 언어에 필연적으로 과거가 있어야 하고, 현재가 있어야 하고, 미래가 있어야 하는것은 아니다. 그러므로 시제의 체계를 정교하게 발전시킨 언어가 있을 수 있고, 그것이 정교치 못한 언어가 있을 수가 있다.

예를 들어 영어나 불어와 국어를 비교하여 볼 때 저들의 시제가 복잡하고 정밀한 데에 반하여 국어의 체계는 매우 단순함을 볼 수가 있다. 그러나 그것은 정도의 문제에 그칠 뿐이다. 경험세계가 지닌 시간성을 모두 포괄하여 표현할 수 있는 언어란 있을 수 없기 때문이다.

언어사회가 표현하기 부족됨이 없다고만 한다면 그것은 그대로 만족스러운 체계라고 할 수 있다.

표현을 위해 새로운 시제의 범주가 필요불가결하다고 인식될 경우, 언어사회는 기필코 그 범주에 해당하는 시제를 창조해 낼 수 있을 것이다.

국어 시제의 분류에 대해서는 학자에 따라 다소 차이를 보이고 있으나, 대체로 과거, 현재, 미래와 대과거 등 이 넷으로 구분하는 편이다. 이 시제 표현의 요소는 전적으로 용언이 담당하고 있다. 용언의 기본어간(基本語幹)에 시제보조어간(時制補助語幹), '는／ㄴ', '았／었', '겠' 등을 부가함으로써 시제를 표현하게 된다.

◑ 현재에 대해서

현재하는 동사의 경우 '는 / ㄴ'형 형태소를 어간에 연결함으로써 표현되고, 형용사의 경우 원형어간을 그대로 씀으로써 표현이 된다.

① 현재의 사실이나 사건을 기술함.
　철수가 학교에 간다.
　네 얼굴이 불그스레하다.
　나는 지금 부끄럽다.
　이것이 책상이다.
　할아버지가 방에 계신다.
　신발이 두 켤레 있다.
　토끼가 뛴다.
　연필이 짧다.
　아이가 운다.
② 가까운 미래에 일어날 일을 기술함.
　조심해라! 담벼락이 무너진다.
　아버지는 오늘 꼭 오신다.
　회의는 오후 세 시에 열린다.
　이 나무는 내일 아침이면 꽃이 핀다.
　조심해 앉아라! 책상다리가 부러진다.
　올 가을엔 김장값이 오른다.
　기다려라! 나는 꼭 온다.
③ 지금 계속되고 있는 일을 기술함.
　집이 불탄다.
　비행기가 서울 상공을 난다.
　자동차가 거리를 질주한다.
　이 사람은 아직 숨쉰다.
　아기는 잔다.
　책이 잘 팔린다.

이 일은 지금 아무도 모른다.

④ 현재 행해지고 있는 습관적인 행동을 기술함.

그는 화를 잘 낸다.

일요일이면 그는 교회에 간다.

이곳에 여름이면 비가 많이 온다.

슬플 때는 강변에 나간다.

그는 곧잘 운다.

미애는 언니가 돌보아 준다.

그는 아픔을 참는다.

⑤ 항구적인 진리를 기술함.

지구는 돈다.

모든 사람은 죽는다.

일곱에 다섯을 더하면 열둘이 된다.

여름은 덥다.

한국 사람은 쌀을 주식으로 한다.

고래는 물 속에 산다.

물은 얼음이 된다.

설탕은 물에 녹는다.

청춘의 피는 끓는다.

⑥ 역사적인 현재를 기술함.

나폴레옹이 엘바섬을 떠난다.

을지문덕이 살수싸움에서 수나라 대군을 무찌른다.

4.19 의거가 일어난다. 대통령이 하야한다.

케사르가 루비콘강을 건넌다.

◑ 과거에 대해서

과거는 동사의 경우나 형용사의 경우나 다 같이 기본어간에 과거시제 보조어간 '았/었'을 부가하여 표현한다. 국어에 있어 이

들 형태는 '완료'의 특성을 강하게 갖는다. 국어엔 과거라는 시제
가 존재하지 않는다고 하는 학자가 있을 정도로 이 완료적인 특
수성은 두드러진다.

이것은 과거형의 기원적인 형태와도 관련된다. 가령 '하다'나
'먹다'의 과거형 '하였다'나 '먹었다'는 기원적으로 동사의 부동사
형인 '하여'나 '먹어'와 '있다'의 결합으로써 '하여 있다'나 '먹어 있
다'와 같이 해석된다.

국어에 있어 과거형으로써 단순한 과거의 사실을 기술하기가
어려운 이유가 여기에 있다.

다시 예를 들면 '나는 밥을 먹었다'고 하면, '밥을 먹어서 배가
부르다'든지 '밥을 먹었으니 다시 먹을 필요가 없다'든지 하는 의
미를 갖게 된다. 또 '나는 책을 샀다'라고 하면, '책'을 사서 지금
갖고 있는 경우를 뜻하게 된다. 물론 그것이 단순한 과거의 사실
을 기술할 수 없는 것은 아니다.

① 과거의 사실을 기술함.
　1919년 3월1일 기미년 독립운동이 일어났다.
　어제 우리 집에 도둑이 들었다.
　그날 우리는 우연히 길거리에서 만났다.
　그는 김 선생과 이야기를 했다.
　그날 아침 정원에는 장미꽃이 피었다.
　지난 일요일 나는 웬일인지 마음이 우울했다.
② 불변의 진리에 대하여 기술함(과거가 늘 그러했음을 미루어 현재,
　미래에도 그러할 것을 표시함).
　우리들은 언제나 친구였다.
　그는 늘 나를 속였다.
　영희는 언제나 나에게 친절했다.
③ 완료된 동작이나 사실을 기술함.
　아저씨는 집에 돌아왔다(지금 집에 있다).

아이들은 하루 종일 땡볕에 놀았다(그리고 지금은 저녁을 먹고 있다).

우리는 다방에서 오래 이야기를 했다(그리고 헤어졌다).

온종일 비가 퍼부었다(지금은 비가 그쳤다).

◑ 미래에 대해서

흔히 '겠'을 미래시제 보조어간으로 취급하여 '먹' 같으면 '먹겠다'를 미래형으로 잡는다. 미래형은 이 밖에도 '먹으리라'와 같이 '리'를 이용한 형태가 있고 '먹을 것이다'와 같이 통사적인 구성을 취하는 것이 있다. 그러나 어떤 학자들은 국어에 있어 과거시제와 마찬가지로 미래란 시제를 인정치 않고, 단지 추적의 시상(時相)으로서 이를 취급하는 경우가 있다. 아래에서 그 용법을 살펴보기로 하자.

① 주체의 의지나 의도 및 계획을 서술함.

    내일은 학교에 나가겠다.

    밤중까지는 돌아오겠다.

    수해의연금으로 백만원을 내겠다.

    그 사람을 만나면 혼을 내 주겠다.

    전 재산을 이 사업에 털어 넣겠다.

    악의 세계에서 손을 털겠다.

    그 일은 제가 하리다.

② 미래의 사건에 대한 추측을 기술함.

    내일쯤이면 그가 도착하겠다.

    이달 말에는 비가 오겠다.

    그는 반드시 내 집으로 돌아오리라.

    학교에서는 집까지 족히 한 시간은 걸릴 것이다.

    그는 사람이 좋겠다.

    이것은 함정일 것이라고 생각을 한다.

③ 미래의 사실이나 사건을 기술함.

   내일이면 그가 여왕이 될 것이다.

   오늘 못한 일이 내일의 빛이 될 것이다.

   천년 후에도 이 비석은 여기에 있으리라.

   이 씨앗은 열흘 후에 싹이 틀 것이다.

◑ 대과거(大過去)에 대해서

'먹었다, 받았다'와 같이 과거형에 다시 '었'이 첨가된 형태로서 과거완료라는 이름으로 부르기도 한다. 과거보다 더 이전에 행해진 사건이나 행동을 기술한다. 다시 용법을 살펴 보기로 하자.

네가 오기 전에 그 사람이 먼저 왔었다.

그제는 꽃이 흰색이었는데 어제는 붉은 색이었다.

내가 살던 고향에는 여름이면 바람이 몹시 불곤 했었다.

우리는 너를 기다렸었다. 그러나 네가 오지 않는 바람에 헤어지고 말았다.

겨울이면 태양이 긴 산 그림자를 늘이우곤 했었지.

그의 눈길이 자주 내게 떨어지곤 했지만 아무일도 일어나지 않았다.

여기서 지금까지 우리는 종결형으로 끝나는 문장의 시제를 대강 살펴 보았다. 그러나 용언이 관형형(冠形形)일 경우 시제는 특이한 형태를 보인다.

현재는 '먹는 밥, 오는 기차, 붉은 꽃'과 같이 되며, 과거는 동사의 경우 '먹은 밥, 온 기차'와 같이 되며, 형용사의 경우는 이에 해당하는 형태가 없다.

미래는 '먹을 밥, 올 기차, 붉을 꽃'과 같이 된다. 대과거의 관형은 이론적으로는 가능하나 실제로는 쓰이지 않는다.

국어의 대표적인 시상(時相)으로서는 '진행상, 회상상, 완료상, 추측상'과 같은 예들이 있다.

진행상은 '그 여인이 나를 보고 있었다'에서와 같이 '~고 있다'로 표현되며, 회상상은 '철수가 내일 등산하자고 하더라'에서 위와 같이 '더'란 형태소를 이용하여 표현되며, 완료상은 '그는 지금쯤 밥을 먹었을 것이다'에서와 같이 '았/었'으로 표현되며, 추측상은 '가만히 하늘을 보니 비가 오겠더라'에서와 같이 '겠'을 이용하여 표현된다.

'았/었'이나 '겠'은 과거나 미래시제 보조어간과 같은 것이라고 할 수 있다.

제9장

조사(助詞)에 관하여

문장에 있어서 자립 형태소에 붙어서 그 말과 다른 말과의 문법적 관계를 나타내거나 뜻을 더하여 주는 단어를 조사라고 한다.

이 조사에 대하여는 지금도 국어학자 간에 논쟁이 있어서 단정적으로 분류, 기술하기는 어렵다고 할 수가 있다. '이 /가, 의, 을 /를, 에' 등과 '마다, 뿐, 부터' 등을 아무 구별없이 조사로 취급하는 경우가 있는가 하면, 이들을 다른 부류로 구분하는 견해도 있다.

또한 조사라고 하는 것을 전혀 품사(品詞)로 설정하지 않는 견해가 있다. 그러나 차츰 주목을 받고 있는 견해는 조사를,

① 격조사(格助詞),

② 후치사(後置詞),

③ 첨사(添辭)

로 분류하고 있다. 다시 말해서 순순히 문법적인 기능만을 가진 부류, 예컨대 '이 /가, 의, 을 /를, 에게, 에' 등과 같은 요소를 격조사로 취급하며, 이에 대해서 어휘적인 특성도 문법적인 특성도 갖지 않는 부류, 예컨대 '은 /는, 와 /과, 이야 /야' 등과 같은 요소 이것을 첨사라고 한다.

1. 격조사(格助詞)

우선 국어의 격(格)이 통사론적인 현상임을 명백히 하자. 이것은 대체로 다음과 같은 뜻으로 풀이된다.

예를 들면 주격(主格)이라든가 속격(屬格), 대격(對格) 및 여격(與格)이나 처격(處格)과 같은 문법현상은 그것이 문장에 출현하지 않는 한 성립될 수 없다는 것이다. 즉 문장을 떠나서는 격을 논의할 수 없다는 것이다. 그것은 또 문장에 출현하는 체언은 그것이 어떠한 것이든, 격조사의 도움이 없이도 격을 가질 수 있다는 것이다.

최현배 선생의 ≪우리말본≫에서 그 예를 들어 보기로 하자. 그는 '도무지 뜻을 완전히 이루지 못하는' 것으로서 아래와 같은 예문을 들고 있다.

Ⓐ 포수 산 토끼 총 잡았다.
Ⓑ 학교 공 있다.
Ⓒ 그이 본 것 말하오.
Ⓓ 물 얼음 되었다.
Ⓔ 네 너 크다.
Ⓕ 이것 누구 집이냐?
Ⓖ 희기 눈 같소.

이들 문장을 완전한 뜻으로 표현하면 다음과 같다.

ⓐ 포수가 산에서 토끼를 총으로 잡았다.
ⓑ 학교에 공이 있다.
ⓒ 그이가 본 것처럼 말하오.
ⓓ 물이 얼음이 되었다.
ⓔ 내가 너보다 크다.
ⓕ 이것이 누구의 집이냐?
ⓖ 희기가 눈과 같소.

위와 같이 조사의 자리가 채워져야 함을 예로 들고 있다. 그러나 아무런 선입견이 없이 이들 문장과 접해 보기로 하자.

Ⓐ~Ⓖ의 문장이 조사를 갖춰 ⓐ~ⓖ 같이 됨으로써 그것이 보다 완전한 문장이 되었다고 하는 점은 의심할 여지가 없다고 하겠다. 따라서 Ⓐ~Ⓖ의 문장이 도무지 뜻을 완전히 이루지 못하는 데에는 의심의 여지가 있다.

여기서 우리는 ⓐ~ⓖ의 문장이 아주 문어적이라는 사실에 주의를 기울여야 한다. 실제 구어(口語)에서는 '너 어디 가니?, 나

학교 가'와 같이 조사의 생략은 아주 자연스러운 것이다. 이들 문장에 없어진 조사를 다시 채워 넣어야 한다고 할 때 적지 않은 곤란을 겪어야 할 것이다.

가령, 그것은 '너는'이라고 해야 할지, '네가'라고 해야 할지, 의심스럽고, '나는 학교에 가'로 해야 할지, '나는 학교로 가'라고 해야 할지 의심스럽기 때문이다. ⓒ, ⒠의 예를 제외한다면(우리의 설명에 의하면 '처럼'이나 '보다'는 격조사가 아니라 후치사이다. 문장전체가 '처럼'이나 '보다'를 요구하고 있는 것이 아니기 때문이다) Ⓐ~Ⓖ의 예에서 우리가 그 뜻을 알 수 없는 것이 없음은 분명하다.

그것은 격이 통사론적인 현상임을 말하는 것이다. 그것은 또한 '이/가'나 '의'와 같은 요소들이 '돕는 말'이란 뜻의 조사 이상의 것이 아님을 명백히 하는 것이다.

때문에 '이/가'와 같은 요소를 주격이라고 부르는 것은 옳은 호칭법이 아니다. 그것은 단지 주격조사일 뿐 아니다. 주격에 대한 정당한 호칭 방법은 예를 들면 '작은 고추가 맵다'라는 문장에서 '고추가 주격이라고 해야 한다. 국어의 격이 몇이나 되느냐 하는 점에 있어서도 학자들 사이에는 상당한 차이가 있다.

우리는 주격, 속격, 대격, 여격, 처격의 예만을 검토하기로 한다. 종래에 흔히 격으로 취급되었던 '은/는'을 우리는 주제 첨사로, '와/가'를 병렬첨사로 다룰 예정이다.

◑ 주격(主格)에 대해서

A. 주어로서 서술의 주제가 됨
① 해가 돋는다.
② 새가 날아간다.
③ 꽃이 핀다.
④ 나무잎이 푸르다.
⑤ 서울이 한국의 수도이다.

⑥ 그가 나의 동생이다.

⑦ 소년이 몹시 부끄럼을 탄다.

B. 불완전 자동사의 보어로서 주격보어가 됨

⑧ 이것은 책상이다.

⑨ 그는 아직 학생이다.

⑩ 지금은 꽃 피는 봄이다.

⑪ 여기는 서울이 아니다.

⑫ 그는 육상선수가 아니다.

⑬ 싹이 이파리가 된다.

⑭ 아이가 어른이 된다.

⑮ 나는 복동이와 싸웠다.

⑯ 수남이는 영희와 만났다.

⑰ 이것은 저것과 같다.

⑱ 염치는 얌체와 다르다.

위의 예들은 오랫동안 학계가 비상한 관심을 기울였던 난제들이다. 물론 아직도 이것이 명석하게 해결되었다고 볼 수는 없다.

⑧, ⑨, ⑩은 한동안 학계를 떠들썩하게 했던 '지정사 논쟁'을 생각케 한다. 앞에 오는 명사(정확히는 체언이다)와 '이다'를 분리시키느냐, 이를 명사가 곡용(曲用)한 것으로 보느냐가 그 쟁점이었다. 여기서는 '이다'와 구별하기로 한다.

이렇게 볼 때 ⑧, ⑨, ⑩의 '책상, 학생, 봄'은 ⑪, ⑫에서는 주격조사 '이 / 가'가 나타나고 ⑧, ⑨, ⑩에서는 이것이 나타나지 않고 있을 뿐이라는 해석도 가능하다. 이 밖에 우리는 ⑬과 ⑭의 '된다'를 불완전 자동사로 취급하였으며, 소위 대칭동사(對稱動詞)인 '싸우다, 만나다, 같다, 다르다'와 같은 용언이 등장하는 문장에서 '와 / 과' 앞에 나타나는 명사를 주격으로 취급하였다.

그러나 그것이 주격보어가 되는 것은 ⑮, ⑯과 같은 예에서 뿐이다. 가령 ⑮를 '나와 복동이는 싸웠다'라고 할 경우, '나'와 '복동이'는 공동주어이지 결코 '복동이'가 주격보어가 되는 것은 아니다.

　C. 복합문에서 주격보어가 됨
　⑲ 학생이 둘이 있다.
　⑳ 값이 백원이 싸다.
　㉑ 연필이 두 자루가 부족하다.
　㉒ 형 둘이 서울로 왔다.
　㉓ 꽃이 두 송이가 피었다.

　문례 ⑲는 '학생이 있다'와 '있는 학생이 둘이다'란 두 문장이 복합되어 이루어진 문장이며, ⑳은 '값이 싸다'와 '싼 값이 백원이다'란 두 문장이 복합되어 이루어진 문장이다. 이러한 해석방법은 ㉑~㉓에도 동일하게 적용된다. 그런데 우리는 앞에서 '학생이 둘이다'와 같은 예문의 '둘'이 주격보어임을 밝혔다. 이러한 논리를 ⑲~㉓에 적용시키면 '둘이, 백원이' 등이 주격보어가 된다.

　◐ 속격(屬格)에 대해서
　속격 표시의 격조사는 '의'와 사이시옷이 있다. 흔히 '의'는 유정물 속격에 쓰이고, 사이시옷은 무정물 속격에 쓰인다고 한다. 여기서는 '의'의 예만을 들어 보기로 하자. 'Ⓐ의 Ⓑ'라는 표현에서 '의'는 Ⓐ와 Ⓑ의 매우 다양한 관계를 포용한다. 이 관계를 세분해 보면 다음과 같다.

　A. Ⓑ가 Ⓐ와 분리할 수 없는 일부가 됨
　① 형의 머리가 명석하다.
　② 인간의 두뇌가 가장 복잡하다.
　③ 그의 다리가 몹시 아프다고 한다.
　④ 동생은 친구의 손이 더럽다고 한다.

B. Ⓑ가 Ⓐ의 조물주로서 Ⓐ와 분리할 수 있는 것

⑤ 그는 형의 재산이 몹시 탐나는 모양이다.

⑥ 지난 일요일 나는 그의 집을 방문했다.

⑦ 수남이는 아버지의 책상을 물려받았다.

⑧ 철수의 만년필이 내 것보다 좋다.

C. Ⓑ가 Ⓐ의 종속인 것

⑨ 꽃의 빛깔이 마음에 안 든다.

⑩ 책상의 크기가 적당치 않다.

⑪ 빛의 파장이 짧다.

⑫ 사람의 형체가 애매하다.

D. Ⓐ가 Ⓑ의 주체인 것

⑬ 나의 행동에 찬사를 보내라.

⑭ 그 사람의 업적이 대단하다.

⑮ 추사(秋史)의 글씨(즉, 추사가 쓴 글씨)가 유명하다.

⑯ 그의 일(즉 그가 하는 일)이 항상 이렇게 지지부진하다.

⑰ 아버지의 유업을 형이 계승하고 있다.

⑱ 몇 사람이 그의 발자취(즉, 그가 남긴 발자취)를 뒤쫓았으나, 그는 영영 다시 찾을 길 없었다.

E. Ⓐ가 Ⓑ의 객체(客體)인 것

⑲ 모나리자의 그림(즉, 모나리자가 그린 그림)은 세계의 명화이다.

⑳ 김 박사의 살해범(즉, 김 박사를 죽인 살해범)은 아직 잡히지 않고 있다.

㉑ 여러분 가운데 나의 손님(즉, 나를 찾는 손님)은 어느 분이오?

㉒ 죽음의 사자(즉, 죽음을 가져오는 사자)가 그의 주위를 맴돌았다.

F. Ⓐ가 Ⓑ의 속성일 때

㉓ 불후의 명작이 훼손되었다.

㉔ 절세의 미인을 아내로 맞았다.

㉕ <u>하루의 휴식을</u> 취한 후 다시 직장에 나갔다.
㉖ 몇 푼의 돈으로 인격이 매매된다.
㉗ 한 번의 경험으로 어찌 모든 걸 다 알 수 있으랴.
㉘ <u>한 채의 집이</u> 무너졌다.

G. ⓑ를 ⓐ에 비유할 때
㉙ 황금의 물결이 눈부시다.
㉚ 눈서리의 인생을 그는 아무 말없이 견디어 나갔다.
㉛ 그는 강철의 의지를 지닌 사나이었다.

H. ⓐ가 ⓑ의 처소이거나 시간인 것
㉜ 이것이 옥의 티이다.
㉝ 서울은 옛날의 서울이 아니다.
㉞ 새벽의 공기를 마음껏 들이마셔라.

I. ⓐ가 ⓑ의 재료인 것
㉟ 죽의 장막이 차츰 걷히고 있다.
㊱ 내가 받은 것은 조화의 화환이었다.

◑ 대격(對格)에 대해서

A. 행동의 객체로 목적어가 됨
① 우리 집에서는 <u>과실나무를</u> 심었다.
② 꽃이 열매를 맺는다.
③ 지금 <u>무엇을</u> 걱정할 것인가?
④ 아이가 <u>어머니를</u> 부르오.
⑤ 꿈을 꾸어야 <u>님을</u> 보지.

B. 복합문에서 대격보어가 됨
⑥ 집을 열 채를 태웠다.
⑦ 사람을 여섯을 죽였다.

⑧ 사과나무를 스무 그루를 심었다.
⑨ 아이를 셋을 낳았다.

◑ 여격(與格)에 대해서

A. 부여(賦與)의 대상이 됨
① 그가 나에게 책을 준다.
② 어미가 아이에게 젖을 먹인다.
③ 모두에게 커피 한 잔씩 대접했다.

B. 지향(指向)의 대상이 됨
④ 아기가 엄마에게 간다.
⑤ 네가 뉘게 시비냐?
⑥ 그 편지는 내게 온 편지다.
⑦ 그는 항상 칭찬을 나에게 돌린다.
⑧ 내가 너에게 무슨 원망이 있겠느냐?

C. 행동의 주체가 됨
⑨ 사자에게 다리를 물렸다.
⑩ 정적들에게 꼬리를 잡혔다.
⑪ 사람들에게 밀려 벼랑에서 떨어졌다.
⑫ 그는 나에게 목을 졸렸다.

D. 처소(處所)가 됨
⑬ 그에게는 빚이 많다.
⑭ 나에게 그 책이 있다.
⑮ 형에게는 친구가 없다.
⑯ 동생에게는 용돈이 부족하다.

◑ 처격(處格)에 대해서

A. 공간적, 시간적인 위치를 나타냄

① 집에 남아서 무얼 하려느냐?

② 무대에 선 지 어언 20년이다.

③ 새벽에 샛별을 본다.

④ 9월에 학교가 개학이다.

B. 사물의 종류를 나타냄

⑤ 서울 사람에 아는 이가 있느냐?

⑥ 꽃에는 무엇이 제일이냐?

⑦ 키 큰 사람에 싱겁지 않은 사람이 없다.

⑧ 예절에 어긋난다.

C. 원인, 재료, 수단을 나타냄

⑨ 천둥소리에 놀라 깨었다.

⑩ 방 안이 연기에 가득찼다.

⑪ 불에 몸을 녹인다.

D. 열거(列擧) 할 때

⑫ 밥에, 떡에, 고기에, 실컷 먹었다.

⑬ 사람에, 자동차에, 거리는 발 붙일 틈도 없었다.

⑭ 팥에, 콩에, 녹두에, 잡곡이란 잡곡은 다 있다.

◗ 조격(造格)에 대해서

A. 수단, 방법을 나타냄

① 더운 물로 머리를 감는다.

② 세금으로 국가에 재정을 늘린다.

③ 수건으로 땀을 닦는다.

④ 해시계로 시각을 안다.

B. 재료를 나타냄

⑤ 나무로 책상을 만든다.

⑥ 돌로 부처를 깎는다.

⑦ 기쁨으로 가슴이 터질 듯하다

⑧ 연기로 방안이 가득찼다.

C. 원인을 나타냄

⑨ 그는 요즘 피부병으로 앓는다.

⑩ 병으로 어제도 결근했다.

⑪ 가뭄으로 곡식이 타 죽는다.

⑫ 그런 일로 싸우는 것이 아니다.

D. 자격을 나타냄

⑬ 회의에 국가대표로 참석한다.

⑭ 그가 사원으로 일한다.

⑮ 국민의 일원으로 부끄럼이 없다.

⑯ 사람으로 태어났다.

E. 방향을 나타냄

⑰ 바다로 가자

⑱ 그는 학교로 갔다.

⑲ 바람이 강쪽으로 분다.

⑳ 세상이 이미 평화시대로 가고 있다.

F. 기한을 나타냄

㉑ 봄 가을로 입는다.

㉒ 마감이 내일로 박두했다.

㉓ 그는 밤낮으로 울기만 한다.

㉔ 요즘은 아침 저녁으로 선선하다.

2. 후치사(後置詞)와 첨사(添詞)

◗ 후치사(後置詞)에 대하여

후치사란 서구어(西歐語)의 전치사에 대한 개념으로 아직 우리에게는 낯이 설다.

그러나 학계의 일부에서는 이를 독립품사로 설정하자는 논리가 비등하고 있을 정도로 그 중요성이 점차 커 가고 있다. 국어에 있어서는 어떤 부류의 조사들이 앞에 소개한 격조사와는 다른 특성을 가지고 있음은 분명한 일이다.

그 중에서 가장 큰 차이는, 격조사는 동일한 문장의 다른 성분들이 요구하기 때문에 출현하는데 비하여, 후치사는 다른 성분들의 요구 없이도 출현한다는 것이다. 아무래도 이들을 모두 일괄적으로 조사란 이름으로 부르는 데에는 많은 문제점이 있다.

가령 '학교에 간다'라는 문장이 있다고 하자. '학교에'란 '간다'의 목적지로서 이 문장에는 필수 성분이다. 그러나 '학교부터 들르겠다'라고 하는 문장이 있다고 하자. '학교부터'란 '학교에'와는 다른 뜻으로서 '들르겠다'란 성분이 필수적으로 요구하고 있는 것은 아니다.

이와 같이 선행 체언에 어떤 의미의 변화를 가져오게 하는 성분을 우리는 후치사란 이름으로 부르기로 하자. 이러한 부류의 조사로는 '마다, 처럼, 따위, 부터, 까지, 대로, 마저, 커녕, 조차, 만큼, 같이, 한데, 더러, 써, 씩, 보다, 서껀, 뿐' 등이 있다. 이제 그럼 실례를 들어 보기로 한다.

① 사람마다 저마다 소질을 계발해야 한다.
② 종달새처럼 즐겁게, 냇물처럼 꾸준히.
③ 무엇이든지 법대로 합시다.
④ 재물 따위로 현혹될 내가 아니다.
⑤ 서울부터 부산까지는 천백여 리나 된다.
⑥ 우뢰같이 소리난 임을 번개같이 번듯만나, 비같이 오락가락, 구름같이 헤어지니, 흉중에 바람같은 한숨이 나서, 안개같이 되더라.

⑦ 궂은 일은 떡보한테 시켰다.

⑧ 담배만큼 인체에 해로운 것은 없다.

⑨ 이곳 학생더러 정거장까지 가는 길을 물어보았다.

⑩ 죽음으로써 나라를 지키자.

⑪ 한 사람씩 돌아오지 않는 다리를 건너갔다.

⑫ 너보다 내가 낫다.

⑬ 떡서껀 빵서껀 실컷 먹었다.

⑭ 내가 그에게 말한 것은 칭찬뿐이다.

또 후치사에 대해서는 그 기원적인 형태가 중요시된다. 그 기원적인 형태에 있어 후치사는 다른 품사였다는 것이다. '부터'는 '붙다'에서, '조차'는 '좇다'에서, '까지'는 '가장(最)'에서, '마저'는 '맞다'에서, '너머'는 '넘다'에서, '같이'는 '같다'에서, '써'는 '쓰다'에서 왔다는 것이다.

그러나 이러한 설명에는 그 한계가 있다. 왜냐하면 모든 후치사의 기원을 명확히 밝힐 수가 없기 때문이다. 가령 '씩'이나 '커녕, 처럼'의 어원이 무엇인지 우리는 알지 못한다.

◑ 첨사(添詞)에 대해서

국어에는 후치사나 격조사 외에 첨사라는 것이 있다. 첨사는 문장의 다른 성분들이 그 출현을 필수적으로 요구하고 있지 않다는 점에서 격조사와 구별되며, 어휘적인 의미를 갖고 있지 않다는 점에서는 후치사와 구별된다.

국어 첨사의 대표적인 존재는 '은/는, 도, 만, 서, 아/야' 그리고 흔히 주격조사나 대격조사로 쓰이는 '이/가' 및 '을/를' 등이 있다.

`은/는` : 주제 첨사로서 한정(限定), 대립(對立), 강조(強調)의 기능을 갖는다.

① 아이는 책을 잘 읽지 않는다.

② 아이가 책은 잘 읽지 않는다.

③ 아이가 책을 잘은 읽지 않는다.

④ 아이가 책을 잘 읽지는 않는다.

보기 도 : '도'는 '은/는'과 매우 비슷한 환경에 출현한다. 다만 '은/는'과 다른 것은 '도'에는 'also' 뜻이 가미되어 있다는 것이다. 이 점에서 그것은 후치사에 속할 것이나, 우리는 분포에 의해 이를 첨사에 귀속시켰다.

⑤ 너도 책을 잘 읽는다.

⑥ 너는 책도 잘 읽는다.

⑦ 너는 책을 잘도 읽는다.

⑧ 너는 책을 잘 읽기도 한다.

보기 서 : 흔히 수표시어(數表示語) 뒤에 쓰여 주체를 표시한다.

⑨ 나는 혼자서 걷기를 좋아한다.

⑩ 우리 둘이서 손을 마주잡고 살자.

⑪ 친구들 넷이서 화투놀이를 했지요.

또 '서'는 격조사와 함께 특수한 의미를 띠게 된다.

⑫ 아버지께서 오늘 오셨다. (주체)

⑬ 가족은 서울에서 산다. (장소)

⑭ 국민으로서 해야 할 일. (자격)

⑮ 서울에서 부산까지. (출발점)

보기 만 : '만'도 '도'와 마찬가지로 '은/는'과 비슷한 환경을 갖는다. '은/는'과 다른 점은 '만'에는 'only'의 뜻이 가미되어 있다는 점이다. 이를 첨사로 분류한 것은 그 분포를 고려한 결과이다.

⑯ 너만 이곳에 살기 좋아한다.

⑰ 너는 이곳에서만 살기 좋아한다.

⑱ 너는 이곳에서 살기만을 좋아한다.

⑲ 너는 이곳에서 살기를 좋아하기만 한다.

[아/야] : 부르는 말 뒤에 쓰이는 조사로, 흔히 호격조사(呼格助
詞)라고 하는 것이다.

⑳ 나비야, 청산가자.

㉑ 백구야, 펄펄 날지 마라. 너 잡을 내가 아니다.

㉒ 복동아, 어데 가니?

㉓ 하느님이여, 굽어보소서.

㉔ 아버지시여, 멀리 있는 이 자식의 마음을 좀 살펴 주십시오.

㉓~㉔ 의 '이여, 시여'는 '아/야'와는 구별되는 형태이나, 그
기능이 같기 때문에 이에 함께 소개하였다.

✻ 사상(思想)의 용솟음에서 ✻

나는 글을 조금밖에 발표하지 않고 있으므로 천천히 써 나가는 줄로 알고 있다. 사실은 퍽 오랫동안 글을 쓰지 않고 있는 것이다.

내 머리가 상쾌해지면 펜이나 연필은 빨리 나가지 않으면 안 된다. 〈사유우르 왕〉의 종막(終幕) 전부를 하룻동안에 다 썼다 (아르코에서).

차 안이나 지하철 속이나 냇가 또는 가로수 밑 벤치 위, 길바닥에서 쓰는 일도 있다. 그런 데에서 씌어진 부분이야말로 나의 최선의 제일 영감에 찬 문장(文章)이다.

문장이 잇달아 튀어 나온다. 새로운 문장이 다른 문장에서 생겨 나는 것이다.

문장이 태어나서 나의 내부에 충만해 오는 것을 느낄 때마다 나는 거의 번번이 육체적 황홀감을 체험한다.

이 샘물이 솟아오르는 작용은 오랜 무의식의 준비의 결과라고 나는 생각한다. 뒷날, 이 최초의 용솟음에 약간의 수정을 가하는 일은 있지만, 그것은 극히 드문 일이다.

때로는 결합부의 연결작업이 귀찮아서 정신의 집중을 필요로 한다. 내 초고(初稿)에 수많은 수정이 가해지는 일이 있다. 그러나 그 이유는 생각이 꼬리를 물고 떠오른다고 하는 것과 또 그 많은 생각을 정리, 배열하기가 어렵기 때문이다.

―앙드레 지드의 '일기'에서.

문학(文學)에 관하여

1. 문학의 정의와 기능

이 문학을 정의하라고 한다면 간단히 말하자면 이렇게 말하겠다. 특수한 재미나 감동을 주기 위하여, 지은이가 자연이나 인간 생활에서 느낀 정서나 감정을 상상의 힘을 빌어서 언어라는 형식으로 표현하는 것을 문학이라고 한다.

◐ 문학의 기능

① 작가의 삶과 인생관을 전달하여 독자의 삶과 인생관에 영향을 주는 것이다.

② 사상과 감정을 전달하여 정서 생활을 풍요롭게 한다.

③ 인생의 진실을 제시하고 독자가 미처 깨닫지 못한 지식이나 깨달음을 준다.

④ 언어의 아름다움을 통하여 순수한 마음의 아름다움을 느끼게 해준다.

◐ 문학의 형식과 내용

언어로 되어 있다는 것이 가장 큰 특징이다.

a. 일상적 언어 : 어떤 의미를 전달하는데 목적을 두어 사전적 의미를 중심으로 한다.

b. 문학적 언어 : 감정을 전달하거나 독자로 하여금 상상력을 불러 일으키게 하는데 목적을 두어 사전적 의미와 어울러 함축적 의미를 지닌다.

• **문학의 내용** : 작가의 사상이나 감정을 상상력을 동원하여 전달하게 된다.

• **조건** : 인간이 살아가면서 겪는 모든 경험이 문학의 내용일 수 없고, 희귀성과 특이성을 지닌 가치있는 내용이어야 한다.

• **목적** : 독자에게 즐거움과 또한 흥미를 주며, 정서를 풍요롭게 하는 감동을 준다.

- **특징** : 작가의 상상과 허구에 의지한다.

2. 국문학(國文學)에 관하여

국문학이란 우리나라 사람이 우리 말로 우리 나라 사람의 생활과 사상과 감정을 담은 문학을 뜻한다.

- **작가** : 우리나라 사람.
- **언어** : 우리의 말로 씌어짐(한문, 이두 일부 포함).
- **내용** : 우리 민족의 특질을 나타내는 사상과 감정, 의식 가치 등이 다양하다.

◗ 국문학의 기원과 종류

① 국문학의 발생

그 옛날 고대에 씨를 뿌리고 거두어 들이는 시기에 사람들이 모여 하늘에 감사드리는 제천의식(부여의 '영고', 예의 '무천', 고구려의 '동맹', 삼한의 '5월제'와 '10월제' 등)을 행하였다.

이때 행해진 집단 가무는 무용, 음악, 시가가 종합된 원시종합예술로, 여기에서 시가가 분화되어 국문학이 발생한다.

② 특징

- 종합 예술의 형태를 띠고 있다.
- 농사를 잘 짓게 해달라는 기원을 담았고 국가의 번영을 꾀했다.
- 구비전승되다가 문자로 정착되었다(한역).
- 집단적인 성격의 서사시(구지가)에서 개인의 감정을 노래한 서정시(황조가, 공후인)로 발전하였다.
- 설화가 동반되었다.

③ 대표 작품

〈구지가〉, 〈황조가〉, 〈공후인〉 등

④ 구지가(龜旨歌)

- 삼국유사 권 2 '가락국기'에 실려 있다.

• 성격 : a. 영신군가(임금을 맞이하는 군가)이다.
       b. 집단적인 노래이다.
       c. 건국 신화와 연관되어 있다(가야).

• 설화 : 사람들이 구지봉에 있을 때 하늘에서 소리가 나서 하늘에서 시키는 대로 노래를 부르며 춤을 추니, 하늘에서 상자가 내려 왔다. 그것을 열어 보니, 여섯 개의 알이 있었다. 그 알이 각각 여섯 사람으로 변하여 6가야의 왕이 되었다.

• 〈구지가〉의 가사

구하구하(龜何龜何) 거북아, 거북아
수기현아(首其現也) 머리를 놓아라
약불현야(若不現也) 내밀지 않으면
번작이끽야(燔灼而喫也) 구워서 먹겠다.

◑ 고려가요

① 정의

a. 고려시대 귀족층의 경기체가에 대하여, 평민들이 부르던 민요적인 시가이다.

b. 민요에서 형성된 것으로, 훈민정음 창제 후 문자로 정착하였다.

② 명칭

고려속요, 고속가(古俗歌), 여요(麗謠).

③ 특징

a. 3·3·2조, 3·3·4조, 4·4·4조 등의 음요수율로 고정된 비정형 시이다(삼음보의 율격).

b. 각 절에는 여음(후렴구 : 노래 뒤에 되풀이하는 과정)이 곁들여 있다.

예 가시리 가시리잇고
    바리고 가시리잇고

날러는 어찌 살라 하고

바리고 가시리잇고

얄리얄리 얄라셩 얄라리 얄라 —— 여음(후렴구)

-〈가시리〉에서.

c. 도막 또는 연으로 나뉘어져 있다(요즘의 노래가 1절, 2절로 되어 있는 것과 비슷하다).

d. 평범하고 소박한 내용으로 당시의 삶이 잘 나타나 있다.

e. 남녀 간의 뜨거운 사랑을 읊어서, 조선조 학자들이 '남녀 상열지사(男女 相悅之詞)'라 비방하였다.

④ 고려가요의 기록과정

● 시기 : 조선조 시대에 훈민정음 창제 이후.

● 기록자 : 유교적 이념에 젖은 유학자들.

● 결과 : 기록자의 뜻에 맞지 않거나 교화에 어긋난 작품은 버려짐.

⑤ 작품집 :〈악장가사〉,〈악학궤범〉,〈시용향악보〉.

⑥ 작가 : 주로 평민층이 지었으므로 작가가 알려져 있지 않다. 그러나 경기체가의 작가는 대체로 알려져 있다.

◗ 시조에 대해서

① 정의 : 고려 중엽에 발생하여 고려 말엽에 시형이 완성된 전통적 가락의 정형시.

② 명칭 : 단가(短歌 ; 짧은 노래).

영조 때의 가객 이세춘이 칭한 시절가조(時節歌調)의 준말. 신곡(新曲), 신성(新聲) 등.

③ 발생 : 시조가 언제 싹 텄는지는 알 수 없으나 고려 말에야 완벽한 형태의 시조가 나타나는 점으로 보아, 그 이전에 벌써 지어졌던 것으로 짐작이 간다.

④ 형식 : 초·중·종 3장 6구 12음보 45자 내외(종장 첫구는 3음

절로 고정된다).

⑤ 작가 : 일반 평민에서부터 임금까지 두루 시조를 읊고 지었다.

⑥ 내용 : 자연과 인생의 모든 면을 노래하였다.

⑦ 종류

a. 평시조 : 3장 6구 45자 안팎의 기본 형식의 시조.

b. 엇시조 : 기본형에서 종장 첫 구를 제외한 두 구 이상이 길어진 시조.

c. 사설시조 : 기본형에서 종장 첫 구를 제외한 두 구 이상이 길어진 것으로 사설조로 노래 한 시조.

d. 연시조 : 2수 이상의 평시조를 한 제목으로 묶는 시조이다. 예를 들어 윤선도의 '오우가(五友歌)'가 있다.

e. 시조집 : 〈청구영언〉, 〈해동가요〉, 〈가곡원류〉.

◑ 가사(歌詞)에 대해서

① 정의

노래를 부르기 위해 짓는 음악의 가사에 대하여, 주로 문장으로 읽힐 것을 전제로 하고 쓰여진 운문으로서 경기체가가 붕괴되는 과정에서 형성된 노래이다. 형식적인 면에서 시 영향이 작용했다.

② 특징

외형적으로는 운문(韻文)이나, 내용은 사물이나 생활에 관한 잡다한 서술로 된 점에서 산문적 요소를 지닌다. 즉 가사는 시가 문학에서 산문문학으로 넘어가는 과도기적 문학양식으로 끝나는 시조의 종장과 같다.

③ 형식

a. 3 · 4 (4 · 4)조의 연속체.

b. 4음보의 율격.

c. 길이에는 제한이 없다.

송하(松下)에 /늘어 앉아 // 꽃가지로 /찍어오려 //

춘미를 /쾌히보고 /

남은 흥을 /못 이기어 // 상상봉에 /치아다가 //

한없이 /좋은 경을 // 일안에 /다 들이니 //

저 높은 /백운산은 // 적송자(赤松子)의 /노던 덴가 //

—화전가(花煎歌)에서.

④ 작가

전기에는 주로 양반 계급에 의하여 창작되었으나 후기에 들어오면서는 평민과 여류 작가들에서 주로 지어진 작품이 많다.

⑤ 내용에 대해서

a. 조선 전기 : 자연 친화, 안빈낙도(安貧樂道)하는 군자의 미덕, 유배생활의 한(恨)—나라 사랑 등 다양함—양반 가사.

b. 조선 후기 : 전쟁을 겪고 난 후의 우국 충정, 규방여인들의 생활감정, 기행—평민가사.

◗ 고대소설에 대해서

• 정의

갑오경장 이전에 쓰여진 옛 소설을 말하며, 어떤 사람이 언제, 어디서, 어떻게 살았는가 하는 삶의 이야기를 작가의 상상력을 동원하여 지어낸 이야기다.

① 주체

유교의 영향으로, 착한 사람은 복을 받고, 악한 사람은 벌을 받는 권선징악(勸善懲惡)의 도덕적 의식으로 이루어져 있다.

② 발생

설화에 뿌리를 두고 구전되어 오면서 발생되었다.

③ 구성

a. 평면적 구성 : 고대 소설의 사건은 거의 대부분이 시간의 흐름에 따라 전개된다.

b. 전기적 구성 : 주인공이 태어나면서부터 죽을 때까지의 사건이 시간적 순서에 따라 전개된다.

c. 결말 : 〈운영전〉을 제외한 거의 대부분의 작품이 행복하게 결말 지어진다.

④ 인물

a. 평면적 인물 : 작품에 등장하는 인물의 성격이 처음부터 끝까지 변화가 없다

b. 고대 소설은 주인공의 일대기라고 할 수가 있을 정도로 주인공이 매우 중요하며, 주인공 외 인물들은 다만 주인공을 더욱 두드러지게 보이기 위한 존재에 불과하다.

⑤ 사건

a. 우연성 : 고대소설의 사건은 필연적인 상황이나 원인 없이 우연하게 발생한다.

b. 비현실성 : 고대 소설에서는 현실 세계에서는 도저히 가능하지 않는 황당무계한 사건이 갑자기 발생하는 경우가 무수히 많다.

⑥ 배경

고대소설의 시간적 배경은 다양하다. 공간적인 배경은 중국과 한국으로 나눌 수 있고, 그 외의 장소는 흔하지 않다. 보수적인 소설이 중국을 무대로 하는 경향이 강한데 반하여, 진보적인 평민적 소설은 주로 한국을 무대로 하고 있다.

⑦ 문체

a. 운문체 : 고대소설은 보통 한 사람이 읽고 여러 사람이 둘러앉아 그 이야기를 듣는 형식으로 쓰여졌기 때문에 읽기 편하고, 알기 쉬운 점을 가지고 있다.

b. 문어체 : 고대소설은 일상생활에서 사용하는 언어(구어체)가 아니라, 글을 쓸 때 사용하는 문체로 쓰여져 있다.

⑧ 작가

고대소설의 작가는 거의 대부분이 그 이름을 알 수가 없으며, 저자의 이름을 알 수 있는 글은 그리 흔하지 않다.

⑨ 작품경향

a. 국문소설 : 〈홍길동전〉, 〈구운몽〉, 〈춘향전〉, 〈심청전〉 등등이 있다.

b. 한문소설 : 〈금오신화〉, 〈양반전〉 등 많이 있다.

◑ 고대수필에 대해서

① 고대수필이란 무엇인가?

고려시대의 설화문학에서 시작하여 조선시대를 거쳐 갑오경장(1894) 이전의 생각이나 느낌을 형식의 제약을 받음 없이 자유롭게 쓴 글을 말한다. 대체로 고려의 설화문학에서 본격적인 수필의 모습을 발견할 수가 있다.

예를 들면 박인량의 '인수전', 이규보의 '백운소설', 이인로의 '파한집', 이제현의 '역옹패설' 중의 일부로서 수필형식의 글을 찾아 볼 수 있다.

문헌상 '수필'이란 용어가 보이기 시작한 것은 박지원의 '열하일기' 속에서 '일신수필'이라고 하는 말이 최초로 등장한 것을 꼽을 수 있다.

② 한글 수필의 형성

임진·병자 양란 이후 산문화의 경향이 강해져서 우리말로 쓴 일기, 편지, 기타 수필류에 속하는 작품이 많이 나왔다.

③ 특징

a. 문체 : 내간체, 우유체(운문적인 것에서 벗어나 실학의 영향으로 산문화되었다).

④ 내용에 관하여

a. 한글로 된 것보다 한문으로 된 것이 더 많다.

b. 궁중 수필은 여성 특유의 우아한 표현과 섬세한 감정을 나

타내었다.

c. 부녀자들의 편지의 내용은 따뜻한 정을 느끼게 하는 작품들이 많다.

⑤ 작품(예)

오호 통재라, 내 삼가지 못한 탓이로다. 무죄한 너를 마치니 백인이 유아시라. 누를 한하며 누를 원하리요. 능란한 성품 속에 공교한 재질을 나의 힘으로 어찌 다시 바라오. 절묘한 의형은 눈 속에 삼삼하고, 특별한 품재는 심회가 삭막하다. 네 비록 물건이나 무심하지 아니 하면, 후세에 다시 만나 동거지정을 다시 이어, 백년고락과 일시 생사를 한가지로 하기를 바라노라. 오호 애재라 바늘이여.

–〈참조문〉에서.

◗ 한국 한문학(漢文學)에 관하여

① 한국 한문학의 의미

한마디로 말하자면 우리말이 없었던 시기에 우리나라 사람이 우리의 사상과 감정을 당시 통용되던 문자(한문)로 표현한 작품을 말한다.

② 한자의 도입

삼국시대 전에 중국으로부터 한자가 전래되어 왔다. 이 한자가 어렵기에, 한자로 우리의 글(韓文)을 짓는 경우 외에 한자를 이용한 표기도 있지만, 지식인들이나 귀족들은 주로 한자를 이용하여 많은 작품을 남겼다.

③ 한국 한문학의 특징

a. 중국의 영향을 많이 받았다. 중국의 시나 산문이 많이 들어와 지식인들에게 영향을 주어 한국 한문학이 탄생되었다.

b. 중국의 한문구조와는 약간의 차이가 있는 한국식 문장구조를 이루었다.

c. 고려 중기 이후 인쇄문화의 발달과 조선 초기 갖가지 정리

사업에 힘입어 꽃을 피웠다가, 임진·병자의 두 난리로 다소 시들었지만, 정조 때에 이르러 다시 크게 융성하였다.

　d. 조선시대에 유교적 윤리 때문에 이름 높은 작가는 거의 없지만, 허난설헌 같은 이는 주옥과 같은 작품을 남겼다.

◑ 국문학 작품을 읽는 이유

　① 우리 민족의 사상, 감정, 소망 등이 담긴 삶을 구체적으로 알고 문화 민족으로 성장하게 한다.

　② 민족적 교양을 갖춰 참신한 문학의 뿌리를 굳히게 하며, 우리 시대에 걸맞는 적극적이고 진취적인 문학을 창조하게 한다.

　③ 보람을 얻게 한다(감동, 지식, 간접 체험, 다양한 인생 등을 접하게 됨).

✳ 자기 자신을 묘사(描寫)하기 위해 글을 쓴다 ✳

아무도 내 책을 읽어 주지 않는다 하더라도 그렇게도 유익하고 유쾌한 산책(散策)에 많은 여가를 충당하는 것은 시간의 낭비였을까?

자신을 바탕으로 하여 이 초상을 만들면서 나를 부각시키기 위하여 자기의 옷차림을 매만지거나 장식하거나 할 필요가 종종 있었으므로 그 덕분에 원형은 강고(強固)해지고 어느 정도 형성되어 왔다. 내가 이 책을 만들었다기보다는 오히려 이 책이 나를 만든 것이다.

이 책은 저자와 동질(同質)이며 저자 자신을 내용으로 한 것, 내 생명의 분신이어서 다른 책들처럼 제3자나 타인에 관한 것을 내용 목적으로 한 것은 아니다.

그토록 끊임없이, 그렇게도 세심한 주의를 기울여 내 자신에 관한 것을 보고한 것이 시간의 낭비였을까?

왜냐하면 단순히 일시적 기분에서 입으로만 자기를 점검하는 자들은 그렇게 정확하게 자기를 돌아볼 수도, 또한 깊이 자기를 천착해 볼 수도 없기 때문이다.

자기를 연구나 저작이나 일의 대상으로 삼고 자기가 가지고 있는 모든 성실, 모든 역량으로써 영원의 기록부(記錄簿)에 자기를 써 넣으려고 하는 사람들만은 못한 것이다.

―몽테뉴의 '수상록(隨想錄)'에서.

제11장

논술(論述)에 관하여

1. 논술과 논문의 차이

어떠한 사물에 관하여 체계적으로 자기 의견을 적은 글을 논문
(論文)이라고 하고, 논술(論述)이란 어떤 사물이나 주제에 관하여
자신의 의견이나 사실을 논하고 서술하는 글을 논술이라고 한다.

앞에서 문장 쓰는 방법에 대하여 충분한 설명을 하였고 예를
들었으므로 대략 어떻게 쓸 것인가 하는 것은 알았을 것이다.

그러나 이 책을 쓴 필자의 의도는 지금 한창 대입고시에 중요
한 점수가 되는 논술문을 어떻게 써야 하는가가 목적이므로 다시
한번 논술에 관하여 설명하고져 한다.

사실 논문은 어려운 과목임에는 틀림이 없다. 왜냐하면 아무리
열과 성을 다해 글을 썼다고 하더라도 선자(選者)의 감동과 소감
에 의하여 '잘 썼다' 혹은 '못 썼다'라고 할 수가 있기 때문이다.

다시 말해서 선자에 따라 달리 평가할 수가 있기 때문이다.

허나 여기서 말하고자 하는 것은 대체로 '어떻게 쓰면' 잘 썼다
고 평가받을 수 있을까 하는 목적에서 다시 한번 논술 해법을 다
루고자 하는 것이다.

앞에서도 논술을 잘 쓰자면 평소 자신이 많은 지식을 가지고
있어야 한다고 했었다. 한마디로 많은 책을 독서, 섭렵해야 한다.
그렇지 않고는 당장에 좋은 글이 써지지 않기 때문이다.

좋은 글을 쓸 수 있는 방법으로는 흔히 삼다(三多)라고 하는 말
을 사용하는데 이것은 세 가지 방법이란 뜻이다. 첫째가 평소 좋
은 책을 많이 읽어야 하고, 둘째는 언제나 사물에 대하여 깊이 생
각을 갖는 습관이 있어야 하고, 셋째는 글을 많이 써봐야 좋은 논
술을 쓸 수 있다고 하는 것이다.

사실 요즘 학생들은 독서열이 부족하다는 말을 자주 듣고 있
다. 감수성이 한창 예민하고 지적인 욕구가 왕성한 이 시기에는
좋은 책을 읽어 지식을 쌓아야 한다. 그런데 평소 그렇게 독서력
이 없는데 갑자기 좋은 글이 나올 리 만무다.

다음은 평소 글을 많이 써 보는 방법이다. 예를 들면 '일기'를 또박또박 적고 있는 학생이거나 아니면 친구나 멀리 있는 부모님에게 자주 글을 쓰는 사람이라면 누구나 논술을 잘 쓸 수 있다고 본다. 그러나 이와는 반대로 일기도 없고 편지도 자주 안 쓰고, 또 독서를 하지 않는다면 글쓰기가 대단히 어려울 것이다.

한마디로 붓을 잡으면 머리속이 멍하여 생각이 나지 않는다, 또 생각이 떠올랐다고 하더라도 붓 끝이 내 마음과 뜻대로 술술 나아가지 않는다. 그래서 고민스럽게 된다.

이것은 위에서도 말했거니와 평소 자신이 '삼다(三多)'를 하지 못한 도리라고밖에 할 수가 없기 때문이다.

좀 심한 말이 될지는 몰라도 '글을 잘 쓰는 것'은 필히 삼다를 섭렵하지 않고는 도달할 수 없는 목표점일 뿐이다. 그렇더라도 우선 논술시험에 합격이라도 하게 좋은 논술을 작성하는 방법이 없느냐고 묻는 이가 있으니 우선 글 쓰는 간편한 방법부터 설명하겠다.

2. 좋은 논술을 작성하는 법

◑ 문장 공부를 열심히 하라

문장은 우리가 흔히 사용하는 말의 단어와 같은 것이다. 글의 단어(?)라면 어떨까? 이 단어가 즉 '뭉뚱그러진 생각'이라고도 할 수가 있겠는데 이 단어는 여러 개 합치게 되면 하나의 문장이 된다. 쉽게 다시 말하자면 의사(意思)를 나타내기 위해서 글을 나열하려고 하면 쉼표(.)에 닿게 된다.

그 문장이 우리가 의사 표시로 흔히 빼어 놓는 단어와 같이 순수하고도 매끄러워야 한다.

'사람들은 오늘날을 정보만능시대라고 한다.'

이것은 '사람들은' 으로부터 '한다'까지는 한 문장이다. 이것이 무리없이 순수하게 '사람들은 오늘날을 정보 만능시대라고 한다'

가 된다.

무리가 없고 독자 누구나 쉽게 이해가 가는 글이다. 이것이 '뭉뚱그러진 생각'이다. 문장은 이렇게 짧을수록 좋다. 의사 표시에 있어서 그 문장이 단문(短文), 짧으면서도 쉽게 이해되었다고 한다면 이는 좋은 문장인 것이다.

그와 반면에 '병으로 말미암아 뼈나 관절이 파괴되면 변형이 일어나 정상적인 모습과 달라지나, 특히 류마치스와 같은 관절의 염증이나 골절탈구 등과 같은 병후에 일어나기 쉬우며 한번 일어난 변형은 원인이 된 뼈가 다 나은 후에도 그대로 남는 수가 많다.'

'병으로부터 시작하여 달라지나'까지의 글내용은 알겠으나 '특히 류마치스와 같은 ~남는 수가 많다'까지는 무슨 말인지 쉽게 이해가 가지 않는다. 문장이 길고 난해하기 때문이다. 그러므로 글은 가능한 한 쉽고 짧은 글이 좋을 것이다.

다음으로 한 문장에서는 같은 단어, 즉 '사람들은'이라고 하는 단어가 들었다면 가능한 두 번 넣어서는 안 된다. 난해한 문장이 되고 말기 때문이다. 부득이 써야 하겠다고 생각이 들면 다른 유사한 단어로 대치하는 것이 좋다. 문장은 읽는 이로 하여금 쉽게 이해가 되어야 하기 때문이다. 다시 말하면 문장이 매끄러워야 하기 때문이다.

◗ 주제가 확실해야 한다

논술은 어떻게 쓰는 것인가? 같은 질문을 받으면 선뜻 대답하기가 어렵다. 그러나 이 논술의 본질에 대한 올바른 인식이나 자각 없이는 글을 쓰기가 어렵다.

다시 말해서 자기의 생각을 이론 없이 함부로 쓸 수 없기 때문이다. 누구나 어떤 생각을 이론적으로 쓰려고 할 때는 사전에 자기의 어떤 문제를 다룰 것인가 아니면 제시하는 문제를 어떻게 작성하고 집필할 것인가를 먼저 생각해야 한다.

그래서 이때 주제(主題)를 설정하게 된다. 물론 자신이 정하는 수도 있고 또 지정해 주는 주제도 있다. 그런데 왜 주제가 중요한가 하면 논술의 가치(價値)는 주로 주제에 달려 있기 때문이다.

일단 주제가 나오면 내가 가진 평소 '하고 싶었던 이야기, 이런 생각을 가졌다는 이야기, 반드시 이렇게 되어야 한다는 이야기' 등등이 있을 것이다.

가령 '환경에 대하여 논술하라' 라고 하는 제목(주제)이 생겼다고 해보자. 그러면 나 자신이 평소 느끼고 생각한 것들이 머리속에 떠오를 것이다. 이것을 주제 파악이라고도 하는데 이것을 확실히 파악하지 않고는 글이 써지지가 않는다. 이것만 확실히 파악이 되면 내가 하고 싶은 이야기, 바라고 싶은 이야기는 저절로 나타나게 된다. 이것을 주저 없이 당당하게 써내려 가면 되는 것이다.

여기서 만약 논술을 적어 나갈 때 조금이라도 주제와 동떨어진 방향으로 흘러 가서는 안 된다. 그러나 이 논술 자체가 문제의식이므로 필자 자신의 가까운 문제로부터 들어가 연관하는 것이 좋다.

둘째는 내가 가진 전공의식으로 쓰는 것도 좋다. 세번째는 어디까지나 현실의식을 갖는 것이 중요하다. 지나치게 과거 얘기나 들었던 이야기보다는 현실(지금)과 가까운 이야기로 결합하는 것이 좋다.

◐ 이야기는 2단계나 3단계로 분류하여 전개하는 것이 좋다

3단계는 너무 어려우므로 2단계로 분류하여 글을 쓴다고 가정해 보기로 하자.

먼저 붓을 들고는 본론적인 주제로 들어가기 전에 예비 이야기를 시작하는 것이 좋다. 그러나 이 이야기는 어디까지나 주제 이야기를 위한 예비 이야기이므로 주제와 절대 동떨어져서는 아니

된다. 주제를 먼저 이야기를 하고 싶으나 이것만을 1단계, 2단계, 3단계로 끌고 나가다 보면 흥미를 잃게 된다.

그래서 1단에는 주제 이야기를 숨겨 놓고 주제 이야기를 하기 위해 이와 유사한 이야기나 다른 환경에서 겪은 것으로부터 시작을 한다. 그래서 이 이야기를 하다가 어느 정도 그 이야기가 성숙에 달할 무렵 비로소 본론 이야기를 전개시킨다. 이것은 이야기를 천편일률적으로 처음부터 끝까지 전개를 시키면 독자들이 재미나 흥미를 잃게 된다는 점을 고려한 것이다.

그러므로 본론에 들어 가기 전에 가까운 환경에 관한 이야기를 시작하다가 어느 단계에 들어가 내가 하고 싶었던 이야기 아니면 보고 느낀 이야기, 하고 싶었던 이야기들을 드러낼 수가 있다.

가령 우리가 영화를 보면 수시로 장면이 바뀌게 된다. 이 화면을 비추었다가 또 다른 화면을 떠올린다. 이래서 시청자로 하여금 '궁금증'을 불러 일으키게 한다. 궁금증이라고 하는 것은 바로 '흥미(興味)'인 것이다.

밥도 같은 쌀밥만 매일 같이 먹으면 물리게 된다. 그래서 찰밥도 먹어 보고, 보리밥도 해 먹어 본다. 이렇게 해서 구미를 돋우는 것과 같은 이치인 것이다.

논술을 주제 그대로 일사천리로 끌어 가는 경우가 없는 것은 아니나 위에서 말했듯이 흥미를 주기 위해 장면을 바꾸어 글을 전개한다면 훨씬 효과적일 것이다.

서양 사람들에게는 '프란체스코, 프랑시스, 프랑스와, 프랑코'라는 이름이 많다. 미테랑 프랑스 전 대통령, 여류 작가 사강, 영국의 철학가 베이컨, 그리고 우리나라 초대 대통령이었던 이승만 박사의 부인이 그렇다.

이 모두 이탈리아 공화국의 수호성인인 '프란체스코'에서 비롯된 이름이다. 이 성인이 묻힌 이탈리아 중부 아시아의 '프란체스코' 성당이 두 번의 지진으로 원형 천정이 무너지고 지구의 보물들로 손꼽히는 13세기 벽화들에 금이 갔다.

서양의 많은 사원 중 하나가 금이 갔다는 것 정도로 여기겠지만, 서양 사람들은 금년도 10대 뉴스의 하나로 충격을 받고 있는 것 같다. 그만큼 그들의 정신세계에서 프란체스코가 차지한 비중이 큰 때문일 것이다.

아시아의 유복한 상인의 아들로 태어나 깡패두목으로 옥살이까지 한 프란체스코는 폐허가 된 교회에서 기도하고 있는데 그림 속의 그리스도가 걸어나와 '무너져 가는 나의 집들을 다시 세우라'는 계시를 받는다. 계시를 준 그림판을 지금 아시아의 '성키아라' 성당에 가면 볼 수 있다. 이에 갈색의 농민 복장에 '청빈―순결―순종'을 상징하는 세 개의 매듭을 한 새끼로 허리띠를 두르고 맨발로 샌들 차림으로 탁발을 시작, 헤아릴 수 없는 교회 재건을 한다.

그 연장으로 '프란치스코회'를 만들어 전도에 나섰다. 그가 44세로 흙침대 위에서 죽었을 때는 전 세계에 3만명의 수도사가 1천 100개소의 수도원에서 활동하고 있었던 것이다.

'프란체스코'와 한국의 관계도 유구하다. 1253~1255년 기용이라는 프란체스코 수도사는 몽골전도를 자청하고 죽음의 대륙을 신앙심으로 횡단, 몽골의 서울에 이르고 그곳에서 '고려인의 추장(酋長)'을 만났다는 기록을 남겼다. 당시는 몽골이 고려에 침략 중이었으므로 인질로 잡혀가 있는 고려의 왕족이었을 확률이 높다.

기독교와 한국인의 최초 만남이 프란체스코를 통해 이루어진 셈이다. 두번째의 만남은 임진왜란 당시 일본에 잡혀간 한국의 피로인(披虜人)으로 프란체스코에 입신한 복자(福者) 가요의 순교를 들 수 있다. 그는 나가사키에서 서양 선교사들을 숨겨주고 지하교회를 영위하였다 하여 두 손이 묶인 채로 화형을 당했다. 현대인들이 청빈, 순결, 순종의 프란체스코 3계를 어기길 너무 혹심하게 한데 대한 지하의 몸부림으로서 아시아의 시민들은 이번 지진을 합리화하고 있다고 외지(外紙)는 전한다. 신이 가장 믿는 심복으로 가까이 두고 있는 프란체스코가 잠든 곳에 지진을 있게 할 리가 만무이기 때문이다.

　―이상은 조선일보(1997. 10. 3) 이규태 코너의 글 〈프란체스코 성당〉이라는 글이다.

이 글의 제목은 위에서 언급한 대로 '프란체스코 성당'이다. 그러나 내용을 보면 두 가지로 나뉘어져 있다. '프란체스코'와 '지진(地震)'에 대한 이야기다.

프란체스코 성당에 관한 이야기를 해오다가 끝에 가서는 지진에 관한 본론을 비쳤다.

처음부터 이 글의 저자는 지진에 관한 이야기를 하겠다고 주제를 생각했다. 그러고 보니 프란체스코 성당에 대한 이야기가 생각이 났고 고려인의 추장 기록도 떠올랐다. 기독교와 한국인의 만남, 임진왜란으로 피포되어 끌려가 복자(福者)가 되고 일본 나가사끼 지하교회에서 서양선교사를 숨겨 주었다가 결국 화형을 당한 이야기를 길게 하여 독자로 하여금 흥미를 끌었다. 허나 끝의 몇 줄에 가서 이렇게 죽은 프란체스코가 잠들어 있는 이곳에 지진을 있게 할 리가 만무하다는 끝맺음을 했다.

앞에 프란체스코의 이야기에 관계된 사담을 길게 늘어 놓았다가 끝머리는 지진에 대한 이야기로 돌렸다. 이것이 영화장면 같이 바뀌어진 결론으로 맺게 되는 것이다.

글이란 독자에게 맛을 주기 위해 이렇게 쓰여지고 있는 것이다. 논술도 이와 같이 '환경'이란 주제가 주어지면 평소 자기가 겪은 환경 이야기나 마음 먹은 생각 등을 조리정연하게 설명을 하고 끝에 가서는 환경 보호에 국민의 힘을 모으자든가 하는 뜻을 제시하는 것이 좋은 글이다.

그렇다고 처음부터 환경에 대한 이야기를 해서 안 된다는 법칙은 없다. 단지 이렇게 끌어가는 글은 감동을 크게 주기 어렵다는 것을 두고 말한다.

◗ 사전 계획 수립을 해야 한다

일반 논문에 있어서는 충분한 사전 계획과 자료를 수집할 수가 있다. 허나 논술고사장의 시험장에서는 사전 계획준비를 할 길이

없다. 그러므로 자신이 평소 가지고 있는 지식과 품위로 계획을
세워야 한다.

즉 머리속에 그 계획을 그리면서 조리있게 누에가 실을 뽑아
내듯이 머리와 붓끝으로 생각을 써나가지 않으면 안 된다. 그러
므로 평소 많은 독서를 통한 지식을 머리 속에 채워 놓아야 한다.
그와 같이 지식이 저장되어 있지 않은 사람은 없는 대로, 있는 사
람은 있는 대로 글이 써지게 마련이다. 그러므로 위해서 설명을
하였듯이 글은 자기 자신이라고 하는 사실을 알 수가 있는 것이
다.

◑ 끝마무리를 잘 맺어야 한다

결론이라고나 할까, 논술에서는 앞 서두도 중요하지만 끝(結
論)이 대단히 중요하다. 논술의 맺음에는 지금까지 해온 이야기
가 모두 결집되어야 하기 때문이다. 쉽게 말하자면 앞이 중요하
고 내용이 중요하며 끝마무리가 중요하다고 하는 것을 다시 한번
강조하고 싶다.

마지막으로 황수영 선생의 〈석굴암의 방향〉이라고 하는 논문
을 보기로 하자.

수년래 경주 석굴암 공사에 참가하고 있는 필자는 석굴의 건축, 조각
에 대한 주목뿐 아니라 불상의 배치와 조영(造營)의 인영 등에서 교리적
인, 정신적인 내실을 찾고자 하였다.

이같은 물심양면의 이해는 곧 공사의 요건이 되리라고 생각한 까닭인
데, 그 중에서도 가장 큰 관심사는 석굴의 점정(占定)과 그 방향에 대한
것이었다. 신라의 선인들은 어떠한 이유로서 이 험준한 산정 가까이 석
굴사원의 터를 잡았으며, 나아가 그 방위를 마련하였던가? 토함산을 오
르내리면서 아무리 생각을 해보아도 그곳에 우리가 잃어 버린 중대한 사
실이 숨어 있는 것 같았다.

우리의 석굴은 한마디로 말하여 본존인 여래좌상을 위한 경영이며 장

엄이다. 모든 조형과 그 배안은 이 본전을 초점삼아 이루어졌으며, 엄격한 좌우대칭의 결구에서 석굴의 중심선은 본존의 그것과 합치되어야 할 것이다.

그런데 오늘의 사실은 이와 달라서 두 선, 사이에는 3도의 차이를 보이고 있으니, 이것은 일제공사의 착오로서 일찍이 그들에게 의하여서도 지적된 바 있었다. 그러나 이같은 왜곡의 사실은 차치하고, 논의점을 한층 요약한다면, 본존은 어찌하여 이곳에 안치되었으며, 그에 주어진 방위는 무엇이냐고 하는 것이다.

그 중 방위에 대하여 일본인 학자들은 '굴의 방위는 지세에 따라 만들어진 결과에 불과하다'고 간단히 단정하고 말았으니, 과연 그같이 무의미한 일이 있을까.

동양 제일의 존상이라는 찬사를 받는 우리 석굴암 본존은 동해에 면하여 동동남(東東南)을 향하고 있다.

이와 같이 본존에 주어진 방위는 인위적인 것이요, 결코 자연적인 지세에 좌우될 것은 아니다. 이와 같이 일정한 방위를 가능케 하였던 최대의 이유는 우리의 석굴이 인도나 중국의 것과 달라서 인공적으로 구축된 동양 유일의 석굴이라는 그 자체의 특이점에서 곧 이해될 수 있을 것이다.

인공적인 까닭에 계획적인 방위가 마련될 수 있었다는 것이다. 석굴 조영에 있어서 이 방위 문제는 그들 신라인의 최대의 용의 처이며 그 경영목적과 일치되는 것이다.

동동남으로 정위한 것은 그곳 동해안에 신라 최대의 성적이 자리잡고 있기 때문이니, 필자는 그곳을 가리켜 '문무대왕 유적'이라고 부르려 한다. 석굴암 본존 내지 석굴암 방위는 이곳을 향하여 규정되었으며, 본존의 시선은 똑바로 이곳과 연결되고 있다. 석굴공사에 앞서서 실시된 정밀한 청량이 또한 이를 뒷받침하여 준 일이 있었다.

문무대왕 유적이란 무엇인가. 그들은 모두 석굴보다 앞서서 신라통일 직후로 연대를 잡아야겠는데 반도 통일의 영주이며 문무쌍전의 성군이었던 대왕과 인연된 땅을 가리킨다. 그곳에는 대왕의 능묘가 자리잡고 있으며, 대왕을 위한 호국사찰과 대왕을 추앙하던 고대가 자리잡고 있다.

먼저 왕능이라 함은 창창한 동해 중에 떠있는 한 무더기의 암초를 가리키니 후인들은 이를 존중하여 '대왕암'이라 부른다. 〈삼국사기〉는 '장동해구대석산(葬東海口大石山)'이라 하였고 〈삼국유사〉는 '능재감은사 동해중(陵在感恩寺東海中)'이라 하였다.

대왕의 유해는 그 유언을 따라 서국 인도의 방식에 의하여 이화요장(以火撓葬) 되었고, 대왕 평생의 소원인 호국호법의 동해용이 되기 위하여 이곳 해상암두에 산골케 되었던 것이다.

감은사는 대왕암이 바라보이는 대종천 어귀 산양에 안겨 자리잡은 신라의 호국대찰로서 대왕에 의하여 '욕진왜병(欲鎭倭兵)'코자 착공되었고, 그 후 '미필이붕(未畢而崩)'함에 그 아들 신문왕에 의하여 완성을 보는 동시에 대왕의 우국성려를 감축하기 위하여 감은사라 하였다. 그러므로 이곳 가람(伽藍)의 구조는 매우 특이하여 금당 체하에 구멍 하나를 뚫어 동해수가 출입하므로로 동해용의 '입사선요지처(入寺旋撓之處)'로 마련되기도 하였다.

누가 이를 가리켜 허구라고 말하겠는가. 수년전 국립박물관이 실시한 이 사지의 발굴조사는 이같은 사실을 밝혀 주기도 하였다. 진실로 이곳에 대왕을 위한 용당이 있었으니, 오늘도 주산을 용단산이라고 부르고 이땅을 용당리라고 부르는 까닭이다. 이견대는 용단산이 바다로 드는 동단의 한 대를 가리키니, 이곳에 이르러 대왕암을 정대하게 된다.

'현룡현형처(現龍現形處)'를 가리켜 명명된 곳인데 대왕이 통일의 공신 김유신과 힘을 합하여 전하여 준 신라국보인 만파식적의 고사나 역대 왕의 망해를 위한 이곳 행행과 관련시킬 수 있을 것이다.

이같은 대왕의 유적은 이 나라 유일의 해환인 동방 왜구에 대한 대왕의 심려를 말하고 있다. 토함계수(吐含溪水)는 모여서 대종천을 이루고 이곳에서 동해로 흘러 드는 바, 이 동해구야 말로 일찍부터 국도 금성을 위협했던 왜구의 상륙지점으로써 울산만과 더불어 대왕의 성려가 얽힌 곳이라 하겠다.

후자를 위하여 대왕은 관문성을 쌓았으며, 동해구를 위하여는 몸소 용이 되어 국방 제일선을 지키자는 서원을 세웠다. 그 후 통일 위업이 이루어지고, 태평성세를 맞아 신라의 백성들은 대왕의 유덕을 추모하여 토암산 위에 동양 최우최미의 석굴정사를 마련하여 대왕의 발원을 불력으로 뒷바침하는 동시에 동해의 평화를 기원하였다고 볼 수는 없겠는가.

신라 불교의 호국 성격과 그 사원 배치에서 군사적인 배려를 생각할 때 당대의 재상이던 김대성의 발원이 오직 개인적인 것에 그쳤다고 말할 수 있겠는가? 만일 그렇다면 그의 졸거 후 어찌하여 국가는 그 가람을 필성하였던가. 석굴과 대왕유족과의 관련은 최근세까지 전하였기에 고종 28년의 석굴중수상동문(石窟重修上棟文) 중에도 '문무왕암(文武王巖)'의 문구가 보이고 있다.(이하 생략)

여기서 미모에 '모름지기 이 신라의 성적을 찾아 대왕의 통일 위업과 호국서원을 오늘에 살펴 볼 만하다', 이것이 저자가 마지막으로 하고팠던 이야기이다.

다시 말하자면 그 옛날 왜구의 침략으로 신라가 어려움에 처해 있을 때 호국서원으로 통일 위업을 달성한 그 정신으로 이 나라도 아직 통일을 이루지 못한 그 서원을 이루어야 한다고 하는 뜻일 것이다.

이상의 내용들은 결국 아래의 한마디를 위하여 설명된 글인 것이다. 다시 말하면 최후 한 줄의 글은 무대를 닫는 막과 같은 것이라고나 할까. 그뿐만 아니라 제목의 뜻이 충분히 드러나기 전에 끊어지는 글은 연행 중에 막이 닫히는 연극과 같은 것이요, 한편 종점을 얻지 못하고 지리 방황하는 글은, 연극은 다 했는데 막이 내려오지 않는 추태와 같은 것에 비유할 수가 있다.

논술에 관한 실제 연습

근래에 모 신문에 발표된 훌륭한 글들을 논술을 쓰기 위한 예
문으로 들어 보기로 하자.

논제1 고독의 창조적 승화방법은?

〈예제 1〉

현대인은 고독을 참을 수 있을 만큼 강한 인강성을 갖고 있지
못하다. 숨막히는 고독감에 휩쓸릴 때, 그는 자동적으로 출구를
찾는다. 그래서 망각이라는 세계를 더듬어 가는 것이다.

그러나 그것은 일시적 효과가 있는 듯하지만, 시효가 지나면
그 고독의 밀도는 점점 짙어진다. 그래서 현대인은 하나의 방책
을 강구한다.

무슨 힘으로도 고독을 피할 길 없기 때문에 오히려 적극적으로
고독 속에 몸을 맡겨 버리는 방법이 그것이다.

견딜 수 없는 괴로움도 그것을 감상적으로 대결하면 오히려 일
종의 감미로움을 느낄 수 있기 때문이다. 그러나 그것은 다만 문
제의 보류에 지나지 않는 것이지 문제 해결은 아니다. 감상의 힘
으로는 실존의 굳센 성벽을 뚫고 들어갈 수가 없다.

또 고독의 감상은 자기의 현상에 도취하는 자기 긍정을 내포하
고 있다. 넓은 세계에서 아무에게도 이해되지 않는 자아에 대한
일종의 우월감에 도취하기 때문이다. 그러나 사람이 고독의 세계
로 빠져 들면 한없이 깊은 생각에 젖어 정신적인 성숙을 이루기
도 한다. 그래서 흔히 고독을 창조의 원동력이라고도 한다.

요즘 청소년들은 인격적인 이해 관계에서 떠나서 자아중심적
인 경지에 빠진다. 이것은 아직 정신적으로 성숙하지 못한 청소
년들에게 치명적이다. 스스로 견디지 못하고 해결책을 찾을 수
없어 그것 대신 만족을 느끼기 위해서 비행청소년이 되는 경우도
허다하다.

청소년 스스로가 자각해서 자기의 지금 위치를 확인해 볼 필요

가 있다. 완벽한 인간은 세상 어디에도 없다. 또 고독을 느끼지 않는 인간도 없다. 다만 고독 하더라도 인격적으로 판단해서 잘 이겨 나가는 것이다.

청소년들은 고독을 너무 괴로운 것이라고만 생각하지 말고 좀 더 긍정적으로, 미래의 내 모습에 확신을 가지며, 정신적으로 성숙될 수 있는 기회로 삼아야 할 것이다.

〈예제 2〉

성현들은 고독을 내면수양의 과정으로 생각하였다. 성리학에서의 존양성찰이라든지, 선종에서의 참선을 보듯, 고독을 통해서만 진정한 사물의 이치를 볼 수 있다고 여겼다. 또한 과정에서 수반되는 반성을 통해 자신의 행위를 바로 잡기 때문에 개인적 측면에서 고독을 소중히 여겼다.

사회적 측면에서도 고독의 시간이 민중을 교화하는 기회로 여기고, 사회에서 자신이 할 일을 찾는 시간으로 여겨졌기 때문에 중요시되었다.

한 예로 〈목민심서〉와 같은 훌륭한 작품들이 주로 귀양지에서 집필된 사실은 이런 고독의 사회적 가치를 드러낸다.

하지만 급속한 문명발달로 인해 고독에도 많은 변화가 생겼고 이는 사회문제, 특히 가치관이 정립되는 청소년기의 문제점을 유발시켰다. 청소년기의 비행이란, 청소년기의 문제점을 뜻한다. 빠르게 변화하는 사회에서 청소년은 자기를 반성할 시간조차 가지지 못하게 된다.

이러한, 자기 반성의 결여는 청소년이 자신의 삶의 목적을 정립할 수 없도록 만들어 무비판적이며 목적없는 삶의 태도를 지니도록 만든 것이다.

따라서, 이런 태도 아래에서 청소년이 어렵게 가지게 된 고독의 시간은 제 구실을 못하게 된 나머지 유희, 오락의 시간으로 전락하게 된다. 이 과정에서 성인 대상의 문화가 방황기에 있는 청소년에게 수용되어서 청소년 윤락, 탈선을 조장하고 나아가서는 범죄에 이르게 된다.

비단 이렇게 외면적인 부분뿐만 아니라 삶의 목적을 잃게 된 것 자체가 청소년 비행이다. 따라서 청소년 비행을 막기 위해서, 청소년에게 고독할 수 있는 시간을 주는 것이 필요하다. 즉, 자신의 목표를 찾고 이를 위한 반성을 할 수 있는 시간을 주어서 청소년의 목표 상실을 막아야 한다.

또한 청소년이 바른 목표를 세우기 위해서 올바른 윤리교육이 필요하며 청소년들의 고독이 생산적이 되도록 청소년이 성인 문화를 접할 수 있는 기회를 줄이는 사회적 차원에서의 노력이 필요하다.

슈바이처는 현대사회문제 원인을 자기반성의 시간이 결여되었기 때문이라고 보았다. 고독의 필요성을 잘 드러낸 말이다. 청소년 비행문제는 이러한 사회문제의 일부분이다.

따라서 청소년이 고독의 의미를 바로 알게 하고 이를 위한 여건을 마련해 주는 것이야말로 청소년 비행 문제의 가장 근본적인 해결책이 될 것이다.

〈예제 3〉

인간은 삶을 살아가면서 어느 순간순간 고독을 느낀다. 모든 일이 잘 되지 않을 때 자기 분야에서 성취욕이 사라졌을 때, 자기 분야에서 최고의 자리에 이르고 더 이상의 자기 발전이 없을 때 고독을 느낀다. 이러한 고독이 심리적인 병이라고 말하는 사람들도 있다.

요즘 많은 문제가 되고 있는 청소년의 비행을 바로잡기 위해 고독을 창조적으로 승화시킬 수 있는 방법을 생각해 보자. 우리나라의 청소년들은 입시에 대한 중압감과 변화없이 반복되는 생활 속에서 성취욕을 상실하고 많은 청소년들이 이탈행동을 저지르고 있다.

　청소년들은 이러한 비행과 이탈행동을 해 스스로 존재 이유와 자리를 찾지 못하고 방황하거나 고독에 빠진다. 하지만 고독에 빠졌을 때가 단지 자신을 잃어버리고 제자리를 찾지 못하는 혼란의 시기가 되어서는 안 된다. 오히려 새로운 일에 대해 생각하는 시간이다. 그리하여 앞으로 자신들의 행로에 대해 준비하는 기간이 되어야 한다.

　고독을 느끼는 동안 많은 책을 읽고 고독을 빠져 나가기 위해 다양한 체험이나 새롭고 놀라운 경험 등 많은 생각과 행동을 통해 자신을 다져 나가는 시간이 될 수 있어야 한다. 그리하여 창조력을 키우고 스스로 발전할 수 있는 계기를 만들어 좀더 성숙한 스스로를 만들어야 할 것이다.

　이처럼 고독을 통해 스스로에 대해 잘 알고 마음을 넓혀가야 할 것이다. 그렇게 해야만 좀더 나은 내일을 맞이하는 것이 조금 더 쉬워질 수 있을 것이다.

　그러므로 고독을 통해 자신을 재발견하고 발전시켜 나갈 수 있도록 많은 노력을 기울어야 할 것이다. 그렇게 함으로써 사회에 진출하는 준비 단계인 청소년 단계를 좀더 보람되게 보낼 수 있을 것이다.

◑ 강평

　이상의 3가지의 논술에 대하여 서강대 이태동 교수는 아래와 같은 강평을 하였다.

　훌륭한 논설문을 보면 그 형식과 내용이 탁월하게 유기적인 조화를 이루고 있음을 발견할 수가 있다. 여기서 형식은 글을 엮어나가는 과정이고, 내용은 그 속에 담겨 있는 뜻깊은 메시지이다.

　만일 형식과 구조 가운데 어느 한 쪽이 빈약하면 그것은 결코 훌륭한 글이 될 수가 없다. 그러나 굳이 따지고 보면 형식보다는 내용이 더욱 중요할 수도 있다. 아무리 논리정연한 글이라도 그 내용이 진부하거나 깊이가 없다면, 논설문의 설득력을 상실하기 때문에, 독자들에게 아무런 감동을 가져다 줄 수가 없고 글을 끝까지 읽을 수 있는 흥미를 유발할 수 없게 된다.

내용이 참신하고 풍부한 글을 쓰기 위해서는 반드시 주어진 주제에 대한 남다른 지식과 경험, 그리고 깊이 있는 사유(思惟)가 있어야 할 것이다.

논설문의 주제는 '고독'에 관한 것이었다. 인간은 '고독하다'라고 우리는 가끔 말하지만, 고독이란 문제에 대해 얼마나 깊이 생각해 보았는가를 반성해 볼 필요가 있다.

철학적으로 심리학적으로 생각해 볼 때, 고독이란 청소년들이 생각하는 것처럼 그렇게 간단한 것은 아니다.

아리스토파네스에 따르면 원형적인 인간은 원래 둥글고 원을 형성하고 있는 등과 옆구리, 그리고 네 개의 손과 네 개의 발과 하나의 머리에 두 개의 얼굴을 가지고 있었는데, 그것이 분리된 후부터 다른 반쪽을 찾기 위해서 사랑이라는 이름으로 고독이 생겨났다고 말하고 있다.

이러한 신화적인 측면에서 고독은 괴로운 것이지만, 그것은 사랑에 대한 희구라고도 할 수가 있다. 또한 고독은 자아 탐구 내지는 자기 완성을 위한 심리적인 갈구라고도 생각할 수 있는 것이다. 그래서 실존주의 철학자들에 따르면, 고독은 완전한 것을 의미하는 신(神)과의 관계를 맺는 길이라고 한다.

그러나 마르크스주의자들은 인간의 성숙된 발전은 단순히 고독 속에 자신을 갇혀 있게 하는 것이 아니라, 사회 속에서 다른 사람들과 건강한 관계에서 이루어진다고 말한다.

근자에 와서 적지 않은 청소년들은 고독의 존재 의미를 깊이 생각하지 못하고 그 공백을 단순한 유희로 채우려는 모습을 보이고 있다. 즉, 고독을 자신의 삶의 질을 높이거나 심화시키는 정신적인 에너지로 삼지 못하고, 그것을 부도덕한 비행으로 황폐화시키는 경향을 보이고 있는 것이다.

고독은 불행한 인간의 조건이지만, 인간의 특권이기도 하다. 청소년들은 고독을 향락적인 타락으로 메꾸려고만 하지 말고 자아 완성을 위한 심리적인 힘으로 이용할 때만이 그들 자신뿐만 아니라, 보다 명랑하고 문화적인 사회를 건설할 수 있을 것이다.

이러한 시각에서 볼 때, 〈예제 1〉은 우리의 관심과 주목을 끌기에 충분하다.

완전하지 못하지만, 고독의 존재 의미와 그것을 극복하려는 건강한 방안을 제시하고 있다. 그러나 글에 있어서 통일성이 다소 부족하고, 주어진 문제를 분석해서 설득력을 얻도록 하기보다는 교훈적인 방향으로 흐르고 있는 점이 아쉽다.

〈예제 2〉는 도입부에서 볼 수 있듯이 내용도 풍부하고, 문장도 유려하다. 그리고 자신의 글에 구체성을 부여하기 위해 〈목민심서〉의 집필동기도 효과적으로 제기하고 있다. 그러나 고독의 문제와 청소년의 비행문제를 논리적으로 연결짓는데 매끄럽지 못하다. 고독 때문에 비행을 저지르는 것인가, 아니면 고독의 시간이 없기 때문에 비행을 저지르는 것인가, 이러한 현상은 서두에서 언급했던 내용과 구조의 유기적인 조화라는 측면에서 미숙함을 보이고 있는 것이다. 각 문단 간의 유기적인 흐름과 논리성을 보완할 것을 충고하고 싶다.

〈예제 3〉은 우리가 살아가면서 느끼는 고독의 문제가 청소년들에게 어떠한 영향을 미치는가를 설명하고 그것을 긍정적으로 수용하는 방법을 올바른 방향으로 제시하는데 성공하고 있다. 특히 고독을 성숙된 삶을 위한 준비 기간으로 삼아야 한다는 주장이 돋보인다. 그러나 몇 군데 표현이 정확하지 못한 것이 아쉽다. 가령, 고독을 단순한 시간으로 해석하는 것은 모호하다. 또한 서두에서 '어느 순간순간'이란 표현은 정확하지 못하며, 논설문에 적합지 않다고 할 수가 있다.

[논제2] 소설 〈왕자와 거지〉에 비춰진 현 대선정국을 평하라

〈예제 1〉

대통령 선거가 100여일 앞으로 다가오면서 대통령 후보들의 자질에 대한 국민들의 관심이 높아지고 있다. 현재 경제, 통일정책에 커다란 오점을 남긴 김영삼 정권 때문에 이러한 현상은 더욱 심할지도 모른다. 이런 상황 속에서 소설 〈왕자와 거지〉의 내용이 국민들에게 주는 의미는 크다. 그렇다면 소설 〈왕자와 거지〉가 현 대통령선거의 정국과 비교하여 어떤 의미를 갖는지 알아보자.

알려진 대로 소설 속에서 거지는 왕자의 옷을 갈아입고 왕궁에서 왕자 행세를 한다. 이것은 오늘날 우리의 대선정국과 비교해 볼 때 다음과 같이 유추할 수 있다. 그것은 바로 대통령으로서의 자질을 갖추지 못한 정치인이 비민주적인 방법으로 정당의 대표가 되어 대통령에 출마한다는 사실이다.

또한 거지가 왕자의 모습과 비슷하기 때문에 주위 사람들마저 알아볼 수 없었던 것처럼 현재 대선후보 중에서도 화려한 언술로 대통령으로서 부족한 자신의 자질을 감추고 있다. 이런 사람이 대통령이 된다면 결국에는 국민이 뽑은 대통령에 의해 국민이 피해를 보는 결과를 낳게 될 것이다.

그렇다면 이런 결과를 미연에 방지하는 방법은 무엇일까? 확실한 왕자임을 증명하기 위해 사용했던 옥쇄처럼 대통령 후보에 대한 철저한 자질검증이 필요로 하다. 우선 대통령후보의 도덕성을 검증해야 한다.

여비서를 성추행한 클린턴 대통령과 자식 간수조차 제대로 하지 못하는 김영삼 대통령 같은 사람들이 국민들을 위한 사회 윤리확립에 어떻게 앞장설 수 있겠는가.

이에 더해 대통령 후보의 실무능력에 대해서도 국민들의 확실

한 검증이 이루어져야 한다. 대통령 후보의 행정수권능력과 이를 실행에 옮길 수 있는 체력과 같은 사항이 검증되지 않은 채 대통령에 당선된다면 국가경영에 엄청난 환란을 가져다 줄 수 있다.

이것은 심장병으로 인해 수개월동안 대통령 직위를 수행하지 못했던 러시아의 옐친 대통령을 보면 쉽게 알 수 있다. 아직도 우리 대다수 국민들은 수동적인 선거자세에서 벗어나지 못하고 있다.

과거에 진짜 왕자임을 증명해 주는 것이 옥쇄였다면 현재 진짜 대통령다운 대통령을 증명해 주는 것은 바로 국민의 선거자세에 있다. 그러므로 국민들은 현재 대통령선거에 출마하는 후보의 자질에 관해 충분히 생각한 뒤에 선거에 임해야만 하겠다.

〈예제 2〉

우리가 어릴 때 즐겨 읽던 동화 중에 〈거지와 왕자〉라는 것이 있었다. 그 내용은 자신의 생활에 싫증을 느낀 왕자와 거지가 서로의 처지를 바꾸어 살다가 거지의 흉계로 위기에 처하지만 옥쇄 때문에 다시 왕자의 자리에 오른다는 얘기다.

요즘 세상에는 왕자를 흉내낸 거지들이 참 많다. 겉으로 보기에는 모두들 대통령의 자질을 갖고 있는 것처럼 보일 수 있다. 하지만 그들은 대통령의 겉모양을 흉내내고 있을 뿐, 그래서 나라의 일에는 관심이 적다.

왕자로 변한 거지가 옥쇄를 알아 보지 못하듯 지금의 후보들은 국내 정세와 국제 정세를 제대로 파악하지 못한다. 그들은 나라 정세가 위기에 처한 지금 하나도 도움이 될 것이 없다. 그들은 자신의 이익을 위할 뿐이지 나라의 이익에는 관심이 없다. 그렇기 때문에 우리는 겉모습은 비록 거지로 바뀌어 있다 하더라도 그 본모습은 대통령의 자질을 갖고 있는 사람을 올바로 가려 선택해야 할 것이다.

비록 경력이 화려하지 않고 정계, 재계에서 잘 알려지지 않은 인물이라도 그런 참신한 인물은 나라일을 잘 해낼 수 있다. 그런 인물이 바로 거지로 분한 왕자의 진정한 모습인 것이다.

우리의 대통령 후보들은 자신의 경력 그리고 학벌들을 무기로 삼아 대통령의 자리에 오르려고 한다. 그리고 유권자들 또한 그런 인물에게 자신의 귀중한 한 표를 던지곤 한다. 그것이 겉모습만 왕자인 거지에게 투표하는 것과 무엇이 다르단 말인가?

우리는 우리의 귀중한 한 표를 행사할 때 진심으로 그 인물의 됨됨이를 살펴 보아 진정한 왕자의 모습을 찾아 잘 선택해야 할 것이다.

〈예제 3〉

우리나라의 정치적 운명을 좌우할 대통령선거가 불과 몇 달 앞으로 다가왔다. 그에 따라 대선의 열기가 가열되고 온 국민의 관심이 집중되고 있다. 또 출마한 후보자들 가운데 진정한 자질을 갖춘 자가 있을까에 대한 의문도 제기되고 있다.

소설 〈왕자와 거지〉를 읽어 보면 오늘날 우리의 대선정국과 유사한 부분을 찾아 볼 수가 있다. 과연 그러한 부분들이 우리에게 시사해 주는 것은 무엇일까?

우선 가장 먼저 시사해 주는 것은 대통령 자질의 문제이다. 아무리 권력이 분립되어 있다 하더라도 대통령 중심제에 있어서 대통령의 권한은 막대하다. 따라서 대통령에게 그러한 의무를 수행할 능력이 없다면 그 나라는 혼란해질 수밖에 없다.

공과 사도 구분 못하는 지나친 이기주의에 빠져 있는 정치인들은 반성해야 할 것이다. 거지가 진정한 왕자가 아니듯이 겉모습만 갖추어졌다고, 모두 대통령이 될 수는 없는 것이다.

두번째로 시사해 주는 것은 양심의 문제이다. 거지는 자신이 진짜가 아닌 것을 알면서도 진짜인 체하였다. 정권이라는 거대한 권력 앞에 양심의 눈이 멀어버려 수단과 방법을 가리지 않고, 그 권력을 획득하려 하였다.

지금 우리의 대선정국도 크게 다르지 않다. 정당한 토론회보다는 비공식적인 비방의 말을 늘어 놓기 일쑤이고, 여론조작이나 부당한 로비 활동도 서슴치 않고 벌이고 있다. 정치인들의 이러한 행위는 거지 행동과 크게 다를 바가 없다.

또 한 가지 시사해 주는 것은, 민중은 깨어 있어야 한다는 것이다. 그러지 않고서는 거짓된 모습에 속아 '거지 왕'을 세울 뻔했던 사람들처럼 우리도 '거지 대통령'을 뽑게 될지도 모르기 때문이다.

현명한 민중과 역사가 깨어 있는 한, 옥쇄의 행방이 드러나듯이 대통령의 자질은 드러나게 마련이다. 결국에는 거지가 궁 밖으로 쫓겨났듯이 자질을 갖추지 못한 자가 대통령의 자리에 서게 되면 비참한 결과가 나오게 된다.

두 전직 대통령의 구속 사건도 여기서 비롯된 것이라 볼 수 있다. 올바른 정치적 소양과 자질을 갖춘 대통령을 선출하는 일만이 지금 우리나라가 처해 있는 위기를 극복 할 수 있는 방법이다.

◗ 강평
논설문은 어떤 대상이나 주제를 두고 필자의 논리와 판단을 논리적으로 설득력 있게 전개하는 것이라고 할 수가 있다.

어떤 대상이나 사건에 대해 자신의 논리를 전개하는데 있어서 자신의 논리를 뒷받침하기 위한 지혜를 얻기 위해서는 권위 있는 고전적인 글을 인용하고, 그것을 거울 삼아 자기의 주장을 간접적으로 조명하는 것은 교과서적이라고 할 만큼 정석으로 되어 있다.

따라서 글을 씀에 있어서 시작이 어려울 때에는 호소력이 있고 주제를 비춰줄 수 있는 격언이나 위인들의 말, 그리고 고전 등을 인용함으로부터 실마리를 풀어 나가는 것은 대단히 편리하고 훌륭한 방법이 될 수가 있다.

이러한 방법을 인용하려면 우선 인용하려는 '권위 있는 글'의 내용을 정확히 파악함은 물론 그것을 창조적으로 해석해서 자신의 논리와 결부시킬 수 있어야만 한다.

주어진 마크 트웨인의 역사소설 〈왕자와 거지〉는 여러가지 측면에서 해석될 수 있겠지만, 주제와 관련된 설득력 있는 논설문을 쓰기 위해서는, 그것을 오늘날 우리가 당면하고 있는 불행한 정치 현실을 조명할 수 있도록 원용해야만 할 것이다.

영국의 헨리 8세 집권 말기에 에드워드 왕자는 궁 밖 생활에 대한 호기심에 의해 거리로 뛰쳐 나와 자기와 닮은 톰이라는 거지를 만나게 된다. 쌍둥이처럼 닮은 두 사람은 옷을 바꾸어 입는다. 이 순간적인 사건 때문에 왕자는 궁중에서 쫓겨나서 거리를 방황하게 되지만, 반대로 거지 톰은 궁중으로 들어가서 왕자 행세를 한참동안 하게 되며, 왕위를 이을 대관식까지 준비하게 된다. 그러나 잃어버린 옥쇄의 행방에 관한 문제로 그의 실체가 드러나서 왕자와 거지는 다시 입장이 바뀌게 된다.

물론, 이 소설의 주제는 왕자가 거지가 되어 거리를 헤매면서 배운 교훈을 얻게 된다는 데에 초점을 맞출 수 있다. 그러나 이것은 내면이 아닌 외양으로 사람을 잘못 판단할 수 있다는 위험성을 풍자적으로 비판하는 것으로 볼 수 있을 것이다.

지금 우리의 대선 후보들이 하나같이 '좋은 옷'을 입고 TV에 나와서 '좋은 말'만을 하고 있기 때문에, 뚜렷한 기준과 지혜를 가지지 않고서는 '왕자와 거지'의 경우처럼 어느 후보가 가장 훌륭한 사람인가를 구별하기는 그리 쉽지 않다. 어떤 후보가 얼굴만 귀공자처럼 생기고, 말만 잘 한다고 해서 결코 그가 위기에 처해 있는 이 나라를 올바르게 다스릴 수 있는 능력을 가진 자가 될 수는 없을 것이다.

그래서 출제자가 주어진 주제에서 요구하는 것은 유권자들이 후보들의 미사여구나 외양적인 생김새만 현혹되지 말고, 통치능력을 상징하는 '옥쇄'의 실체와 행방을 누가 정확히 알고 있는가를 판별해야 하는 책임이 있다는 것을 독자들에게 밝힐 수 있는

가에 관한 것이었다.

〈예제 1〉은 출제자가 지시한 논제를 우리의 정치현실에 적용시키기 위해 탁월한 해석을 내리고 있다. 이러한 그의 성취는 지문을 올바르게 읽은 능력 때문이기도 하겠지만, 대선 후보자들과 오늘의 정치상황을 예리하게 꿰뚫어 보고 신랄하게 비판할 수 있는 밝은 눈을 가졌기 때문이 아닌가 한다.

아쉬운 것은 독자의 이해를 위해 소설(지문)의 내용을 간략하게나마 적어두지 못한 점이다. 그리고 외국 대통령의 실례가 신선하기는 하지만, 짧은 지면에 비해 너무 장황했다.

〈예제 2〉는 이러한 출제자의 의도를 충분히 파악해서 주어진 지문을 어려움에 직면해 있는 오늘의 대선정국과 적절히 비유하는데 성공적으로 사용하고 있다. 지문의 인용 및 해석을 도입부에 위치시킨 것도 교과서적이다. 왜냐하면 인용문을 도입부에 위치시켜야만 그 내용이 글 전체에 균형있게 흘러갈 수 있기 때문이다. 문장에 있어서도 간결하고 우아하다. 그러나 외양을 경력과 학벌에만 일치시킨 것은 설득력이 약하다는 것을 지적하고 싶다.

〈예제 3〉은 지문(소설)의 내용을 우리의 대선정국에 적용시켜 국민들로 하여금 능력없는 대통령을 선택할 위험성을 경고하는데 성공하고 있다. 그러나 〈왕자와 거지〉의 일화가 가져온 위험성을 조목조목 설명하기 위해 분류하는 것은 좋으나 경직된 느낌을 독자들에게 주기 때문에 격조를 떨어뜨리는 면을 나타내고 있다. 그리고 지문의 내용 소개가 전혀 없었던 것도 적지 않은 흠이 되고 있다.

논제3 정보 사회에서 과연 더 많은 정보가 우리에게 더 많은 행복을 주는가에 대하여 논하라

◑ 제시문

요즘은 정말이지 과거에는 생각지도 못했던 새로운 것들을 많이 접한다. 간혹 외국 영화에서나 보던 화려한 가구나 장식품들, 배우들의 옷차림이 이제는 우리의 현실 속에서도 낯설지가 않다.

조잡한 사운드나 감각에 뒤떨어진 촌스러운 멜로디에 식상해서 외국의 유명한 록그룹만 선호하던 시대도 지났다. 이제 웬만한 우리나라 가수들도 거의 모든 장르의 음악을 다 소화해 내기 때문에 좀처럼 외국가수들의 음악을 듣고 싶은 욕구가 생겨나지 않는다.

또 좋아하는 외국의 배우나 가수들의 모습을 화면으로나마 한 번이라도 보기 위해서 AFKN을 틀어 놓고서 기다려야 할 필요가 없다. 케이블 텔레비전의 MTV를 보면 언제라도 세계 각국의 유명 가수의 최신곡을 뮤직 비디오로 접할 수가 있다.

이 모든 것이 고도로 발달된 정보사회가 나에게 가져다 주는 혜택이라고 생각을 한다. 하지만 나는 가끔씩 이런 고민도 해본다. 너무나 많은 정보들 속에서 조금만 게을러져도 나만 유행에 뒤쳐지거나 시대의 낙오자가 되는 것은 아닌지? 어디서 들었는지는 모르겠지만 연예계나 패션의 최신정보들을 자랑스럽게 늘어 놓는 아이들을 보면 나는 괜히 주눅이 든다. 또 혼자만이 뒤졌다는 생각이 들지 않기 위해서 가급적이면 최신 유행을 따르거나 간혹 앞서 나가고 싶은 충동을 느끼게 된다.

하지만 이때도 과연 내가 정말로 좋아서 그러는지 의심이 들 때가 있다. 컴퓨터만 해도 그렇다. 컴퓨터나 컴퓨터 통신을 모르면 마치 시대의 낙오자가 되지 않을까 하는 두려움과 언론의 과대 홍보 때문에 나는 컴퓨터 통신을 시작했다. 하지만 애초의 기대와는 달리 컴퓨터 통신은 나의 학업이나 생활에 큰 도움이 되지 않는다. 그래서 문득 나는 정보의 홍수와 유행의 급류 속에 휘말려서 내 자신을 잃고 있지 않는가 하는 불안감을 느끼게 되는 것이다.

◗ 유의 사항

① 자신의 구체적인 체험이나 주변의 사례들을 적절히 사용하는 논의를 전개할 것.

② 분량은 띄어쓰기를 포함하여 1000자 안팎으로 할 것.

◗ 읽기자료 : '정보 사회에서의 자유와 통제'

산술적으로 보면 정보의 양이 늘어나서 개인들이 자신의 욕구를 충족시킬 기회를 많이 가질 수 있다는 것은 긍정적이다. 그렇지만 정보의 양이 엄청나게 많기도 하거니와 변화의 속도도 너무 빨라서 자신이 알고 있는 지식이나 정보가 어느새 고리타분한 것이 되고 마는 경우도 있다. 이 때문에 현대의 정보사회에서 살고 있는 사람들은 사회에서 도태되지 않기 위해서 항상 긴장해야 한다.

그래서 어떤 면에서 보면 정보의 양이 늘어나고, 그 회전 속도가 무지무지 하게 빨라진다고 하는 것은 참으로 역설적인 결과를 낳는다. 사람들의 다양한 욕구를 충족시키고 편협한 지식을 깨우쳐 주며 정보를 소수 독점물이 아닌 만인의 것으로 열어 놓지만 사람들은 그러한 정보의 노예가 되어 버리는 것이다.

많은 학자들이 산업사회와 다른 정보사회의 가장 현저한 특징 중의 하나로서 정보의 생산과 소비의 탈대량화 현상을 들고 있다. 획일화된 소수의 정보가 거의 모든 사회 구성원들에게 대량으로 유포되는 산업사회와 달리 정보사회에서는 다양한 정보가 많은 사람들에게 선택적으로 소량으로 소비된다는 것이다. 이는 곧 정보의 종류가 다양화됨으로써 정보의 획일화 현상이 사라진다는 것을 의미한다. 그리고 사회의 구성원들은 다양한 정보를 자유롭게 취사, 선택하여 소비한다. 만약 정보사회의 현실이 그러하다면 정보사회는 보다 완전한 민주주의 사회로 한발짝 더 다가선 셈이 된다.

왜냐하면, 민주주의 실현은 다양한 의견을 가진 개인들의 자발적인 참여에 의해서 가능하기 때문이다. 하지만 현실을 이렇게 낙관적으로만 볼 수 없을 듯하다. 정보사회에서 정보가 다양해짐으로써 많은 정보를 접할 수 있는 것은 틀림이 없다. 그렇지만 정보의 다양화에 비하여 그러한 정보를 취사 선택할 수 있는 비판적인 안목이 높아지는 것은 아니다. 오히려 엄청난 정보량 때문에 취사 선택할 수 있는 여유보다는 조금이라도 더 많은 정보를 무조건 수용하려는 초조함이 앞서는 것이 현실이다. 극단적인 경우 정치문제에 대해서 자신의 판단을 아예 포기해 버리는 냉소적인 경향마저 보인다. 이렇게 보면 정보사회는 개인들의 자발적인 참여 의지 자체를 고갈시키며, 민주주의와는 한발짝 더 멀어진 사회라고 할 수도 있다.

정보사회란 얼마든지 자유로운 사회같이 보여진다. 조직화되고 통제화된 산업사회와는 달리 정보사회는 개인들이 자유롭게 다양한 정보를 선택하고 정보형성에 직접 참여할 수 있는 해방된 사회인 듯하다. 정보사회에서 사람들은 다양한 정보를 통해서 자신의 욕망을 자유롭게 배운다. 흑인의 랩 음악이나 레게 리듬으로부터 과거에 알지 못했던 새로운 희열감을 맛본다.

배꼽 부위를 노출시키는 과감한 패션을 통해서 해방감을 느끼기도 하며, 파란색 마스카라로 눈썹을 치장하기도 한다.

정보의 다양화는 사람들로 하여금 예전에 꿈에도 생각지 못했던 방식으로 자신을 표현하는 방법을 깨우쳐 주었다. 그러나 정보사회는 산업사회보다 훨씬 더 교묘한 방식으로 사회 구성원들을 통제하기도 한다.

정보사회에서 사람들이 자유롭게 자신을 표하는 방식조차도 이미 인위적으로 조작된 것일 수 있기 때문이다.

가령 과거에는 비천한 흑인들의 음악으로 천대받던 랩이나 리듬 앤 블루스가 우리나라 뿐만 아니라 세계의 모든 젊은이들이 자신들의 억눌린 욕망을 표현하는 대표적인 음악으로 갑자기 부상된 것은 우연한 일이 아니다.

랩 음악의 열풍은 메이저 음반 회사의 산업적 판매전략과 무관하지 않다. 우리 젊은이들은 이제껏 금기시되어 온 것을 감행한다는 사실에서 희열감을 느낀다. 머리카락을 염색하거나 심지어 탈색하고 맘보바지나 힙합바지를 입으므로써 자유를 경험한다. 하지만 알고 보면 이 모든 것들이 상업적 계산에서 이루어진 것이다.

이것은 수많은 정보가 개방되어 있는 오늘날의 사회에서 오히려 이전보다 더 획일적으로 특정한 패션이나 음악이 유행하는 것을 보면 알 수가 있다. 뉴욕의 젊은이들이나 서울의 젊은이들, 바르샤바의 젊은이들은 모두 거의가 비슷한 옷을 걸치고 비슷한 리듬을 즐긴다. 정보사회에서 정보의 다양화에도 불구하고 오히려 사람들의 취향이나 판단이 획일화되는 경향이 나타나고 있는 것이다.

패션의 경우만 하더라도 기발하고도 독특한 디자인이나 대담한 색상의 옷들이 무수히 많지만 그러한 다양한 옷들이 어떤 통일된 룰 속에 갇혀 있는 생각이 든다.

왜 그럴까? 그 이유는 국경을 넘나드는 유행의 범람 속에서 그러한 흐름을 좌우하는 세력이 소수의 유명 메이커라는 사실에 있다. 그들은 창조적이고 기발한 아이디어로 새로운 패션의 흐름을 만들어 내지만 그러한 유행의 창조는 이미 경제적인 계산을 거친 의도적인 창조이다.

더군다나 크리스찬 디올이나 페레 미소니와 같은 전통있는 메이커들이 국제적인 규모로 이루어지는 경쟁 속에서 살아남기 위해 대기업의 자본과 논리로 정보사회에서 여전히 지배적인 힘을 가지고 있으므로 우리가 산업화된 정보가 더 확산되면서 동시에 점점 더 그러한 정보의 힘에 굴복하여 그것의 노예가 되는 경향이 나타나는 것이다.

물론 정보사회로 발전함으로써 정보의 다양화와 공개화가 촉진된다는 사실은 누구도 부정할 수 없는 정보사회의 긍정적 측면이다. 정보가 획일되어 있거나 소수의 전유물로써 공개화되지 않는다면 민주주의는 기대할 수 없기 때문이다. 그러나 정보의 양적 팽창이나 공개만으로 진정한 자유를 기대할 수 없다. 정보의 양적 팽창에 맞는 비판적 능력이 갖추어져 있는 경우에만 다양한 정보를 통한 자유의 신장이 가능하다.

비판적인 판단 없이는 정보의 양적 팽창 역시 오히려 우리의 삶을 위협하는 커다란 속박으로 여겨질 것이다.

◑ 논술 강좌

정보 사회를 주제로 한 문제들은 거의 정보사회의 장단점에 대해 묻고 있다. 이 문제도 예외는 아니다. 그런데 이 문제의 특색은 정보사회에 관한 장단점이나 견해를 이론적으로 서술한 것이 아니라 구체적인 체험이나 주변의 적절한 사례를 통해서 논리를 전개하라는 것이다. 말하자면 원론적이거나 딱딱한 이론적 서술보다는 다소 자유롭게 자신의 생각을 표현하는 것이다.

하지만 이때 반드시 명심해야 할 것이 있다. 학생이 써야 할 글은 어디까지나 논술문이지 수필이어서는 안 된다는 것이다. 자신의 체험을 나열하다 보면 논리가 방만하게 진행되어 수필과 같은 글이 되기가 쉽다. 논술문제에서 자신의 체험을 토대로 논의를 전개하라는 것은 자신의 체험을 나열하라는 것이 아님을 거듭 명심해야 한다.

그렇다면 어느 학생의 글을 예로 들어 분석해 보기로 하자.

① 과거에 비해 여러 정보화 기기를 통한 많은 정보와의 접촉으로 우리들은 보다 넓은 세계를 만날 수 있고, 보다 넓은 사고를 하게 되었다. ② 하지만 손쉬운 정보와의 접촉이 단지 좋은 점만을 가져다 주는 것일까? 정보확산의 결과 중 하나라 볼 수 있는 ③ 유행이라는 어느 모습들이 우리의 눈에 세련된 모습만으로 비치지는 않는다. 그 획일화된 사람들을 보면 정보사회가 정말 우리에게 ④ 이점만을 주는지 우리의 미래를 밝게만 하는지 생각해 봐야 함을 느낀다.

정보화 사회란 말 그대로 정보의 생산이나 전달 유통 따위가 중요한 자원이 되어 경제가 발전하고 가치가 창조되는 사회이다. ⑤ 이 말이 자신에게 너무 진부한 표현이라 공감하기 어렵다면 우리나라 안에서의 정보뿐만 아닌 전 세계의 정보를 접함으로써 우리 개개인이 발전해 감을 느낄 수 있을 것이다. 지금 대학 입시 준비를 하고 있는 고교생의 한 사람인 나 자신만 해도 TV 위성과외 같은 것을 통해 더 많은 정보를 얻으므로서 ⑥ 수능 시험 대비에 보탬이 됨을 느낀다. ⑦ 이처럼 정보는 인간의 지적 욕구 만족의 한 몫을 차지한다. 또한 세계는 하나라는 말처럼 지구 전체가 정보를 매개로 한데 뭉치고 있다. 미래에는 세계가 운명공동체로서 서로 돕고 위하는 관계로 발전할 수도 있을 것이다. 그러나 이런 이점이 있는 반면 정보확산의 해로운 점도 적지 않게 나타나고 있다. 먼저 사생활 침해를 그 예로 들 수 있다. 컴퓨터 같은 기기를 통해 개인 정보가 누출되고 도난당하는 ⑧ 사례의 발생이 빈번해졌다. 그리고 앞에서 말했듯이 ⑨ 정보를 공유하게 되어 사람들이 획일화되어 간다.

길을 가다 보면 사람들의 옷차림이 한결같이 똑같은 모습을 하고 있다 해도 과언이 아니다. 비슷한 연령이라 사고도 비슷하여 그런 결과가 생겼다고 할 수도 있지만 예전에 비해 더욱 확산된 이 현상이 단순히 사고의 유사성으로 설명될 수는 없다.

정보로 인한 인간 모습의 획일화가 그들 인간 정신마저 획일화시키지 않을까 걱정스럽다. 정보의 홍수 속에 살고 있는 우리는 이렇게 양면성을 지닌 정보를 좋은 방향으로 사용하기만 한다면 우리의 미래가 더욱 발전되고 행복하게 될 것임은 두말할 나위가 없다.

◑ 논제 분석

정보화 사회에 관한 장단점이나 견해를 이론적으로 서술하는 것이 아니라 구체적인 체험이나 주변의 적절한 사례를 통해서 논리를 전개하라는 것이다.

말하자면 원론적이거나 딱딱한 이론적 서술보다는 다소 자유롭게 자신의 생각을 글로 표현하는 것이다. 하지만 이때 반드시 명심해야 할 것이 있다. 유의 사항에서도 지적했듯이 써야 할 글은 어디까지나 논술문이지 수필이어서는 안 된다는 것이다. 자신의 체험을 나열하다 보면 논리가 방만하게 진열되어 수필과 같은 글이 되기가 쉽다. 논술문이 수필과 근본적으로 다른 점은 논술문에서는 자신의 주장이 분명히 드러나야 하며, 또 그 주장에 대한 명확한 근거가 제시되어야 한다는 것이다. 따라서 자신의 구체적인 체험을 들어서 논의를 전개한다고 하는 것은 곧 그 체험이 자신이 말하고자 하는 주장에 대한 설득력 있는 근거가 되어야 한다는 것이다.

◑ 제시문의 분석과 논의의 방향

정보사회에서 더 많은 정보가 더 많은 행복을 가져다 주는가? 이 문제에 답하기 위해서는 우선 문제와 함께 주어진 제시문을 잘 분석해 보아야 한다.

제시문의 내용을 자세하게 분석해 보면 출제자가 원하는 논의의 방향을 쉽게 간파할 수가 있기 때문이다. 그렇다면 제시문부터 살펴 보기로 하자.

정보산업이나 통신기술의 발달로 말미암아 우리가 누릴 수 있는 혜택도 많지만 그로 인한 부작용도 있다는 것을 제시문은 지적하고 있다.

우선 정보사회의 이점을 논의한 내용에 대하여 생각해 보기로 하자. 정보사회의 이점은 뭐니뭐니 해도 보다 많은 사람들이 보다 많은 정보를 접하게 됨으로써 알고자 하는 자신의 욕구를 충족시킬 가능성이 커진다는 것이다.

우리는 오늘 지구 반대편에서 일어난 사건의 보도를 집안에서 생생하게 화면으로 접할 수 있다. 또 인터넷을 통해서 자신이 좋아하는 배우나 가수들에게 편지를 보낼 수도 있다. 위성 방송을 통해서 각국의 뉴스를 시청함으로써 시사에 대한 자신의 편협한 생각도 깨우칠 기회가 있다. 다양한 정보를 접함으로써 생활이 보다 윤택해질 수가 있다.

반면에 제시문제에 강조된 정보사회의 폐단은 정보의 절대력이 클수록 정보를 소화해야 한다는 부담감이 늘어난다는 점이다.

이러한 부담감은 극단적인 경우 새로운 정보를 소화하지 못하거나 분위기에 적응하지 못할 때 자신이 사회의 낙오자가 된다는 강박관념을 초래할 수도 있다. 따라서 정보의 절대력이 클수록 우리 생활이 윤택해지는 것은 아니다.

곧 제시문에서는 정보사회의 정보가 늘어나고 다양화됨으로써 나타나는 이점과 폐단을 모두 지적하고 있다. 그러나 결과적으로 보면 제시문은 정보사회에서 더 많은 정보가 반드시 더 행복을 가져다 준다는 것에 동의하지 않는다고 할 수가 있다.

물론 반드시 제시문의 입장에 서서 논의를 전개할 필요는 없다. 왜냐하면, 문제는 정보사회에서 더 많은 정보가 더 많은 행복을 가져다 주는지에 대해서 논의하라는 것이지 그것을 비판하라는 것은 아니기 때문이다.

그러나 제시문의 입장과 달리 더 많은 정보가 더 많은 행복을 가져다 준다고 주장하는 경우에도 반드시 그것에 반대하는 입장을 소개하고 비판하여야 한다. 이 방법은 제시문의 입장을 따르는 것보다 훨씬 더 어려울 것이다. 가급적이면 제시문과 동일한 입장에서 논리를 전개하는 것이 유리하다.

이런 유형의 문제는 제시문과 같이 논의의 방향을 정보사회의 장점을 세운 다음 그 장점들의 이면에 발생할 수 있는 부정적인 현상들을 사례를 통해서 지적해 내는 것이 효과적이다. 대부분 이러한 방향으로 논의를 전개하고 있다.

● 구체적 사례와 논증성은 두 마리 토끼가 아니다

이 문제에서는 정보화사회를 평가하되 구체적인 체험이나 사례를 활용하라고 요구하고 있다. 구체적인 사례를 잘 활용하면 살아있는 느낌을 주는 이야기를 할 수가 있다. 그래서 구체적인 사례를 쓰라는 요구가 없어도 주장을 뒷받침할 만한 적절한 사례를 곁들이면 좋다. 그런데 사례를 쓸 때는 다음 두 가지를 유의해야 한다.

ⓐ 논의하는 내용과 맞아 떨어지는 사례여야 한다.

ⓑ 사례 중심의 글이 되어 주장의 논증성을 떨어 뜨리는 일은 없어야 한다.

특히 ⓑ에서 주의해야 하는데, 문제에서 구체적인 사례를 쓰라는 단서를 붙일 경우 더욱더 사례중심의 글을 쓰는 친구들이 많아진다. 다음 경우를 보자.

학교에서 있었던 일이다. 친구가 스포츠 잡지와 영화잡지를 가져와 스포츠 스타의 사생활과 헐리우드 배우들이 출현할 영화의 줄거리까지 말해 주었다. 많은 정보를 가진 그 애를 중심으로 우리는 모여 들었다. 어떤 아이가 '그게 누구야?' 하며 끼어드는 바람에 그 애는 아이들에게 비난을 받았고 수업시간에도 혼자 앉게 되었다. 나는 이런 일을 겪지 않기 위해서 매일 스포츠 신문을 보고 잡지도 사서 본다. '내일은 내가 제일 먼저 알려 줘야지' 하고 생각하다가도 꼭 이렇게 해야 하는지에 대해 회의가 든다.

여기서 필자는 대부분을 이야기로 채우고 말았다. 학교생활을 구체적으로 보여 주고는 주장은 끝머리에 간단히 붙였는데 '정보사회에서 억압받고 피해받는 우리를 볼 때 정보기술의 발달이 곧 행복을 주는 것만이 아니라고 생각을 한다'는 내용이었다. 글의 무게 중심은 이 주장에 있어야 한다. 그리고 사례 중심으로 글을 쓰면 논설문의 특성을 살리기 어렵게 된다. 수필처럼 쓰지 말라고 했던 논술강좌를 다시 떠올려 봄이 좋을 것이다.

◗ 강평

간결 명료한 표현을 쓰고 용어 선택에 신중을 기해야 한다. 따라서 앞의 '◗ 논술 강좌'에서 번호를 매긴 문장들을 분석해 보기로 한다.

① 구체적인 체험을 바탕으로 글을 쓰라고 요구할 경우에는 이

런 식의 일반적인 내용보다는 사례를 직접 서술하면서 문제를 제기하는 것이 좋다. 도입부의 참신성을 고려하면서 글을 쓰는 것이 좋겠다.

② 서론의 마지막 문장과 크게 다를 것이 없는 문제 제기다. 또 뻔한 내용을 자문자답식으로 엮어 가는 것은 그리 바람직스럽지 않다.

③ 유행이 세련되건 말건 그런 것은 문제의 요구와는 전혀 상관이 없다. 논제를 벗어나는 내용으로 문제를 제기해서는 안 된다.

④ '이점만을 주는지 또는 밝게만 하는지'와 같은 식의 문제 제기는 상투적이다. 또 '느낀다'와 같은 주관적인 표현은 논술문에서는 어울리지 않는다.

⑤ 앞의 문장은 결코 진부한 표현이 아니다. 오히려 정보사회의 특징을 정확하게 파악하고 있는 내용의 문장이다. 그에 비해 이 문장이야 말로 진부하기도 하고 문법에도 어긋나고 불필요한 내용이다. 삭제함이 좋겠다.

⑥ '~됨을 느낀다'는 식으로 문장을 끌고 가는 것은 좋지 않은 버릇이다. 또 느낌을 강조하는 것도 바람직하지 않다.

⑦ 부적절한 용어와 함께 어색한 표현 방법이다. '이처럼 발달된 정보처리 기술은 인간의 지적 욕구를 충족시키는데 크게 기여하고 있다'라고 수정해야 옳을 것이다.

⑧ 사례의 발생이 빈번해졌다고 어렵고 길게 표현할 필요가 뭐 있는가. 그냥 '누출되거나 도난당하는 일이 많아졌다'고 해도 되는데.

⑨ 사람들이 획일화되는 이유가 반드시 정보를 공유하기 때문이라고 할 수가 있는가? 주장에 반드시 근거가 뒷받침되어야 한다.

[논제4] 놀이의 유용성을 옹호하라

◑ 제시문

혜자가 장자에게 말했다.

"나 있는 곳에 엄청난 나무가 있네. 사람들은 그 나무를 보고 가죽나무라 하더군. 나무 줄기가 옹이투성이라서 먹줄조차 댈 수 없고, 가지는 구불구불해서 자로 잴 수조차 없는 형편이네. 그 때문에 길가에 서 있어도 목수들이 거들떠 보지를 않네. 자네의 논의도 말만은 그럴 듯하게 크지만 결국은 그 나무와 다를 바가 없네. 세상 사람들이 상대할 턱이 있겠나?"

장자가 이 말을 받아 말했다.

"맹수들은 가만히 몸을 숨기고 먹을 것을 노리다가 단숨에 확 달려드네. 어떤 곳에서라도 날쌔게 뛰어 돌아다니네. 그러나 그것이 화근이 되어 결국은 몇이나 그물에 걸려 죽게 되었네. 그에 비하면 들소는 마치 하늘을 덮은 검은 구름처럼 엄청나게 큰 몸뚱이를 하고 있지만, 크다는 게 자랑일 뿐 생쥐 한 마리 잡을 능력도 없네. 그러나 무능한 것 때문에 죽지 않고 살게 되네. 자네는 큰 나무가 있더라도 쓸모가 없다고 걱정하고 있는데, 그것을 '무하유의 고을(理想鄕), 넓은 벌판에다 심어두고 유유히 그 옆을 거닐며 편안히 그 나무 그늘에서 쉬면 좋지 않겠나. 세상 사람에게 소용 닿지 않기 때문에 톱질을 받아 넘어질 염려도 없고 가지를 잘릴 걱정도 없지 않나. 소용 없다고 해서 고민할 것은 조금도 없는 것이네."

◑ 읽기자료 ; '놀이의 특성'

놀이는 비생산적인 활동이다. 놀이를 한다고 해서 물건이 만들어지는 것도 아니고 걸작이 탄생하는 것도 아니고 자본이 증가하는 것도 아니다. 오히려 놀이는 순전히 소비 활동이라고 할 수가 있다.

시간, 에너지, 재치, 솜씨의 소비이며 놀이 도구를 사는 데도 경제적 손실이 따른다.

혹시 고스톱을 쳐서 돈을 버는 경우도 있지 않느냐는 반박이 있을 수 있겠지만, 그것은 소유권의 이동을 뜻할 뿐 재화의 생산을 의미하는 것은 아니다. 놀이는 어떠한 재화도 어떠한 작품도 만들어 내지 않는다. 이런 점에서 놀이는 생산적, 창조적 활동의 노동이나 예술과는 다르다.

놀이는 자유롭고 자발적인 활동이다. 즐거움과 재미를 주기 때문에 하고 싶어서 하는 활동이 놀이이다. 참가를 강요하는 놀이는 놀이가 아니다. 그것은 구속이나 고역이 될 것이다. 놀이를 강요당한 사람은 놀이로부터 한시 속히 떠나고 싶을 것이다. 놀이하는 자가 놀이에 열중하는 것은 즐거움과 재미를 위해 자신의 자유 의지에 따라 놀이에 참가하기 때문이다.

비록 극도의 집중을 요하는 피곤한 놀이라고 해도 놀이하는 자가 기분 전환을 위해 혹은 걱정거리에서 벗어나기 위해, 다시 말해 일상생활에서 벗어나기 위해 놀이를 하고 싶어서 놀 때만 놀이가 존재하는 것이다.

그렇기 때문에 놀이하는 자에게는 언제라도 놀이를 그만둘 수 있는 완전한 자유도 필요하다. 또한 놀이에서는 앞으로 어떻게 전개될 것인지가 전혀 결정되어 있지 않다. 그 결과도 미리 주어져 있지 않다.

카드 놀이에서 어떤 패가 들어오고 어떤 패가 나올지는 확정되어 있지 않다. 운동경기의 결과도 미리 정해져 있는 것은 아니다. 놀이하는 자는 규칙의 한계 내에서 자유로운 응수를 즉석에서 찾고 생각해 내지 않으면 안 된다.

이처럼 놀이는 과정이나 결과가 확정되어 있는 활동이 아니기 때문에, 이런 의미에서도 놀이는 자유로운 활동이다. 한편 놀이는 규칙 혹은 약속에 따르는 활동이다. 모든 놀이는 고유의 규칙을 갖고 있다. 그 규칙들은 놀이에 의해 분리된 공간과 시간 속에서, 즉 놀이의 세계 속에서 적용되고 응용되어야 할 것들을 결정한다.

규칙은 무엇이 놀이이고 무엇이 놀이가 아닌가를, 달리 말하면 허용된 것과 금지된 것을 규정한다. 놀이의 규칙은 실생활의 법률이나 규범 등을 정지시키고, 일시적으로 새로운 법을 확립한다.

놀이 세계에 있을 동안에는 신분이나 계층, 나이나 생김새, 재산 등이

338

아무런 작용도 하지 못한다. 돈이 많다거나 직위가 높다거나 하는 등의
이유로 놀이의 규칙을 따르지 않을 수는 없다. 아무에게도 그런 특권은
주어지지 않는다. 만일 규칙을 따르지 않는다면 놀이는 즉석에서 끝나
고 만다. 왜냐하면 놀이하고 싶은 욕망에 의해서, 놀이의 규칙을 지키겠
다는 의지에 의해서만 규칙이 유지되기 때문이다.

　규칙이 없는 놀이도 있지 않느냐고 생각할 수도 있다. 이를 테면 인형
놀이, 병정놀이, 경찰놀이, 도둑놀이, 기차놀이, 비행기놀이 등은 그렇
다. 이처럼 하나의 역을 맡아, 자신이 마치 다른 사람이나 된 것같이 행
동하는 즐거움이 주된 매력인 놀이는 적어도 정해진 엄격한 규칙이 없
다.

　하지만 그러한 놀이의 경우에는 허구, 즉, '마치~인 것같은' 감정이
규칙을 대신해서 그것과 완전히 똑같은 기능을 한다.

　흉내 내는 놀이에서는 놀이하는 자가 자신들이 하는 놀이가 진짜가
확실히 아니라는 것을 알고 있다. 그처럼 자신들이 하는 행동이 현실적
인 것이 아니라는 점을 알고 논다고 하는 점에서 그 놀이는 일상생활과
구분이 된다. 흉내 놀이 속에서 놀이하는 자는 탐정도 되고, 해적도 되
고, 군인도 되고, 말도 되고, 비행기도 된다.

　물론 그때 자신이 진짜 탐정도, 해적도, 군인도, 말도, 비행기도 아니
라는 것을 일깨워 주는 자는 그 놀이를 파괴하는 자이다. 이러한 특징을
갖고 있는 놀이는 대체로 다음과 같은 약점 내지 위험성을 안고 있다.
여기서 말하는 약점이나 위험성이 모든 놀이에 공통되는 것은 아니다.

　첫째, 놀이는 사치스러운 것으로서 여가를 전제로 한다. 배고픈 사람
은 놀이를 하지 않는다.

　둘째, 놀이는 강제로 행해지는 것이 아니라 오로지 재미나 즐거움을
느끼는 것에 의해서만 유지된다. 지루하다든가 싫증이 났다든가 기분이
바뀌었다든가 하는 것에 쉽게 좌우된다. 다시 말해 놀이는 진지하지 않
은 가벼운 활동이다.

　셋째, 놀이는 아무것도 생산하지 않는다.

넷째, 놀이는 일상생활에서 벗어난 공간과 시간 속에서 일상적인 법규와는 다른 규칙 속에서 행해지기 때문에 일상생활 자체에 아무런 영향도 주지 못한다. 놀이는 어떤 어려움을 자의적으로 만들어 비현실화하는 것이다. 그 어려움을 놀이 속에서 해결하든 해결하지 못하든 간에 그것은 관념적인 만족을 안겨 주거나 관념적인 실망을 주는 것에 지나지 않는다.

놀이가 지닌 이같은 비현실적인 성격 때문에 놀이하는 자는 현실의 가혹함을 잊을 수도 있다. 그러나 놀이는 약점이나 위험성 못지 않게 옹호할 만한 점도 갖고 있다.

첫째, 놀이는 규칙을 존중하는 의식을 키워 준다. 놀이는 놀이에 참여하는 자에게 규칙을 자발적으로 지키는 것이 필수적이라고 하는 것을 가르쳐 준다.

둘째, 놀이는 자아 확립과정에서 중대한 역할을 한다. 힘, 기교, 계산의 놀이는 육체를 튼튼하게 하고 더 유연하게 하고, 손놀림을 더 섬세하게 만들고, 정신을 더 체계적이거나 창의적으로 만든다.

셋째, 놀이는 규칙을 준수하고 자신이 갖고 있는 능력을 최대한 발휘함으로써 이기려고 하는 의지를 전제하고 있다. 이때 요구되는 것은 규칙을 지키면서 상대방을 능가하고 신뢰하는 것이다. 경우에 따라서 있을 수도 있는 실패, 불운이나 불행을 처음부터 각오해야 하며, 분노하거나 절망하지 않으며, 패배를 감수해야 한다.

이처럼 놀이는 우리에게 자기 억제의 교훈에 귀를 기울이게 하고, 그러한 습관이 붙게 할 뿐만 아니라 인간관계나 인생 전체에 그 교훈을 확대할 수 있도록 한다.

◑ 제시문의 분석과 논의의 방향

첫째, 이 문제는 놀이의 유용성과 관련된 문제이므로 제시문에 나타난 두 가지 주장을 놀이의 유용성과 결합시켜 해석해 낼 수가 있다.

둘째, 혜자와 장자가 말하는 '유용성의 기준'이 무엇인지 파악해야 한다.

셋째, 유용성의 기준이 일방적으로 설정될 수 있는 것이 아니라는 점을 밝히고 유용성의 차원을 구한 다음, 생산성과는 다른 기준에서 놀이가 유용하다는 점을 옹호해야 한다.

◑ 논술 강좌

첫째, 제시문의 내용을 문제와 관련된 주제로 요약, 정리해야 한다.

논제는 우선 제시문의 주장을 요약하라는 요구가 포함되어 있기 때문에 제시문을 정확하게 독해하는 일부터 시작해야 한다. 문제에서 제시한 자료는 '장자(莊子)'에 나오는 글이다.

이 글의 주장은 여러 가지 의미로 해석할 수 있다. 하지만 여기서는 놀이의 유용성과 관련해 제시된 것이므로 유용성의 기준으로 해석해야 한다.

혜자는 유용성의 기준을 무엇으로 삼고 있는가? '혜자가 쓸모없다'고 할 때 그는 쓸모 있는 무엇인가를 전제하고 있다. 그가 어떤 것에 대해 쓸모가 있다거나 쓸모가 없다고 할 때 도대체 무엇을 기준으로 삼고 있는가? 이미 문제 자체에서 암시하고 있다. 비생산적이라고 하는 것이 그것이다.

이와 같은 혜자의 주장에 대해 장자는 어떻게 반박하고 있는가? 장자는 유용성, 무용성에 대한 혜자의 생각이 일면적이고, 편파적이라고 보고 있다. 장자는 유용하다느니, 무용하다느니 하는 판단은 어떤 관점에서 보느냐에 따라 달라질 수 있는 것을 지적하고 있다.

생산성이나 실용성의 관점에서 보면 무용하겠지만 사람이 밥만으로 사는 것이 아니라는 식의 반론을 제기하고 있다고 할 수가 있겠다. 생산성이나 실용성만을 절대적인 기준으로 보지 말라는 것이다.

바로 여기에서 혜자와 장자의 인생관, 사회관이 갈라진다. 혜자는 인간의 욕구 가운데 어떤 욕구를 가장 중시하고 있으며 어떤 사회를 바람직한 사회라고 볼까? 그리고 장자는? 혜자와 장자는 각각 사람이 무엇으로 산다고 보고 있는 것일까?

그리고 어떤 사회가 바람직스러운 사회라고 생각하고 있는 것일까? 혜자와 장자가 주고 받는 이야기에서 우리가 읽어 낼 수 있는 것은 두 사람이 문제를 바라보는 시각, 입장, 차원이 각각 다르다는 것이다.

어떤 차원에서 보느냐에 따라 같은 것이 유용할 수도 있고, 무용할 수도 있다는 것이다. 이 정도로 내용을 정리했다고 치고 이제 문제 요구대로 다음 사항으로 나가기로 한다.

둘째, 유용성의 기준을 열쇠로 삼아야 한다.

문제는 놀이의 유용성을 옹호할 것을 요구하고 있다. 따라서 유용성이라고 하는 개념이 일방적으로 논의될 수 있는 것이 아니라는 점을 밝히고 유용성의 차원을 구분한 다음, 생산성과는 다른 기준에서 놀이가 유용하다는 점을 옹호해야 한다.

생산성과는 다른 기준으로 무엇을 제시할 수 있을까? 인간이 어떤 존재인가부터 따져 보라. 그리고 놀이가 갖고 있는 특성들을 잘 생각해 보라. 놀이가 갖는 자유로운 성질, 창조적인 성질 등이 인간에게 어떤 의미를 가질 수 있는가를 제시해 주면 될 것이다.

하지만 이 놀이의 유용성을 옹호하라고 했다고 해서 일방적으로 그런 내용으로 일관해서는 곤란하다. 놀이의 유용성을 옹호한다는 것은 뒤집어 보면, 놀이의 무용성을 반박한다는 것이다.

따라서 놀이의 유용성에 대한 옹호는 놀이의 무용성에 대한 반박과 만수산 드렁칡과도 같이 긴밀히 얽혀 있다. 놀이의 무용성에 대한 반박이 빠져 있다면, 설득력 있는 논설문이 될 수가 없

다. 사고의 균형, 서술의 균형을 잃은 편파적인 논술문이 될 뿐이
다.

　셋째, 구체적인 상황을 두고 생각해 보자.
　이처럼 추상적인 문제가 나오면 대부분은 무척 당황하는 것같
다.
　추상적 문제를 다루는 훈련을 받아 본 적이 별로 없기 때문인
것이다. 하지만 그렇게 당황할 필요는 없다. 구체적인 놀이, 이를
테면 야구, 축구, 눈싸움, 바둑, 장기, 미끄럼틀 타기 등등의 놀이
를 놓고 유용성, 무용성의 여부를 따져 보라.
　어떤 측면에서는 무용하겠지만은 어떤 측면에서는 유용하다고
할 수도 있다. 공격적이고 폭력적인 충동이 규칙에 따른 놀이를
통해 해소될 수도 있고, 평소에 억눌렸던 자유의 창조정신이 놀
이 속에서 발휘될 수도 있다.
　자신이 좋아하고 즐겨하는 놀이를 하나 택해 구체적으로 이모
저모로 따져 보다 보면, 추상적인 문제라도 대답할 수 있게 될 것
이다. 이런 구체적인 예가 글 내용 중에 들어가도 좋고 들어가지
않아도 좋다.
　그러나 논의를 풍부하게 하고 자기 나름의 독창성을 살리려면
구체적인 예를 드는 것이 좋을 것이다. 물론 이런저런 예를 잡다
하게 드는 것은 별로 바람직스럽지가 않다. 논의를 산만하고 피
상적으로 흐르게 만들 우려가 있기 때문이다.
　이 논설문에서 무엇보다 피해야 할 것 가운데 하나가 내용의
체계없는 나열과 병렬이다. 문장 표현으로 보자면 첫째, 둘째, 셋
째 등으로 자신의 논의를 펼치는 것이 대표적인 예이다. 나열을
피하고 구체적인 예만 하나, 둘 들어 집중적으로 논의하는 것이
좋다.
　문제의 요구를 잘 살펴 보면, 이 문제를 군이 서론(序論) —본
론(本論) —결론(結論)의 형식에 맞추어 쓸 필요가 없다는 것을

알 수가 있을 것이다.

글 전체를 자신이 해석한 자료의 핵심논지를 정리하는 대목과 놀이의 유용성을 옹호하는 대목의 두 부분으로 나눈 다음, 내용에 따라 단락을 몇 개로 구분해 주면 된다. 쓸데없이 문제에서 이야기한 내용을 되풀이하느라 아까운 지면을 낭비할 필요는 없다.

넷째, 적극적이고 창의적인 논의를 기대하는 문제이다.

앞에서도 말했지만 이 문제는 지문에 대한 정확한 독해력을 요구하면서 그것을 바탕으로 논지를 전개하도록 요구한다는 점에서 난이도가 다소 높은 문제였다.

또 풍부한 구체적인 사례를 활용할 수가 있고 우리 모두가 삶의 일부로 소중히 여기고 있는 '놀이'를 대상으로 하고 있는 문제여서 적극적이고 창의적인 논의를 기대할 수가 있었다.

문제에서는 먼저 제시문의 내용을 요약할 것을 요구하고 있다. 따라서 최소한의 문단은 제시문의 내용을 설명하는데 할애해야 한다. 또 이를 바탕으로 놀이의 유용성을 옹호할 것을 요구하고 있는데 이를 효과적으로 주장하기 위해서는 반대 입장에 대한 언급도 필요하다.

아마도 이와 같은 요구를 모두 충족시키기 위해서는 분량이 적다고 생각을 했을 것이다. 그 때문인지 대부분의 글이 의미 있는 평가를 받을 만한 글이 되지 못하였다.

그리고 읽기 자료의 도움을 받아서인지 제시문의 요지를 정리하는데 있어서는 별반 차이가 없고, 단지 효율적인 언어 구사 능력에서만 약간의 차이를 발견할 수가 있었다. 뿐만 아니라 놀이의 유용성을 옹호하는 내용에서는 논리적 오류를 범한 글들이 심심찮게 있었다.

그렇다면 어느 학생이 쓴 글을 예로 들어 분석해 보기로 하자.

① 자료에서 혜자는 나무를 가시적 효율성의 측면에서 보고 있다. 따

라서 그는 인간의 개발욕구를 중시하며 물질을 바탕으로 한 풍요롭고 생산적인 사회를 지향한다. 그러나 장자는 ② 모든 사물이 나름대로의 가치가 있음을 강조한다.

즉 ③ 보이지 않는 유용함도 있다는 전제 아래, ④ 사람에게는 의식주만이 아니라 정신의 평안과 자유도 중요하다고 역설하고 있다.

이렇듯 ⑤ 유용성의 개념과 판단기준은 관점에 따라 달라질 수가 있다. ⑥ 이 점에서 놀이의 가치에 대한 논의를 펼 수가 있다. 놀이는 일반적인 효율성과는 다른 기준에서 유용하기 때문이다. 놀이는 우선 인간의 정신 능력 향상을 돕는다.

⑦ 사람은 정신적 존재이다. ⑧ 자유로운 정신상태에서 더 큰 능력을 발휘할 수 있다는 말이다. 틀에 박힌 작업을 할 때보다는 자유롭고 자발적인 활동을 할 때 큰 영감을 발휘할 수가 있다.

⑨ 모짜르트는 당구를 치면서 선율을 떠올렸고, 안데르센은 어린이들과 어울려 놀며 동화의 실마리를 얻었다고 한다.

⑩ 또한 놀이는 사회성을 습득할 수 있게 한다. 예를 들어 놀이 전에 이미 합의가 된 규칙을 어기는 이들은 그에 합당한 제재를 받는다. 이러한 상호 작용에서 그 성원들은 자연스럽게 자신의 이기적 욕망을 조절하는 방법을 익힌다.

⑪ 이 모두가 놀이는 정해진 시간과 공간 속에서 자유롭게 행해진다는 특성 때문에 가능하다. 즉 놀이는 사회의 현실을 직접 변화시킬 수는 없지만, 사회의 구성원들에게 활력을 제공함으로써 현실을 보다 긍정적인 방향으로 인도하는데 도움을 준다.

놀이가 사치에 불과하며 비생산적이어서 현실에 영향을 주지 못하므로 불필요하다고 주장하는 이들은 이 점을 간과하고 있다. 가난한 이라도 사치스럽지 않은 나름대로의 방법으로 놀이를 즐기며 욕구를 해소할 수 있다.

의식주가 우리의 몸을 유지해 주듯이, 놀이는 또 다른 차원에서 우리의 정신을 만족시켜 삶을 행복으로 이끌어 주므로 커다란 가치를 지닌다.

◑ 강평

문제의 요구를 잘 반영했지만 좀더 간결 명료하게 정리되었으면 좋았을 것이다. 따라서 앞의 '◑ 논술 강좌'에서 번호를 매긴 문장들을 분석해 보기로 한다.

① '가시적 효율성'과 같은 어색한 용어는 가급적 쓰지 않는 것이 좋겠다. 또 효율성이라고 하기보다는 효용성이라고 해야 하는 것이 더 정확하다. '혜자는 나무의 유용성 여부를 따질 때 자신의 욕망충족에 도움이 되느냐 아니냐를 기준으로 판단한다'라고 해야 좋을 것이다.

② 부적절한 조사를 사용하고 있기 때문에 문장이 부자연스럽다. '모든 사물은 나름대로의 가치를 지니고 있음을 강조한다'라고 해야 좋다.

③ 반드시 보이는 것과 보이지 않는 것으로 대비하는 것은 아니다. 유용성을 판단하는 기준이 다르다는 의미로 쓴 것이라면 이렇게 고쳐야 한다. '즉 어떤 사람에게는 쓸모없는 것이 다른 사람에게는 쓸모가 있을 수 있다'는 것이 좋다.

④ 논의의 중심은 의식주가 중요하냐 정신적 평안이 중요하냐가 아니다. '의식주에는 직접적으로 도움이 되지는 않는다고 하더라도 정신적 평안과 자유를 확보해 준다면 유용한 것이라고 역설하고 있다'라고 고친다.

⑤ 좀더 쉽게 설명하자. '어떤 사물이 유용하냐 아니냐 하는 판단은 보는 사람의 관점에 따라 달라질 수가 있다'라고 고친다.

⑥ 본격적인 논의가 시작되는 부분이다. 따라서 논의의 실마리를 제시하는 설명이 필요하다. '놀이 또한 마찬가지다. 효율성만을 기준으로 따지면 놀이는 생산적인 활동인 노동에 비해 무가치한 것이라고 할 수 있다. 그러나 놀이는 노동과는 달리 다음과 같은 가치를 지니고 있다'라고 고친다.

⑦ 의미가 불분명하다. '사람은 정신적인 가치를 추구하며 살

아가는 존재이다'라고 고친다.

⑧ 구어체 표현이다. 가능하면 대화하는 듯한 표현은 삼가하는 것이 좋다. '이는 자유로운 정신상태~발휘한다는 것을 의미한다' 라고 고친다.

⑨ 두 가지 모두 설득력 있는 사례이자 근거이다. 모짜르트가 정말 당구를 치면서 선율을 떠올렸을지는 다소 의심스럽지만 사실 여부는 여기서 중요한 것이 아니므로 좋은 사례이다. 이처럼 간단하지만 설득력 있는 사례를 제시하는 것은 매우 바람직하다.

⑩ 누가? 주어가 생략되어 있기 때문에 어색하다. '인간은 놀이를 통해서 사회성을 습득한다'라고 고친다.

⑪ 어순이 부적절하다. '이 모두가 정해진~행해진다는 놀이의 특성 때문에 가능하다'라고 고친다.

논제5 충(忠)과 효(孝)는 절대 복종을 의미하는 것인가?

다음의 글을 참고하여 전통적 충효사상의 긍정적 측면을 아울러 논의하고 자신이 생각하는 바람직한 충효관을 제시해 보라.

◑ 제시문

최근 학원폭력 등 청소년범죄가 사회적 쟁점으로 등장하면서 '도덕성을 회복한다'는 명분 아래 전통적 충효 윤리가 더없이 강조되고 있다.

개인의 도덕적 능력을 계발하기 위해서는 무엇보다 부모와의 정서적 유대가 긴요하다는 통찰은 동양의 성현들이 일찍이 제시하였다.

특히 기본적인 인간관계를 다섯가지로 유형화한 오륜(五倫) 사상에 따르면 모든 인간관계의 기초는 부모와 자식 간의 관계로 보고 이 관계를 바람직한 상태로 유지한다는 전제 하에서 다른 모든 사회관계를 원만하게 유지시켜 나갈 수 있다고 보았다. 그 때문에 효가 다른 어떤 가치보다 우선하는 행위 규범으로 중시되었다.

날로 극단화하는 개인주의와 급속도로 보편화하는 핵가족 현상이 부모 세대와 자녀 세대 간의 갈등을 야기시켜 전통적 한국 가정을 긴장시키며 가족관계를 동요시키고 있다.

따라서 최근 강조되고 있는 충효사상의 강조는 변해가는 한국의 가정과 그에 뒤따른 부정적 사회현상의 맥락에서 볼 때 너무나 자연스러운 현상이다.

하지만 맹목적인 충효 사상의 강조는 득보다 실이 많을지 모른다. 무엇보다 그것이 전통적인 가부장적 질서를 이 땅에 부활 또는 유지시키기 위한 것이라면 결코 바람직한 현상이라고는 할 수가 없다.

농경사회의 산물인 충효 윤리를 현대산업 사회에 그대로 적용시킨다는 것은 어딘가 어색할 뿐만 아니라 기존의 권위에 순종하는 것을 미덕인 것처럼 오도하여 개인의 자유를 억압하거나 합리적인 사회를 방해할 가능성도 있기 때문이다.

◑ 유의사항

① 오늘날 한국이 처한 윤리적 상황을 중심으로 논술할 것.
② 글의 분량은 띄어쓰기를 포함하여 600자 안팎으로 할 것.

◑ 읽기 자료

전통 유교의 근간을 이루고 있었던 오륜사상(五倫思想)은 핏줄 의식에 그 근본을 두고 있다. 그 중에서도 부모가 자식을 사랑하고 자식도 부모를 사랑해야 한다는 '부자유친(父子有親)'이라는 덕목은 더할나위 없이 강조되었다.

부모의 자식 사랑은 굳이 강조하지 않아도 모성애 또는 부성애라는 자연스러운 정서에 의해 가능했지만, 자식이 부모를 사랑하도록 하는데

큰 힘이 된 것이 효 사상이다. 효는 모든 윤리적 행위의 근원으로 중시
되었으며 개인을 평가할 때 사회적 능력보다 우선시했던 가장 중요했던
척도였다.

효가 개인과 가족, 곧 일차적인 인간관계에서 일어나는 행위를 규정
한 것이라면 충은 가족이 아닌 사람들과의 관계, 곧 이차적인 인간관계
에서 일어나는 사회적 행위를 규정한 것이었다.

그런데 언제부터인가 우리는 효를 순응적인 가치관을 주입시키는 봉
건 가부장제 사회의 유습이라고 오해하는가 하면, 충과 효를 동일시하
면서 효를 윗사람에 대한 절대 복종으로 연결시키는 오류를 저지르곤 했
던 것같다.

하지만 효를 복종 윤리라고 보는 것은 성급한 판단이다. 왜냐하면 원
래부터 효란 가족윤리 또는 종족윤리로서 사회윤리였던 충보다 우선시
되었을 뿐만 아니라 유교의 기본입장은 설사 부모의 명령이라고 하더라
도 옳고 그름을 가리지 않는 맹목적인 복종은 그 자체가 불효라고 보았
기 때문이다.

유교에서는 옛날부터 부자천합(父子天合)과 군신의합(君臣義合)이라
는 명제가 있다. 부자천합이란 '부자관계는 자연에 의해서 결정된다'는
뜻으로 그 때문에 부모와 자식관계는 인위적으로 끊을 수 없다는 의미를
내포하고 있다.

그에 비해 군신의합은 '임금과 신하라는 관계는 공동의 목표 곧 의리
에 의해서 부합된 관계'이므로 의리가 맞지 않는다면 언제라도 끊을 수
있다는 뜻이다. 이렇게 보면 효를 동일한 맥락에서 파악하는 것은 그릇
된 것임을 쉽게 알 수가 있다.

특히 부모에 대한 효도와 국가에 대한 충성을 동시에 만족시키기 어
려운 상황에 부딪치면 충을 버리고 효를 택하는 것이 옳다는 전제는 유
교의 여러 문헌에서 얼마든지 확인할 수가 있다.

이런 생각은 부모에게 효도하지 못하는 사람은 근본적으로 국가에 충
성할 것이 불가능하다는 판단에서 비롯된 것이다. 결국 흔히 말하는 '충

효일치'는 유교의 이론을 기준으로 볼 때는 불가능한 셈이다.

효를 부모에 대한 절대적인 복종으로 보는 것이야말로 가장 큰 오해이다. 특히 전통윤리 형성에 가장 큰 영향을 끼쳤던 주자학에서는 맹목적인 복종은 도리어 불효라고 보았다.

중국의 춘추전국시대에 진(晉)나라의 임금이었던 헌공은 여희라는 여자를 아내로 맞아 들였다. 여희는 헌공의 총애를 받았고 두 아들을 낳았다.

그런데 헌공에게는 전처 소생인 신생이 태자로 책봉되어 있었다. 사건은 여기서부터 시작이 된다. 여희는 자신의 소생을 태자로 세우기 위하여 계략을 꾸민다. 그는 신생이 제사를 지낸 후 갖다 바친 음식에 독을 넣은 다음 그 음식을 태자가 바친 것같이 음식상을 내놓았다.

그리고 헌공이 이 음식을 먹으려 할 때 음식에 독이 있음을 알리게 되고 자신들을 죽이려 한다고 하소연하였다. 격노한 헌공은 신생을 감옥에 가두었다. 이때 어떤 사람이 신생에게 사건의 진실을 밝히라고 권했다.

그런데 태자 신생은 아버지 헌공이 여희를 무척 총애하여 그녀와 함께 하지 않으면 밥도 먹지 않고 잠도 자지 않으므로 차마 그 사실을 밝힐 수 없다며 거절한다.

그러자 그 사람은 다시 억울하게 죽을 것 없이 다른 나라로 도망치라고 권했다. 그러나 신생은 아버지의 명령을 따르는 것이 자식된 도리라고 하며 거절했고 결국 임금이자 아버지인 헌공을 시해하려 했다는 억울한 누명을 뒤집어 쓰고 죽고 말았다.

이 사건을 두고 후세 사람들은 모두 신생이 하늘이 내린 효자라고 칭찬을 했다. 그러나 주자 학자들은 그 이전의 사상가들과는 달리 신생을 불효자의 대표로 꼽았는데 그 이유는 다음과 같다.

태자 신생은 비록 아버지의 명령에 복종했지만 사건의 진상을 밝히지 않으므로서 아버지를 불의에 빠뜨렸다. 그 때문에 진나라의 헌공은 두고두고 무도한 임금으로 역사에 기록되었다. 아버지의 명령을 따르는 것은 작은 효이고, 아버지를 불의에 빠지지 않도록 하는 것은 큰 효이다. 신생은 작은 효는 실천했는지 모르지만 큰 효를 저버렸다.

또한 조선시대 내내 아동교육의 기본교과서로 가장 광범위하게 읽혔던 동몽선습(童蒙先習)이나 격몽요결(擊蒙要缺) 같은 문헌 어디에도 부모의 과실을 그대로 보아 넘기라는 대목은 없다. 오히려 적극적으로 부모를 설득하여 올바르게 처신하도록 알려야 한다고 누누이 강조하고 있다.

이처럼 유학자들이 파악했던 효는 맹목적인 복종을 의미하는 것이 아니었다. 흔히 효를 순종적 윤리로 파악하는 것은 모두 작은 효에 지나지 않는다. 우리 모두 작은 효, 좁은 효에 얽매어 큰 효를 저버리지 않는지 한번 곰곰이 생각해 볼 문제다.

◑ 논술 강좌

첫째, 문제의 요구사항부터 충족시켜야 한다.

논제는 전통 충효 사상의 긍정적인 측면과 부정적인 측면을 아울러 다룰 것을 요구하고 있고, 제시문에도 두 가지 측면을 모두 언급하고 있다.

따라서 충효사상의 긍정적 가치만을 중시한 나머지 당위성만을 장황하게 서술하거나 반대로 부정적인 측면만을 언급하면서 부정적인 측면을 최소화하는 방향으로 논지를 이끄는 것이 대체로 무난하다.

하지만 긍정적인 측면에 무게를 둘 것인지 부정적인 측면에 무게를 둘 것인지는 미리 결정하는 것이 좋다. 아울러 현재의 한국인이 처한 윤리적 상황을 중심으로 서술하라는 유의사항의 요구에 부응하려면 나름대로 현재의 윤리적 상황에 대한 자신의 입장 정리가 필요하다.

그렇다고 해서 거창한 이론을 동원할 필요는 없다. 현재의 윤리적 상황을 상징적으로 드러내 주는 구체적인 사례를 제시하고 나름대로 분석해 나간다면 한결 설득력 있는 글을 구성할 수가 있을 것이다.

둘째, 글을 어떻게 구성할 것인가?

긍정적인 측면을 부각시키는 데 중심을 둔다면 다음과 같은 식으로 논리를 전개할 수가 있다. 우선 최근 증가 일로에 있는 청소년 범죄 또는 극단적인 패륜행위의 빈발로 파괴되어 가는 가족 윤리 등을 예시로 든 다음 그 치유책으로 충효사상이 유용하다는 식으로 논지를 전개할 수가 있다.

이 경우 개인의 도덕성을 계발하는데 부모와의 정서적 유대가 얼마나 중요한지를 충분히 강조하고 전통적인 충효 윤리는 그러한 역할을 효과적으로 수행할 수 있다는 식으로 근거를 댈 수 있을 것이다.

이처럼 전통 충효 윤리가 가족 간의 유대감을 강화시키거나 개인에 대한 충성심을 고양시키는데 유용하다는 정도의 논의를 넘어 서서 사회 윤리적 차원으로 확대될 수 있는 가능성을 제시해 주어야 한다.

읽기 자료에 나온 내용을 잘 소화한다면, 이 정도의 논의는 충분히 이끌어 낼 수 있을 것이다. 만약 부정적인 측면의 입장에 선다면 다음과 같은 내용을 참고해 볼 수 있을 것이다.

무엇보다도 전통적인 충효 윤리는 가부장적 사회의 산물이기 때문에 개인의 자유와 권리를 억압할 수 있다는 점에서 비민주주의 경향이 강하다. 또 가족 윤리를 극단적으로 강조하게 되면 가족주의에 매몰되어 공공의식이 약화되기가 쉽다. 뿐만 아니라 청소년들에게 순응적 가치관을 주입함으로써 맹목적이고 수동적인 인간형을 바람직한 것처럼 오도할 수 있다.

물론 이런 입장에 서게 되면 스스로 지적한 전통적 충효 윤리의 한계를 넘어설 수 있는 새로운 가족 윤리와 사회 윤리를 제시해야 한다는 부담이 따른다.

셋째, 표현과 논리면에서 주의해야 한다.

이런 유형의 문제가 주어졌을 때 흔히 저지르는 실수로 자신의 감정에 치우친 나머지 시종일관 '~해야 한다'는 식으로 비분 강개하는 경우를 들 수 있다.

그러나 명심해야 한다. 비분강개파는 논술에 성공할 수가 없다. 가능하면 '~와 같은 점을 고려해 볼 때 ~이 필요하다'는 식으로 표현까지도 객관화시켜서 논의하는 것이 바람직하다.

곧 어느 쪽에서라도 구체적인 논의 없이 막연히 충효 사상만 강조하거나 부정해서는 안 된다는 말이다. 어디까지나 충효 사상의 어떤 점이 문제 해결에 도움이 될 것이라는 점을 구체적으로 논의해 주어야 한다.

또 구체적인 사례를 제시하면서 긍정적인 측면이나 부정적인 측면을 강조하다 보면 스스로 제시한 사례를 분석하는데 치중한 나머지 막상 문제에서 요구하는 '자신이 생각하는 바람직한 충효관'을 논술하지 못하는 경우도 있을 수 있다.

쓰기 전에 개요를 미리 작성해 본다면 이런 실수는 미연에 방지할 수 있을 것이다. 그럼에도 불구하고 문제의 요구를 엉뚱하게 이해하는 경우가 많다.

이를테면 '충효사상을 살리기 위해서는 우리 사회에 만연한 물질만능주의를 타파해야 한다'고 주장하는 예도 그런 경우에 해당한다. 문제는 충효사상을 어떻게 되살릴 것인가를 묻는 것이 아니라 우리 사회를 바람직한 방향으로 이끄는데 충효 사상이 유효한지 아닌지를 검토해 보라는 것이다.

따라서 '충효사상을 되살리기 위해 ~해야 한다'는 식의 논의는 불필요하다. 곧 우리 사회를 바람직한 방향으로 이끌기 위해 전통적 가치인 충효 사상이 필요하다는 식의 주장이라야지 충효사상을 유지 또는 되살리기 위해서 우리 사회가 바뀌어야 한다고 주장해서는 안 된다는 말이다. 여기서 목적과 주장을 혼동해서는 안 된다.

넷째, 왜 상투적인 글이 좋지 않은가?

　마음대로 소재를 정하고 붓가는 대로 쓰면 되는 수필이 아니니, 아무래도 논술문은 까다로운 글임에는 틀림이 없다. 무엇보다도 주어진 논제를 객관적으로 풀어나가지 않으면 논설문의 특성을 살릴 수가 없다.

　그러나 글을 쓰는 사람은 바로 나 자신이니 내 빛깔을 살리는 일도 중요하다. 도대체 상투적인 글이어서도 안 되고 객관성을 상실해도 안 된다니 이렇게 까다로운 요구가 어디에 있겠는가?

　그러나 나만의 목소리를 놓치지 않으면서도 객관성 있는 내용으로 사람들의 공감을 얻는 일이 그리 불가능한 일이 아니며 아주 어려운 일도 아니다. 충효 사상은 도덕 교과서 첫 장부터 마지막 장까지 가장 많이 나오는 이야기일 것이다.

　그래서 우리는 '충효'라는 덕목에 너무도 익숙하다. 익숙한 논제가 나오면 객관성을 놓치지 않고 답할 수 있을지는 몰라도, 흔한 이야기로 채워서 상투적인 글이 되기 쉽다.

　상투적인 논설문은 기본점수 이상을 받기 어렵다. 왜? 상투적으로 구성한 글은 내 주장을 효과적으로 보여 주지 못하기 때문이다. 그래서 애써 글을 쓴 보람도 없이 아무런 설득력도 얻지 못할 주장을 펴는 결과를 낳기 십상일 것이다.

　그렇다면 어느 학생이 쓴 글을 예로 들어 분석해 보기로 하자.

　최근 들어 신문지상이나 방송 매체에 보도되는 뉴스 중 특히 두드러지게 눈길을 끄는 문제가 하나 있다. ① 기존에는 그리 크게 부각되지 않았던 대담한 청소년들의 범죄 및 탈선이 그것이다. 나이 어린 청소년들의 사회문제가 하루 아침에 그렇게 불거져 나왔다곤 볼 수 없지만 핵가족 제도 하에서 ② 상업주의 위주의 대중매체들을 꾸준히 접해 온 청소년들은 사고 형성뿐만 아니라 행동양식까지 영향을 받아 결국 사회적 문제로 비약되기에 이르렀다.

　많은 사람들은 이러한 현상을 전통적 충효 사상의 부재 때문이라고 입을 모아 말하고 있다. ③ 남과의 관계 존중을 그 기본으로 하는 전통사상은 상업주의에 의한 물질만능주의를 지양하고 인간 중심적 사회를 유지시켜 나갈 기반을 제시할 수 있다.

그러나 안정되게 자리잡지 못한 지금의 핵가족 제도 하에서 양육되어 ④ 개인적, 자유주의적인 사고가 머리 속에 더 커다랗게 자리잡고 있는 청소년들에게 ⑤ 맹목적인 전통적 충효사상을 강요하는 것은 유행에 민감한 그들에게 한물 간 구식가요를 들어주며 즐겁게 따라 불러 보라는 것과 같은 억척으로 받아들여질 위험성이 있다.

청소년들은 그러한 전통사상에 대해 사회적 주도권을 쥐고 있는 어른들의 권위 의식에서 나오는 횡포라고 간단히 생각해 버릴 수 있다는 점 또한 문제이다. ⑥ 이러한 문제를 풀어나가야 할 숙제는 아직 자의식이 성숙과정에 있는 청소년보다는 사회적 영향력을 행사할 수 있는 어른들이 먼저 해 나가야 한다고 본다.

특히 사회구성의 기본인 가정에서 부모들은 먼저 마음을 열고 자녀들의 의견에 귀를 기울여 주어야 하겠다.

기존의 무조건적 ⑦ 강요식의 충효관보다는 대화와 합의를 통해 형성된 민주주의 분위기 안에서 그들의 가치관이 올바로 형성될 수 있도록 이끌어 주고 먼저 존중해 줌으로써 청소년들의 마음에 '어른들은 자신들의 협력자이자 현명한 인생선배'라는 마음이 자연스럽게 자리잡을 수 있도록 안내해 주어야 할 것이다.

◗ 강평
앞의 '◗논술 강좌'에서 번호를 매긴 문장들을 분석해 보기로 한다.

① '기존에는 ~않았던'은 군더기에 가까운 내용이다. 또 '대담한'과 같은 수식어도 어색하다. 다음 문장의 '나이 어린'도 마찬가지다. 모두 삭제하는 편이 좋다.

② 이 문장은 너무 길기도 하지만 '상업주의 대중매체'와 '비약'과 같은 부적절한 용어가 구사되고 있다. 각각 '상혼에 물든 대중

매체', '사회적 문제로 비화되었다'로 고치는 편이 좋겠다.

　문제의 요구와 동떨어진 내용은 아니지만 서론만 보고서는 글의 주제가 무엇인지 알기 어렵다. 마치 청소년 범죄 원인을 진단하고 해결책을 제시하라는 문제에 대한 답안 같다. 가능하면 서론에서 글의 주제 정도는 알 수 있도록 충효사상과 관련된 내용이 포함되는 것이 좋다.

　③ 이렇게 주장했다면 그에 걸맞는 논지가 전개되어야 하는데 뒤의 내용은 이와는 전혀 다르다. 이렇게 되면 읽는 이가 논점을 파악하기 어렵다. 또 '상업주의에 의한 물질만능주의를 지양하고'도 틀린 문장이다. '전통사상은 물질 만능주의를 지양하고~'라고 고친다.

　④ '개인적인 사고'나 '자유적 사고'와 같은 용어는 사전에도 찾을 수 없는 용어일 뿐만 아니라 표현 자체도 어색하다. '개인주의를 중시하는 사고~'라고 고친다.

　⑤ 맹목적 충효사상이라고 하면 충효사상 자체가 맹목적인 것처럼 읽힌다. '충효사상을 맹목적으로 강요하는'이라고 고친다.

　⑥ '~숙제는 ~해 나가야 한다고 본다'는 틀린 문장이다. 또 어른들이 무엇을 어떻게 해야 한다는 것인지 불분명하다. '이러한 문제를 풀어 나가기 위해서는 ~ 어른들이 먼저 충효가 무엇인지 실천을 통해서 보여 주자는 자세가 필요하다'라고 고친다.

　⑦ 읽기 자료에도 나와 있지만 충효를 무조건적인 강요로 규정하는 것은 본질을 왜곡시키는 것이다. 또 충효 사상 적용시의 문제점을 정확하게 지적해 내지 못하고 '강요'에 초점을 맞추는 것은 핵심을 벗어난 논의이다. 문제는 강요할 것인가 말 것인가가 아니라 전통사상을 현실에 적용할 수 있는가, 없는가 하는 점일 것이다.

┌─────────┐
│ 판 권   │
│ 본 사   │
│ 소 유   │
└─────────┘

논술 작성 요령

2019년 11월 20일 인쇄
2019년 11월 30일 발행

지은이 | 논술교수연구회
펴낸이 | 최　원　준

펴낸곳 | 태 을 출 판 사
서울특별시 중구 다산로38길 59(동아빌딩내)
등 록 | 1973. 1. 10(제1-10호)

■ **주문 및 연락처**
우편번호 ０４５８４
서울특별시 중구 다산로38길 59 (동아빌딩내)
전화 : (02)2237-5577　팩스 : (02)2233-6166

ISBN　978-89-493-0600-1　　13170